웨슬리의 그리스도인의 완전 교리
-현대적 해석--

웨슬리의 그리스도인의 완전 교리

발행일 2023년 8월 5일 초판 1쇄 발행

지 은 이   롭 스테이플즈
옮 긴 이   조종남
발 행 처   선교횃불
등 록 일   1999년 9월 21일 제54호
등록주소   서울시 송파구 백제고분로27길12 (삼전동)
전   화   (02) 2203-2739
팩   스   (02) 2203-2738
이 메 일   ccm2you@gmail.com
홈페이지   www.ccm2u.com

웨슬리의
그리스도인의 완전 교리

John Wesley's Doctrine of Christian Perfection: A Reinterpretation

-현대적 해석-

롭 스테이플즈 지음 / 조종남 옮김

신교횃불

발간사

조종남 박사님께서 또 한 권의 책을 한글로 번역해 주셨습니다. 96세의 노령에도 불구하고 변함없는 학자적 성실성으로 이러한 신학적 작업을 해주셨습니다. 한국의 신학계와 교회를 위해 조 박사님께서 또 한 권의 웨슬리 신학서적을 선물로 주심에 깊이 감사드립니다.

이번에 조 박사님께서 번역하신 책은 롭 스테이플즈(Rob Staples) 박사가 1963년도에 쓴 박사논문인 『존 웨슬리의 그리스도인의 완전교리에 대한 현대적 해석』입니다. 스테이플즈 박사님의 이 저서는 존 웨슬리의 신학을 특징짓는 그리스도인의 완전 사상을 이해하는 데 도움을 주는 학문적 논의를 담고 있습니다. 저자는 이 책에서 그리스도인의 완전 사상이 웨슬리의 신학에서 어떻게 형성되었는지를 설명해 주며, 웨슬리의 완전이 정확히 무엇을 의미하는지를 웨슬리의 설교와 편지들을 인용하면서 설명하고 있습니다. 이 점에서 독자들은 웨슬리의 완전사상을 이해하는 데 큰 도움을 받을 수 있을 것입니다.

스테이플즈 박사의 이 책은 또한 웨슬리의 완전 사상의 중요한 주제인 순간적 성화와 점진적 성화의 종합에 대한 비판적 신학적 분석과 비평을 담고 있습니다. 저자는 성화의 시간적인 두 차원에 대해 웨슬리가 시도한 종합이 불완전함을 지적합니다. 저자는 더 나아가서 성화의 시간적인 두 차원의 바람직한 종합의 모델로서 마틴 부버의 "나와 너"의 사상을 제시하고 있기도 합니다. 스테이플즈 박사의 이러한 비평과 제안에서 우리는 웨슬리의 성화론이 현대적으로 발전해야 할 방향에 대해서 도전을 받고 생각해 보게 됩니다.

존 웨슬리는 성서적 기독교를 소망했으며, 많은 책 위에 있는 한 권의 책인 성서 안에서 그것을 발견하고 실천하고자 했던 진정한 복음주의 신학자였습니다. 이 점에서 웨슬리는 시대적 한계를 넘어서 오늘에도 우리가 주목하고 배우고자 하는 신학적, 목회적 중요성을 가집니다. 이 책에서 다루는 그리스도인의 완전 주제도 예외가 아닙니다. 웨슬리가 완전 개념을 성서 안에서 확증하였고 일생을 통해 일관되게 가르치고 실천한 결과, "그리스도인의 완전"은 오늘날 복음주의 교리의 중요한 한 부분으로 자리를 잡게 된 것입니다. 스테이플즈 박사의 책은 웨슬리의 이러한 핵심 교리를 오늘날의 신학적 지평에서 우리가 설명하고 풀어나가는 데 하나의 도전과 도움이 될 것으로 기대됩니다.

2023년 1월 15일
서울신학대학교 소장
김성원 교수

역자의 글

이 책은 미국 나사렛신학교의 교수인 스테이플즈(Staples)의 박사 논문, "웨슬리의 그리스도인의 완전 교리에 대한 현대적 해석(John Wesley's Doctrine of Christian Perfection: A Reinterpretation)"을 번역한 것이다.

저자는 그리스도인의 완전 교리가 웨슬리 그리고 웨슬리안 교회의 근간 교리요, 체험을 통하여 강조하여 내려오는 교리임을 확신한다. 그러나 이 교리는 현대 신학의 상황에서 살펴볼때, 그리스도인의 완전을 "불가능한 가능성(impossible possibility)"이라고 하며 그것은 하나의 도달할 수 없는 이상이라고 비판하는 현대 신학의 강조와 정반대되는 것(antithetical)으로 밝혀졌다.

저자의 관찰에 의하면, 이는 성결을 주장하는 웨슬리안 해석자들의 부적절한 논법으로 설명하였다. 한 예로서, 성화를 개인이 소유하는 물건처럼 보는 해석에서 많은 오해를 불러일으켰다. 니버(Niebuhr)와 같은 사람이 완전 교리를 일반적으로 비판하는 이유도 완전을 '개인 소유'이며, 성취의 정적 상태로 보는 것에 대한 것이었다.

그런 요소가 웨슬리의 설명 일부에서도 감지되나, 웨슬리는 더 많은 경우에 그렇게 설명하지 않았다. 저자는 이러한 교리의 개념은 웨슬리에 있어 최선의 방식(the best)과 조화되지 않음을 보여 왔다. 웨슬리는 오히려 성화를 실존적 현재에 존재하는 하나님과의 관계, 대화적 관계에서 순간적으로 체험되고 순간순간 유지되며, 재생될 수 있고 반복될 수 있는 것으로 본 점이 많다. 그런 점에서 웨슬리의 접근 방식은 마틴 부버의 대화적 관계로 보는 것과 같은 점이 있었다. 그러나 그는 그를 완전히 발전시키지 못하였다.

저자는, 이에 우리가 웨슬리의 그런 최선의 방식을 확대, 연장함으로써, 웨슬리의 교리와 현대 신학 사이의 간격에 다리가 놓여질 수 있음을 보았다. 저자는 특히 현대 신학에서의 저명한 신학자인 바르트, 브루너, 니버, 틸리히 등에 큰 영향을 주고 있는 마틴 부버의 대화적 관계의 철학을 활용하여, 그리스도인의 완전 교리를 현대적으로 해석하면 그 교리는 현대 신학에서 적합성을 드러낼 수 있다고 확신하고 그 일을 시행하였다. 저자는 그렇게 재해석된 그리스도인의 완전 교리가 현대 신학적 면에서, 사회적 면에서 그리고 에큐메니칼 운동에서 적합성이 있음을 제시하였다. 따라서, 이 논문은 웨슬리의 그리스도인의 완전 즉 성결 교리를 일반적으로 불가능한 가능이라고 생각하는 현대 신학자들에게 큰 도전과 깨달음을 줄 것으로 사료된다. 그리고 현대 웨슬리안 학자들에게는 새로운 깨달음과 그 교리에 대한 적극적인 확신을 제공하리라고 믿는다.

끝으로 이 책의 번역에 도움을 준 수잔 트루이트 박사(Dr. Susan Truitt)와 원고의 교정을 봐준 김성령 전도사와 배명지 박사, 그리고 웨슬리신학 시리즈를 계속해서 출판해주시는 출판사, 선교횃불의 김수곤 사장과 출판비를 후원해 주신 서광성결교회와 담임목사 이상대 목사께 감사를 표한다. 아울러 서울신학대학교 웨슬리신학연구소의 명저 번역 사업이 계속해서 한국 신학계와 한국 교회에 크게 기여하기를 기원한다.

2023년 4월 5일
역자 조종남

차례

서 문

존 웨슬리의 신학의 중심 교리 곧 모든 교리를 통합하는 주제가 무엇인가에 대하여 여러 학자의 의견이 있었다. 예를 들어, 윌리엄 캐넌(William R. Cannon)은 웨슬리의 칭의의 교리가 그의 모든 가르침의 표준이요, 모든 가르침을 가늠하는 척도의 역할을 하였다고 말했다.[1] 반대로, 해럴드 린드스트롬(Harald Lindstrom)은 성화의 교리가 웨슬리의 중심 관심사였다고 했다.[2] 생스터(W.E. Sangster)[3]나 존 피터스(John L Peters)[4]와 같은 학자는 웨슬리 신학의 중요한 주제는 그리스도인의 완전 교리라고 보았고, 예이츠(Arthur Yates)는 그의 리즈 대학교(Leeds University)에서의 박사 논문에서 확신의 교리가 웨슬리 신학에서 독특하고 결정적인 위치를 차지하고 있다고 다루었다.[5] 최근에 존 대쉬너(John Deschner)는 바젤(Basel)에서 칼 바르트(Karl Bart)의 지도하에서 쓴 박사 논문에서 웨슬리의 메시지의 중심은 그의 기독론이었다고 주장하였다.[6] 그리고 보다 최근에는 스타키(Lycurgus M.

1) Cannon, *The Theology of John Wesley* (New York: Abingdon-Cokesbury Press, 1946), 14.
2) H. Lindstrom, *Wesley and Sanctification* (London, The Epworth Press, 1950).
3) W. E. Sangster, *The Path to Perfection* (New York, Abingdon-Cokesbury Press, 1943).
4) John L. Peters, *Christian Perfection and American Methodism* (New York, Abingdon Press, 1956).
5) A. Yates, *The Doctrine of Assurance* (London: The Epworth Press, 1952).
6) John Deschner, *Wesley's Christology* (Dallas: Southern Methodist University

Starkey)가 유니온 신학대학원(Union Theological Seminary)에서 쓴 박사 논문에서 말하기를, 웨슬리에서의 통합하는 주제는 성령의 역사에 대한 그의 개념이었다고 하였다.[7]

이러한 시도는 웨슬리 신학에서 결정적인 주제나 규제 원칙을 찾으려는 많은 노력 중 단지 몇 가지에 불과하다. 그러나 이러한 노력의 다양성과 다양한 결론은 그러한 탐구의 불가능성을 나타내기보다는, 그 어려움을 강조하는 것이다. 이 판결은 지금의 연구를 훼손하는 것처럼 보일 것이다. 웨슬리 신학의 기본 결정 요인을 찾기 위해 이미 부풀려진 목록에 왜 또 다른 하나가 있는 것일까?

그러나 이 연구는 적어도 한 가지 측면에서 다룬다고 볼 수 있다. 웨슬리의 규정적 주제를 완전히 이해하고 분리하기 위해서는 오늘날의 신학적 통찰을 살펴보아야 한다는 것이 나의 생각이다. 그러한 절차는 위험해 보일 수도 있다. 확실히 과거의 사상가는 후세 시대의 빛이 아니라 그 시대의 빛으로만 판단할 자격이 있다. 그러나 우리는 웨슬리를 판단하려는 것이 아니라, 단지 그를 이해하고 가능하다면 그의 사상의 불일치, 즉 대부분의 웨슬리 학자들에 의해 재인식되는 불일치를 명확히 하고 해결하려는 것뿐이다. 더욱이 우리는 웨슬리를 당대의 신학적 관심과 연관시키고 그의 사상이 오늘날 신학에 타당하고 적절한 것이 있는지 묻고자 한다. 이것이 불가능하다면 웨슬리 연구는 무가치한 것이다.

그러한 연구의 초점으로 그리스도인의 완전(Christian Perfection) 교리를 선택하는 것은 자의적으로 보일 수 있다. 그러나 이 교리는 웨슬리의 전체 종교적 탐구의 목표를 나타내기 때문에 출발점으로 선택되었다. 일찍이 1725년에 처음 보았을 때 이 목표는 그의 일생 동안 변함이 없었다. 그러나 이 목표의 의미와 목표 달성 방법에 대한 그의 이해는 1738년에 근본

Press, 1960).

7) L. Starkey, *The Work of the Holy Spirit* (New York: Abingdon Press, 1962).

적으로 변경되었다. 이 두 날짜(1725년과 1738년)는 웨슬리의 종교 생활에서 두 가지 결정적인 사건을 나타내기 때문에, 웨슬리 연구에서는 이러한 날짜 중 하나를 강조하는 경향이 있다. 웨슬리를 연구하는 일부 학생들은 1725년을 결정적인 날짜로 보고, 1738년을 상대적으로 중요하지 않은 것으로 간주한다. 다른 사람들은 1738년을 그의 인생에서 급진적인 전환점으로 강조하고, 1725년의 중요성을 최소화한다. 이 연구에서 나는 그리스도인의 완전 교리에 관하여 이 두 날짜의 상호간의 관계를 결정하려고 했다. 이 관계에 대한 적절한 이해는 웨슬리의 교리적 묘사에서 보이는 갈등을 해결할 수 있다고 믿는다.

자료들에 대해 한마디 해야 하겠다. 웨슬리에 대해 많은 것이 기록되어 있는데, 그중 일부는 그의 사상을 명확하게 설명하고 있고, 일부는 그의 생각을 불분명하게 하고 있다. 나는 이 이차적인 자료들을 인용하려는 유혹이 있었고, 그러한 자료들이 잘 정리된 것으로 발견되었을 때 이 유혹에 빠졌다. 그러나 내가 결정하는 원칙은 웨슬리가 스스로 말하게 하는 것이었다. 그리스도인의 완전에 관한 그의 저작물이 가려내졌고, 표로 만들어졌으며, 때로는 자신의 교리를 자기 자신이 한 것처럼 제시하기 위해 꽤 길게 인용하기도 했다. 완전에 대한 그의 많은 진술의 연대기를 통해 나는 그의 사고 패턴에서 기존 경향과 변화를 찾으려고 노력했다. 이러한 연대기는 그의 교리에서 보이는 모든 모순을 해결하지는 못하지만, 이것이 그의 완전에 대한 관념에서의 시간 관계(time element)의 문제와 관련하여 흥미롭고 중요한 사실들을 산출한다는 것을 발견했다.

이것은 역사적 연구가 아니다. 그러므로 웨슬리 후의 두 세기 동안의 교리의 진보를 추적하려는 시도는 없었다. 이 연구의 주요 목적은 웨슬리가 가르친 대로 이 교리를 제시하고 웨슬리의 그리스도인의 완전 교리가 우리 시대의 신학에 적합한 것이 있는가라는 질문에 대한 답을 찾는 데 있었다.

이 주제에 대한 나의 관심은 부분적으로 마지막 장에서 이 교리의 절대주의적 해석(absolutist interpretation)이라고 부른 것에 대한 나의 실존적 관여에서부터 있게 되었다. 그러한 접근 방식에 대한 커져가는 불만과 이것이 현대인의 곤경과 크게 관련이 없다는 확신이 커지자 나는 웨슬리로 돌아가 교리에 대한 절대주의적 해석이 정말로 웨슬리 자신의 견해를 진정으로 나타내는 것인지 묻게 되었다. 웨슬리 자신의 견해에 대한 조사는 5년에서 6년이라는 기간에 걸쳐 진행되었고, 이 논문의 주제 선택에서 정점에 이르는 조사에서, 나는 또한 내가 교리에 대한 절충적 해석이라고 부르는 것을 평가할 수 있는 좋은 기회를 가졌다. 결과는 두 가지였다. 첫째, 나는 절대주의적 취급과 절충적 취급은 모두 웨슬리의 교리를 부적절하게 표현하며 동시에 현대 신학과 크게 관련이 없다는 것을 점점 더 확신하게 되었다. 둘째, 다른 한편으로 나는 웨슬리의 교리가 현대의 신학적 통찰과 적절하게 이해되고 관련될 수 있다면, 우리 시대에 말할 수 있는 진정성 있고 적절한 것이 있다는 것을 점점 더 확신하게 되었다.

그러한 작업을 돕기 위해 나는 마틴 부버의 대화 철학(나-너 관계의 개념)을 웨슬리의 교리가 동시대적으로 이해되고 적절하게 해석될 수 있는 현대 신학의 접점으로 사용했다. 이 절차는 다음 페이지에서 점진적으로 진행될 것이라고 분명히 희망한다.

1장
그리스도인의 완전과 그 교리의 현대신학적 상황

그리스도인의 완전에 대한 교리는 개신교든 가톨릭이든 간에 현대 신학적 관심의 중심 흐름에 있지 않다. 최근 뉴델리에서 열린 세계교회협의회와 최근 로마에서 열린 제2차 바티칸 공의회에서 선택한 토론 주제는 이러한 사실을 증언한다. 개신교 전통 내에서는 이 교리는 일반적으로 종교 개혁의 유산의 일부로 간주되지 않고 있다. 루터와 칼빈의 신학은 그리스도인의 완전에 관한 긍정적인 주장에 대해 직접적이며 부정적 견해를 제시한다. 이것은 현대 개신교 신학이 개혁자들의 주장으로 회귀하는 것을 의미할 정도로, 그리스도인의 완전 교리는 크게 중요하지 않은 것으로 여겨지며, 또한 현대와의 관련성이 불확실한 것으로 분류되고 있다. 그 분야를 더 좁혀 말하면, 웨슬리 전통으로 대표되는 그 부분 자체도, 이 교리가 다른 신앙과의 에큐메니칼적 대화에서 차지하는 비중에 대해 전혀 확신할 수 없다.

최근 몇 년 동안 웨슬리의 신학과 그것이 오늘날의 중요성에 대해 수많은 연구가 이루어졌지만, 이들 중 그리스도인의 완전 교리에 대해서는 깊이 있는 연구가 거의 없었다. 물론, 일부 메소디스트 신학자들에 있어서는 웨슬리의 가르침의 이 중요한 측면에 대한 새로운 평가의 고무적인 조짐이 있다. 그러나 아직까지는 그리스도인의 완전은 웨슬리 시대처럼, 오늘날 메소디스트에서 중요한 위치를 차지하지 않는다는 것이 공정한 판단인 것 같다. 그럼에도 반대편에 있는 많은 작은 웨슬리안 종파(그들의 대부분은 어떤 면에서 메소디즘의 파생물임)에서는 그 교리가 기독교 신앙에서의 다른 중요한 강조점을 배제하는 기본 교리로 유지되고 있다.

이 교리에 대한 이러한 무관심과 불균형에 비추어 볼 때, 다음은 분명해 보인다. 즉 현대 신학이 그리스도인의 완전에 대한 웨슬리의 교리를 타당하지 않은 것으로 정당화하기 전에, 최소한 그것을 철저한 재검토, 즉 오늘날 신학의 가장 적절한 통찰력이 그 교리에 미치는 영향을 재검토받아야 한다. 이를 염두에 두고 우리는 3분의 1세기 전에 작성된 플랫(Frederic Platt)의 진술을 여전히 적용 가능한 것으로 알고, 잠정적으로 받아들일 수 있다.

> 완전(perfection)에 대한 관념과 이상의 어떤 국면(phase)은 모든 세대의 기독교 사상에 자리 잡고 있다. 그러나 이 용어 자체는 아무리 광신적인 종파의 역사에서 왜곡되더라도 신약성서에서 간과할 수 없을 만큼 너무 빈번하게 나타나고 있다. 그것은 정통파와 종파나 한결같이 간절한 열망을 불러일으킨 그리스도인의 체험의 완전성과 축복에 대한 개념을 나타낸다.[1]

1.1. 이 교리에 대한 웨슬리의 정의: 죄를 쫓아내는 사랑

의식적이든 무의식적이든 그것들의 원류에서 영향을 받은 모든 흐름을 추적하는 것은 불가능할 것이다. 이 흐름은 18세기에 존 웨슬리가 그리스도인의 완전에 대한 그의 교리를 형성한 요소를 제공하기 위해 수렴되었다. 웨슬리 자신이 이 교리를 받아들이게 된 단계에 대한 설명에서 첫

---

1) "Perfection(Christian)," *Encyclopedia of Religion and Ethics*, ed, James Hastings (New York: Charles Scribner's Sons, 1928), IX, 728.

단계로서 세 가지 신앙의 고전을 읽는 것을 말하고 있다.

1725년, 23세의 나이에 그는 테일러(Jeremy Taylor)의 『거룩한 삶과 죽음의 규칙과 훈련(*Rules and Exercises of Holy Living and Dying*)』을 읽고 의도의 순수성과 관련된 부분에 깊은 영향을 받았다. 그는 "즉시 내 모든 생각과 말과 행동을 하나님께 바치기로 결심했다."고 말하였다.[2] 이 결심은 다음 해에 아 켐피스(a Kempis)의 『그리스도를 본받아』를 읽음으로써 강화되었다. 그 책은 웨슬리에게 이전보다 더 "내적 종교, 마음의 종교의 본질과 범위"를 보다 분명하게 드러나 보이게 하였다.[3] 이때 그는 "종교적 수양을 위해 하루에 한두 시간을 따로 떼어 놓고" "내적 성결"을 위해 목표로 삼고 기도하기 시작했다.[4] 1, 2년 후에 그는 윌리엄 로(William Law)의 『그리스도인의 완전에 관한 논문(*Treatise on Christian Perfection*)』과 『경건하고 거룩한 삶에 대한 연속적인 부르심(*Serious Call to a Devout and Holy Life*)』을 읽고, 그 목표가 더욱 분명해졌다. 로의 글들에 대해 그는 말하기를 "그 글들은 이전보다 더 나에게 반쪽짜리 그리스도인은 절대 불가능하다는 것을 깨우쳐 주었다. 그래서 나는 하나님의 은혜를 통하여(나는 그의 은혜가 절대 필요하다는 것을 깊이 느꼈다.) 하나님께 전적으로 헌신하고, 하나님께 나의 영혼, 나의 몸, 나의 전체를 바치기로 결심하였다"고 하였다.[5]

테일러(Taylor), 아 켐피스(a Kempis), 로(Law)의 작품들은 웨슬리가 친숙하

---

2) *The Works of the Rev. John Wesley*, A. M., ed. Thoma Jackson (14 vols: 3rd ed. (London: 웨슬리an-Methodist Book-Room, 1831), XI, 366, 앞으로는 Works 로 표기할 것이다.

3) Works, XI, 366.

4) *The Journal of the Rev. John Wesley*, A. M., ed. Nehemiah Curnock (8 vols, New York: Eaton and Mains, 1909), 1, 467, 앞으로는 Journal로 표기할 것이다.

5) Works, XI, 367l.

게 여겼던 신앙 도서일 뿐 아니라[6] 그것들은 그가 거룩함을 추구하는 데 원동력을 제공했다. 그는 새롭게 받아들여진 견해를 확인하기 위해 성서를 펴서 "진리의 유일한 표준이요 순수한 종교의 유일한 모형"인 성서를 연구하기 시작했다.[7] 그는 이렇게 말한다.

> 나는 한 책의 사람(homo unius libri)이 되어, 성경 외에 다른 책은 (비교적) 연구하지 않기로 하였다. 그때부터 나는 그 어느 때보다 강한 빛으로 한 가지가 필요하다는 것을 알았다. 곧 하나님과 사람에 대한 사랑으로 역사하는 믿음. 즉 모든 내적 외적 성결이 필요하다는 것을 알았다. 그리고 나는 마음을 다해 하나님을 사랑하고, 힘을 다해 그분을 섬기기로 신음했다.[8]

그런 통찰력과 갈망에서 "존 웨슬리의 가장 독특한 교리적 공헌"[9]인 웨슬리의 그리스도인의 완전 교리가 생겼다.

그가 죽기 6개월 전인 1790년에 웨슬리는 다음과 같이 기록하였다. "이 교리는 메소디스트라고 부르는 사람들에게 하나님께서 주신 큰 기탁물(grand depositum)이다. 그리고 이 교리를 주로 전파하기 위해 하나님이 우리를 일으켜 세우신 것으로 안다."[10] 이 교리의 발전과 설명이 웨슬리의 삶의 많은 부분에 걸쳐 확장되었지만,[11] 린드스트롬(Harald Lindstrom)이

---

6) Cf. John Leland Peters, *Christian Perfection and American Methodism* (New York: Abingdon Press, 1956), 20. 1725에서 1734년 사이에 웨슬리가 읽은 광범위한 목록은 그의 일기장에서 발췌한 것이다. V. H. H. Green, The Young Mr. Wesley (New York: St. Martin's Press, Inc., 1961), 305를 보라.

7) Works, XI, 367.

8) *The Letters of the Rev. John Wesley*, A. M., ed. John Telford (8 vol.; London: The Epworth Press, 1931), IV, 299. 앞으로는 Letters로 표기할 것이다.

9) Peters, 20. Cf. Curnock's note, Journal, IVm, 534.

10) *A Plain Account of Christian Perfection* (Works, 366-446)는 이 교리에 발전과 내용을 웨슬리가 설명한 책이다.

11) 『그리스도인의 완전에 대한 해설(*A Plain Account of Christian Perfection*)』이라는

다음과 같이 말한 것이 옳다. "그가 1725년에 실천적 신비주의를 도입한 이후 처음으로 표현된 그리스도인의 완전에 관한 일반적인 입장을 결코 포기하지 않았다."[12] 피터스(Peters)가 관찰한 것처럼 "그리스도인의 완전의 이상은 거의 전적으로 웨슬리에 의해 그가 깊이 빠져들어 읽은 경건의 문헌들과 성경에서 비롯되었다."[13]

1733년 1월 1일, 웨슬리는 옥스퍼드의 세인트 메리 교회에서 "마음의 할례"라는 설교를 했다. 이는 그의 대학교에서의 첫 번째 설교이자 그가 출판한 모든 저서 중 첫 번째로 쓰인 것이다.[14] 이 설교에서 그는 그리스도인의 완전의 이상을 다음과 같이 설명하였다.

> (이것은) 신성한 책들에서 성결이라고 불리는 습관적인 영혼의 성향을 말하는 것인데. 즉 이것이 직접적으로 의미하는 바는. 죄와 육과 영의 모든 더러운 것에서 깨끗함을 받는 것이다. 그리고 그 결과. 그리스도 예수 안에 있던 그 미덕(virtues)을 그 존재가 입게 되는 것이다. 우리 생각의 영이 '하늘에 계신 우리 아버지의 온전하심과 같이 새롭게 되는 것이다.'[15]

이 설교는 완전의 본질로서의 사랑에 대해 많은 것을 말하고 있다.

> 사랑은 율법의 완성이요. 계명의 목표이다. … 이는 본질이며. 영이요. 모든 미덕의 생명이다. 이는 첫째 계명일 뿐 아니라 대명령이다. 이는 모든 계명을 하나로 합친 것이다. 무엇에든지 옳으며 무엇에든지 정결하며 무엇에든지 사랑할 만하며 무엇에든지 존귀하다. 어떤 미덕이 있다면. 어떤

소책자는 이 교리의 발전과 해설에 대한 웨슬리 자신의 설명이다.

12) *Wesley and Sanctification* (London; The Epworth Press, 1950), 126.

13) *Christian Perfection and American Methodism*, 21.

14) Works, XI, 369.

15) *Wesley's Standard Sermons*, ed. Edward H. Sugden (2 vols; London: Epworth Press, 1921), 1, 267-68. 앞으로는 Sermon으로 표기할 것이다.

칭찬이 있다면, 그것들은 모두 이 한 단어 곧 사랑으로 구성되어 있다. 여기에 완전과 영광과 행복이 있다. 천지의 법칙은 이것, 즉 "너는 마음을 다하고 목숨을 다하고 뜻을 다하고 힘을 다하여 주 너의 하나님을 사랑하라는 것이다."[16]

이 설교를 마치면서 웨슬리는 이렇게 말했다.

여기에 완전한 법의 요점이 있다. 이것은 마음의 참된 할례이다. 영(spirit)을 그 영을 주신 하나님께 그 애정의 전체와 함께 돌리도록 하시오. … 하나님은 당신이 선택하신 살아 있는 마음의 희생 이외의 다른 희생을 우리에게서 바라시지 않는다. 그 제사가 그리스도를 통하여 거룩한 사랑의 불꽃으로 끊임없이 하나님께 바쳐지도록 하십시오.[17]

웨슬리는 이 설교를 그의 교리의 결정적인 것으로 여겼다. 1765년에 그는 다음과 같이 기록하였다. "마음의 할례에 관한 설교는 … 모든 죄로부터의 구원과 한결같은 마음을 가지고 하나님을 사랑하는 것에 관하여 내가 지금 가르치는 모든 것이 들어 있다."[18] 그리고 이듬해에 나온 『그리스도인의 완전함에 대한 평이한 설명』에서[19] 그는 이렇게 말했다.

이 설교는 출판된 나의 모든 저작 중 가장 먼저 작성되었음을 알 수 있다. 이것이 그 당시 내가 가지고 있던 종교의 관점이었고, 그때도 나는 그것을 완전이라고 부르기를 망설이지 않았다. 이것이 현재 내가 추가하거나 또는 축소함 없이 가지고 있는 견해이다.[20]

---

16) Sermons, 272-77.
17) Ibid., 279.
18) Letters, IV, 299.
19) 1777년의 네 번째 판은 1789년의 Discipline에 추가 수정 없이 포함되었다.
20) Works, XI, 369.

웨슬리의 주장이 입증될 수 있는가? 완전에 대한 그의 견해가 과연 1725년부터 1777년까지 그리고 그 이후에도 실제로 변함없이 유지되었는가? 1738년 5월 24일[21]을 중심으로 한 개혁파 영향과 사건이 완전 교리에 어떤 영향을 미쳤는가? 1733년의 옥스퍼드 설교에 대해 피터스 (Peters)는 다음과 같이 간단히 말했다.

> 나중에 개발된 이러한 세련된 사항들은 목표 자체의 개념에 대한 중요한 변경보다는 목표를 향한 경로를 더 많이 고려하는 것이었다. 그 내용은 1733년에 적절하게 정의되었지만 그 달성 방법은 연속적인 기간을 통해서 경험으로 얻은 판단에 의하여 발전되었다.[22]

윌리엄스(Colin Williams)는 피터스(Peters)의 관찰이 "내용과 방법 사이의 지나치게 빈약한 구분"[23]을 암시한다고 비판하지만, 그럼에도 불구하고 린드스트롬(Lindstrom)이 지적한 것처럼 웨슬리의 『그리스도인의 완전에 대한 해설』은 1738년 이후뿐만 아니라 1738년 이전에도 테일러(Taylor), 아 켐피스(a Kempis), 로(Law)에 나타난 견해들, 즉 의도의 순수성, 그리스도를 본받아, 하나님과 이웃에 대한 사랑이라는 견해들이 각각 반영되고 있다.[24] 이러한 실천적 신비주의의 영향은 웨슬리가 "완전한 기독교인"은 "순결한 마음" 즉 "성실한 마음(single eye)"을 가지고 있고, 그리고 그의 "유일한 의도"가 항상 하나님을 기쁘시게 하며, "그리스도의 마음"을 갖고 그리스도가 행한 것처럼 행하고, 주 하나님을 온 마음을 다하여 사랑하는 것인 사람이라고 묘사한, 그가 쓴 "메소디스트의 특징"에서 쉽게 발견

---

21) Cf. Journal, I, 472-77.
22) *Christian Perfection and American Methodism*, 21.
23) *John Wesley's Theology Today* (New York: Abingdon Press, 1960), 175-76. Williams는 웨슬리가 교리의 개념을 수정하여 법적 및 윤리적 질서에서 개인 및 종교적 질서로 이동시켰다고 주장한다.
24) *Wesley and Sanctification*, 29.

할 수 있다.[25] 웨슬리는 『그리스도인의 완전에 대한 해설』에서 이 소책자를 말하면서 다음과 같이 말했다.

이것들이 내가 처음으로 그리스도인의 완전에 대한 나의 감정을 주로 선언한 바로 그 말들이다. 이것은 쉽게 알 수 있는 것이 아닌가? 즉 (1) 이것이 1725년부터 내가 목표로 삼았던 바로 그것이라는 것을: 그리고 더 확실히 1730년부터 내가 '한 책의 사람(homo unius libri)'이 되면서, 성경 이외는 상대적으로 아무것도 참작하지 않았다는 것을 또 (2) 이것이 내가 오늘날 믿고 가르치는 것과 동일한 교리라는 것을, 또 38년 전에 내가 주장한 내적 외적 성결에 대하여서는 거기에 한 점도 더하지 않았다는 것을. 그리고 그때부터 동일한 그것을 내가 지금까지 하나님의 은혜로 계속 가르치고 있는 것을 쉽게 알 수 있지 않은가?[26]

웨슬리는 그의 『그리스도인에 대한 해설』의 마지막 페이지에서 기독교의 완전성에 대한 그의 교리를 다시 요약하고 있다.

그리스도인의 한 견지에서 보면, 이 완전은 생 전체를 하나님께 바치는 의도의 순수성이다. 그것은 온 마음을 다 하나님께 바치어 한 소원과 한 의도만이 우리의 기질 전체를 지배하는 것이다. 그것은 우리의 영혼과 육체와 재산의 그 일부만 아니라 전체로 하나님께 봉헌하는 것이다. 또 다른 견지에서 보면, 그리스도인의 완전은 그리스도가 품으셨던 마음 전체가 내 안에서 나로 하여금 그리스도의 행하신 대로 행하게 하는 상태이다. 그것은 온갖 더러움, 모든 내적 외적 불결함을 벗어나는 마음의 할례이다. 그것은 마음이 전폭적으로 하나님의 형상을 따라 새로워지는 것이요, 마음이 창조하신 자의 형상을 온전히 회복하는 것이다. 또다시 다른

---

25) Works, VIII, 340-347.
26) Works, XI, 373.

견지에서 보면, 그리스도인의 완전은 온 마음을 다하여 하나님을 사랑하고 이웃을 내 몸과 같이 사랑하는 것이다.[27]

이 세 가지 정의에서 우리는 테일러("의도의 순수함"), 아 켐피스("그리스도의 마음") 및 로("하나님과 이웃을 사랑함")의 영향을 다시 본다. 웨슬리는 계속해서 말한다.

이 세 가지 중 어느 견지를 취하든지 마음대로 하십시오(본질적으로는 아무 차이도 없습니다). 내가 발표한 여러 글이 증명해 보여준 바와 같이, 이것이 내가 1725년부터 1765년에 이르는 40년간 믿고 가르쳐 온 완전의 전체요 총체입니다.[28]

그러므로 우리는 웨슬리와 실천적 신비주의 사이의 유사성이 참으로 가깝고, 그의 완전에 대한 관념이 일관된 경로를 따른다고 말할 수 있음을 본다. 완전은 인간에게 내재된 윤리적 변화로 이해되었고, 그리스도인의 삶은 그것을 향한 점진적인 발전으로 보였다. 이 정도까지 1738년은 상당한 일탈을 초래하지 않았다.

그러나 웨슬리의 완전 교리는 실천적 신비주의와 동일하지 않았으며, 1738년의 새로운 견해는 실제로 상당한 차이를 낳았다.[29] 웨슬리의 실천적 신비주의에서의 일탈이 극에 달한 것은 윌리엄 로와의 관계에서였다.[30] 로(Law)에 있어서는 참 완전은 인간의 노력을 위한 목표이긴 하지만 도달할 수 없는 이상이었다. 그리스도인의 삶은 도덕적 노력과 극기의 삶

27) Ibid., 444.
28) Ibid., 444.
29) Lindstrom, 132.
30) Law와 웨슬리의 관계에 대한 광범위한 연구는 J. Brazer Green, *John Wesley and William Law* (London: The Epworth Press, 1945). 그리고 Erio W. Baker, *A Herald of the Evangelical Revival* (London: Epworth Press, 1948)을 참조하라.

이었고, 지상에서 가능한 유일한 완전은 성화의 점진적인 발전에 불과했다.[31]

1738년까지 웨슬리는 이러한 태도에 전적으로 동의하고 있었다. 성결은 "부지런한 노력"에 의해 도달된 상태로 설명되었다.[32] 1734년에 그의 아버지에게 보낸 편지에서 그는 그것(성결)에 대하여 말하기를, 그것은 하나님의 형상으로 영혼이 새롭게 되며, 또한 겸손, 온유, 순결, 믿음, 희망, 그리고 사랑의 복잡한 습관이, 금식, 육체적 금욕 및 기타 외부 개선 수단을 통해 자신 안에서 증진되는 것이다.[33] 즉 기독교인은 "단일한 마음, 완전한 자기 부정, 그리고 고통받는 삶에 부름을 받았다"[34]고 하였다. 완전은 인간의 노력의 목표였으나 이생에서 이룰 수는 없었다. 사람은 죽음을 통해서만 죄의 본성에서 벗어날 수 있다.[35]

그러나 개혁주의적 관점과 1738년에 웨슬리에게 들어온 새로운 믿음의 개념으로, 뵐러(Peter Bohler)와 모라비안과의 만남의 결과, 웨슬리는 완전은 이생에서도 실현되어야 할 어떤 것으로 간주하게 되었다.[36] 이것은 윌리엄 로의 관점에서 떠났다는 중요한 의미를 나타낸다. "로(Law)의 그리스도인의 완전에 대한 이상은 하나님의 호소, 제안, 선물이 아니라 높은 생활 수준에 대한 부름, 도전 그리고 확립이었다."[37] 웨슬리는 로의 이상이 불가능하다는 사실에 낙담했다. 1738년 그의 "복음주의적 개종"은 오랜 기간의 좌절과 불만의 절정으로[38] 인해 그는 로(Law)의 입장이 건전한지

---

31) Lindstrom, 132.
32) Letters, 1, 48.
33) Ibid., 168.
34) Works, VII, 514 (1736).
35) Works, VII. 365-66 (1735).
36) R. Newton Flew는 이것이 웨슬리의 완전 교리를 선행한 다른 교리와 구별하는 첫 번째 표시라고 제안한다. *The Idea of Perfection in Christian Theology* (London; Oxford University Press, 1934), 330을 보라.
37) Green, 196.
38) Journal, I, 467-472.

의문을 갖게 되었고, 뵐러(Bohler)의 조언을 수용하게 되었다.[39] 1738년 이후 그는 그리스도인의 완전이 하나님의 선물이요 성령의 역사임을 알게 되었다.[40]

웨슬리의 관점에서의 이러한 변화의 본질은 무엇이었는가? 1738년 이전과 이후에 웨슬리와 로 사이에는 신자의 그리스도와의 영적 연합, 죄로부터의 자유, 그리스도인의 완전에 관하여는 공통점이 분명히 있었다. 그들이 다른 점은 사람들이 이러한 것들을 어떻게 달성하느냐에 대한 개념에서였다.[41] 린드스트롬(Lindstrom)은 다음과 같이 평한다.

> 그러나 분명히 그의 은총에 대한 개념의 영향의 결과인 완전 관념의 이러한 수정은 완전이 더 이상 요구 사항이 되지 않는다는 것을 의미하지 않았다. 그러나 웨슬리가 율법을 일반적으로 복음과 동시에 존재하는 것으로 여겼듯이, 완전도 동시에 요구사항이자 약속으로 보았다. 실제로 그는 하나님의 모든 요구와 명령을 동시에 약속으로 여겼다. 하나님께서는 그가 명령하신 것을 주신다.[42]

그러므로 피터스(Peters)의 관찰[43]은 정당한 것으로 보이며 웨슬리의 주장은 입증되었다.[44] 완전이라는 목표의 내용은 1725년에 얻은 웨슬리의 초기 통찰력과 기본적으로 변함이 없었다. 1738년 이후 이루어진 교리의 발전은 달성의 수단들과 조건들에 집중되어 있었다.

이러한 행위(works)의 우선에서 믿음을 우선으로 하는 강조의 전환은 달성의 방법뿐만 아니라 달성의 시간(time)에도 영향을 미쳤다. 자연스럽게

---

39) Baker, 87-89.
40) Sermons, II, 457-58; Letters, V, 7.
41) Baker, 117.
42) Lindstrom, 135.
43) Supra, 8.
44) Ibid.

다음과 같은 질문이 생겼다. 언제 완전해질 것으로 기대할 수 있는가?[45] 웨슬리가 1738년 이후에 알게 된 것처럼 만약에 완전이 죽음의 이쪽에서 실현될 수 있고 또 실현되어야 한다면, 죽음이 있기까지 얼마 동안이나 기대하여야 하고 달성되는 과정에 얼마의 시간이 소요되는가? 이 문제는 다음 장에서 다룰 것이다. 여기서 우리가 갖는 관심은 웨슬리가 자신이 추구하고 다른 사람들에게 추구하라고 촉구했던 완전의 본질과 내용을 그가 어떻게 정의하였는가를 정확히 확인하는 데 있다.

우리는 웨슬리에게 있어서 그리스도인의 완전의 본질은 사랑임을 보았다. 순수한 의도와 그리스도를 본받는 사상이 그의 교리의 요긴한 구성 요소였지만, 여전히 그것들은 사랑이라는 한 단어로 요약될 수 있다.[46] 그리고 이 사랑은 유일하고 철저한 사랑이었다. 래튼뷰리(Rattenbury)는 다음과 같이 말한다. "그의 교리의 내용은, 그가 도전을 받을 때 항상 반박하던 진술에서 보듯이, 매우 간단했다. 그것은 모든 가슴과 마음과 영혼과 힘을 다하여 하나님을 사랑하고, 또한 이웃을 자신과 같이 사랑하는 것이다. 그러한 사랑에는 모든 죄로부터 구원이 포함되어 있다는 것을 포함하고 있는 것을 의미한다."[47] 1765년에 처음 출판된 "성서적 구원의 길"이라는 설교에서 웨슬리는 다음과 같이 말한다.

> 그러나 완전이란 무엇인가. 이 단어에는 다양한 의미가 있다: 여기에서 그것은 완전한 사랑을 의미한다. 그것은 죄를 몰아내는 사랑이다: 마음을 채우고 영혼의 모든 능력을 차지하는 사랑이다. 이는 "항상 기뻐하고 쉬지 않고 기도하며 범사에 감사하는 사랑이다."[48]

---

45) Works, XI, 390.
46) Works, VI, 413; Letters, V, 299.
47) J. Ernest Rattenbury, *The Evangelical Doctirne of Charles Wesle's Humns* (London: The Epworth Press, 1941), 301, Cf. Works, XI, 393.
48) Sermons. II, 448; Cf. Letters IV, 192.

마찬가지로 6년 후에 월터 처치(Walter Churchey)에게 보낸 편지에서 그는 다음과 같이 말했다. "온전한 성화 또는 그리스도인의 완전은 순수한 사랑 즉 죄를 쫓아내고 하나님의 자녀의 마음과 삶을 다스리는 사랑 그 이상도 이하도 아닙니다."[49]

그리스도인의 완전에 대한 웨슬리의 견해는 그 자신이 한 말, 곧 죄를 쫓아내고, 추방하는 사랑이라는 말보다 더 간결하고 요약된 정의는 찾아볼 수 없다. 이 정의는 실천적인 측면(positive side)과 소극적인 측면(negative side)을 모두 가지고 있다, 이제 이것들을 고려하려고 한다.

A. 실천적인 측면

1733년의 옥스퍼드 설교에서 웨슬리는 주로 사랑의 관점에서 완전을 정의했다.[50] 이 주제에 대해 60년 이상 생각하고 글을 쓰는 동안 이것이 여전히 교리를 설명하는 그의 가장 특징적인 방법이었다. 1775년에 그는 말했다.

> 하늘과 땅에 사랑보다 더 깊은 것은 없고 사랑보다 더 좋은 것이 없다. 사랑의 하나님보다 더 높은 것은 있을 수가 없다. 그래야 우리가 목표로 삼아야 할 것을 분명히 볼 수 있다. 우리는 상과 그것으로 가는 길을 본다. 여기에 그리스도인의 경험의 높이가 있고, 여기에 깊이가 있다. '하나님은 사랑이시다; 그리고 사랑 안에 거하는 자가 하나님 안에 거한다. 그리고 하나님이 그 안에 거하신다.'[51]

---

49) Letters, V, 223; Cf. Works, XI, 418.

50) Supra, 6-7.

51) Letters, VI, 136.

완전의 교리가 그에게 영향을 미친 것은 사랑의 관점에서였으며, 그의 사상의 모든 발전 과정을 통해 변하지 않고 되풀이되는 원래 강조점이 이 사랑이다. [52] 웨슬리는 이 강조점이 성경적이라고 느꼈다. 1756년에 그는 이렇게 썼다. "내가 성경을 나의 연구로 만들기 시작했을 때 … 나는 그리스도인들은 마음을 다해 하나님을 사랑하고 온 힘을 다해 하나님을 섬기도록 부름 받은 것을 보기 시작했다. 이것이 바로 내가 성경에서 말하는 완전의 의미라고 이해하는 것이다." [53] 완전은 "주님의 산상 수훈에 기술된 모든 열매를 산출하며, 하나님과 사람을 사랑하는 것이라고 기술되었다." [54] 그리고 고린도전서 13장에서 이 "진정한 완전의 높이와 깊이이 설명되고 있다고 생각한다. … 이는 하나님의 사랑에서 흘러나오는 이웃 사랑"이다. [55] 1782년에 그는 한 친구에게 이렇게 썼다

> 고린도전서 13장을 자주 읽고 묵상하기를 권한다. 거기에 그리스도인의 완전의 참된 모습이 있다. 온 힘을 다해 본받아 가자 … 실로 겸손하고 온유하고 오래 참는 사랑보다 더한 것이 무엇인가?" [56]

그렇다면 여기에서 이 논쟁되고 있는 교리에 대해 웨슬리가 가장 좋아하는 용어는 그리스도인의 완전의 본질인 완전한 사랑이다. 웨슬리의 학생들은 만약에 그가 논란의 여지가 있는 완전이라는 단어를 사용하는 대신 이 단어를 일관되게 지켰더라면 그의 가르침이 불러일으킨 비판을 많이 피할 수 있었을 것이라고 말했다. [57] 실제로 그의 사역에서 적어도 한

---

52) Peters, 54.
53) Letters, III, 157.
54) Letters, IV, 469-70.
55) Letters, V, 268.
56) Letters, VII, 120.
57) W. E. Sangster, *The Path to Perfection* (New York: Abingdon-Cokesbury Press, 1943), 77-78, Cf. Peters. 53-54.

기간 동안은 자신의 견해를 잘못 표현한 사람들에게 그는 용어와 가르침 모두에서 완전이라는 단어를 뺄 것을 고려했었다.[58] 그리고 그는 도드 (William Dodd)에게 쓴 편지에서 다음과 같이 말했다.

> 나는 그 용어를 특별히 좋아하는 것은 아니다. 그것은 내 설교나 글에서 드물게 나타난다. 나에게 그것을 지속적으로 떠맡기고 그것이 무엇을 의미하는지 나에게 묻는 사람은 나의 반대자들이다.[59]

그러나 사실은 웨슬리의 주장과 모순된다. 그는 설교와 저술에서 이 용어를 자주 사용했으며, 생스터가 말했듯이 진짜 이유는 그 용어가 성경적이었고 "웨슬리는 성경의 언어에 열정적으로 애착을 가졌었다."[60] 위에서 인용한 도드(Dodd) 박사에게 보낸 같은 편지에서 그는 이렇게 말했다.

> '완전'이라는 용어의 의미가 무엇이냐는 것은 또 다른 질문이다. 그러나 이것이 성경적 용어라는 것은 부인할 수 없다. 그러므로 그들이 그것에 대해 이러쿵저러쿵 설명하든 간에 아무도 이 용어의 사용에 대해 반대해서는 안 된다.[61]

그리고 그 용어의 사용에 의문을 제기한 메이틀랜드(Maitland) 부인에게 그는 이렇게 대답했다. "그 말씀은 성서적이다. 그러므로 우리가 성령을 학교에 보내어, 누가 혓바닥을 만드신 분에게 말씀하라고 가르치지 않는 한, 너와 나는 양심적으로 반대할 수 없다."[62]

그러나 완전에 대한 웨슬리의 관념에서의 강조는 사랑에 있다는 것을

---

58) Letters, V, 88, 93, 334.
59) Ibid., III, 167.
60) Sangster, 78.
61) Letters, III, 168.
62) Letters, IV, 212; cf. Works, VIII, 21.

기억해야 한다. 그는 완전이 성경적 용어라고 주장했지만, 똑같이 사랑 이외의 다른 것으로 정의하는 것은 비성경적이라고 열성적으로 주장했다.

> 성경의 완전은 마음을 채우고 모든 일과 행위를 주관하는 순수한 사랑이다. 만약에 당신의 아이디어에 그 이상 또는 다른 것이 포함되어 있으면 그것은 성서적이 아니다. 그리고 성경적으로 완전한 그리스도인이 그것에 도달하지 않는 것도 놀라운 일은 아니다.[63]

"마음과 생명에 홀로 군림하는 순수한 사랑, 이것이 성서적 완전의 전부이다."[64] "그 안에 반드시 함축되어 있는 것은 겸손하고 온유하며 오래 참는 사랑 즉 모든 성질을 다스리고 모든 말과 행동을 다스리는 사랑이다."[65]

> 이 완전은 성경이 망상(delusion)이 아닌 한 망상일 수 없다. 나는 "마음을 다하여 하나님을 사랑하고 이웃을 내 몸과 같이 사랑하라"것을 의미한다. 나는 그것에 대한 반대자들 모두에게 이 정의를 분명하게 일러준다. 피하지 마시오. 질문을 바꾸지 마시오! 이에 대한 착각이 어디 있는 것인가? 이 사랑을 받았거나 받지 않았거나 둘 중 하나이다. 당신이 받았다면. 당신이 그것을 감히 망상이라고 부를 수 있겠는가? 당신은 온 세상을 주어도 그렇게 부르지 않을 것이다. 만약 당신이 다른 것을 받았다면 질문에 전혀 영향을 미치지 않는다. 당신이 원하는 대로 그것이 망상이라도, 그것은 완전히 다른 것을 받은 사람들 즉 아버지와 아들과의 깊은 교제를 받아 그로 인해 저들이 하나님께 온 마음을 드리고, 모든 사람을 자신의

---

63) Works, XI, 401; cf. 430.
64) Works, XI, 401.
65) Letters, VI, 266.

영혼과 같이 사랑하고 또한 그리스도께서 걸으셨던 것처럼 걸을 수 있게
된 사람들에게는 아무것도 아니다.[66]

웨슬리에게 있어 구원의 목적은 하나님의 사랑이 사람 안에 회복되는
것이다. 이것은 믿음으로 이루어진다. 그러나 믿음은 수단일 뿐이며 그
목적은 사랑이다.[67]

나는 믿음 자체는 목적이 아니라 수단으로만 여긴다. 계명의 목적은 사랑
이다. 모든 명령, 전체 기독교의 섭리의 목적은 사랑이다. 어떤 수단을 통
하든지 이 사랑을 얻도록 하라. 그러면 나는 만족한다; 더 이상 바랄 것이
없다. 우리가 마음을 다하여 우리 주 하나님을 사랑하고 이웃을 내 몸과
같이 사랑하면 만사가 다 좋다.[68]

그의 설교, "믿음으로 세워지는 율법, II"에서 그는 다음과 같이 말했다.

우리는 지속적으로 선언한다. … 그 믿음 자체, 그리스도인의 믿음, 하나
님의 택하신 자들의 믿음, 하나님의 역사하심에 대한 믿음은 여전히 사랑
의 시녀에 불과하다. 그것이 영광스럽고 존귀하다 할지라도 그것은 계명
의 목적이 아니다. 하나님은 오직 사랑에게만 이 영광(honour)을 주셨다.
사랑이 하나님의 모든 계명의 목적이다.[69]

같은 설교에서 계속 말한다.

그러므로 믿음은 원래 하나님께서 사랑의 법을 다시 세우시기 위해 고안

---

66) Letters, V, 102-103.
67) Works, XI, 416,
68) Letters, II, 75,
69) Sermons, II, 77.

하신 것이다. 그렇게 말함으로, 우리가 그것을 과소평가하거나 합당한 칭찬을 빼앗는 것이 아니다; 오히려 그와 반대로, 그것의 진정한 가치를 보여주고 그것을 정당한 비율로 높이며, 처음부터 하나님의 지혜가 할당한 바로 그 자리를 그것에 부여하는 것이다. 그것은 인간이 원래 창조된 거룩한 사랑을 회복하는 위대한 수단이다. 그래서 믿음은 그 자체로는 (다른 어떤 수단에도 없는 것처럼) 가치가 없지만, 믿음이 그 목적에 이르게 하고 우리 마음에 사랑의 법을 새로 세우는 것이다. 그리고 현 상황에서, 또한 이 땅에서 그것을 실행하는 유일한 수단이다. 그러므로 믿음은 사람에게 말할 수 없는 축복이요, 하나님 앞에서 말할 수 없는 가치가 있는 것이다.[70]

마찬가지로 교회, 성례전, 외적 행위, 내적 태도는 모두 사랑으로 인도할 때에만 가치가 있게 된다. 웨슬리는 "열심에 대하여(On Zeal)"라는 설교에서 다음과 같이 말했다.

그러나 우리의 최상의 열심은 사랑 그 자체를 위해서 남겨 놓아야만 한다. 그것은 '경계의 목적'이며, '율법의 완성'이다. 교회, 종교의식, 모든 종류의 외적인 행동, 즉 다른 모든 거룩한 기질들은 사랑보다 열등하다. 그리고 그것들이 사랑에 더욱 가까이 접근할 때에만 그 가치를 지니게 된다. 그러므로 여기에 크리스천의 열심의 큰 목적이 있다. 그리스도 안에 있는 모든 진정한 신자들은 열심을 가지고 하나님, 즉 우리 주 예수 그리스도의 아버지에게 정성을 다해야 한다. 그럴 때에 그의 마음은 하나님과 모든 인류에 대한 사랑으로 더욱 확장될 것이다. 그는 이 한 가지 일을 해야 한다. 즉 "그리스도 예수 안에서 하나님이 위에서 부르신 부름의 상을 위하여 좇아가야 한다."[71]

---

70) Sermons, II, 80.
71) Works, VII, 62.

그러므로 사랑은 믿음이 지향하는 목적이다. 그러나 믿음은 단지 사랑의 수단만이 아니다. 이는 또한 사랑의 근원이기도 하다. 린드스트롬은 웨슬리에서 원인의 관점과 나란히 존재하는 사랑의 목적론적 관점을 발견한다.[72] 웨슬리가 윌리암 로와 실천적 신비주의에서 추론해 낸 전자는 사랑을 모든 것이 지향하는 목표로 본다. 1738년부터의, 그리고 개혁주의 전통에서 추론한 후자의 견해는 하나님의 사랑을 인간의 하나님과 이웃에 대한 사랑의 직접적인 원인으로 본다.

사람은 자연적으로 마음을 다하여 하나님을 사랑하고 그 이웃을 자기 몸과 같이 사랑할 수 없다. 자연의 사람은 완전히 부패했다.[73] 그는 하나님을 알지 못하기 때문에 하나님을 사랑할 수 없다.[74] 자신의 죄 많음을 깨달은 사람도 하나님과 이웃을 사랑할 수 없다.[75] 그러므로 사랑은 하나님의 선물이다: 그것은 위로부터 와야 한다. 그리스도인의 완전의 경험과 사람이 그것을 확보할 수 있게 하는 믿음은 항상 선물로 묘사된다. 자기가 성취했다는 말은 있을 수 없다.[76] 플레처(John Fletcher)에게 쓴 편지에서 웨슬리는 다음과 같이 말했다.

> 내가 완전이란 무엇을 의미하는지는 그 주제에 대한 첫 번째 생각과 더 오랜 생각에서 정의했다. 이것은 "항상 기뻐하고, 항상 기도하고, 범사에 감사하는 순수한 사랑이다." 그리고 나는 그대가 말하는 것이 아주 같은 것이라고 생각한다. 그러나 우리는 다음과 같은 것을 관찰할 수 있을 것이다. 즉 자연스럽게 말해서, 현재 영혼은 신체 기관의 도움 외에는 생각할 수 있는 것보다 더 많은 사랑을 할 수 없을 것이다. 동물의 골격이 영

---

72) "목적론적 접근은 목적이 강조되는 목적과 수단 중 하나이다. 원인이 강조되는 원인과 결과 중 하나의 인과적 접근." *Wesley and Sanctification, 174.*

73) Sermons, I, 155ff; cf. I, 181.

74) Sermons, II, 217.

75) Sermons, I, 185-91.

76) Flew, 317.

혼의 모든 능력에 다소간 영향을 미칠 것이다. 현재 영혼은 육체의 도움을 받는 것 외에는 그가 생각할 수 있는 것 이상으로 사랑할 수 없을 것으로 본다. 그러므로 생각하거나 말하거나 바르게 사랑하려면, 그것은 반드시 높은 곳에서 오는 힘에 의하여만 한다. 그리고 우리의 애정이나 의지가 바르게 계속되려면, 이는 계속되는 기적에 의하여만 된다는 것을 관찰할 수 있을 것이다.[77]

그리스도인의 완전의 본질인 하나님과 이웃에 대한 사랑은 의롭게 하는 믿음에 그 뿌리를 두고 있다고 보았다.[78] 그것은 속죄에 대한 믿음과 용서의 확신과 연결되어 있다.[79] "하나님의 변함없는 사랑은 용서하시는 하나님에 대한 믿음에서밖에 나올 수 없다. 그리고 참된 그리스도인의 성결은 그 기초에 대한 하나님의 그 사랑 없이는 존재할 수 없다."[80] "모든 내적 및 외적 성결을 낳는 하나님과 사람에 대한 사랑은 … 성령으로 우리 안에 역사하시는 하나님의 용서하시는 사랑에 대한 확신에서 우러나온다."[81]

그러나 사랑은 율법을 무효화하지 않는다. 율법의 완성이 인간 자신의 행위에 의하여서 이루어지지 않고 믿음에서 비롯되지만, 율법의 완성은 여전히 그리스도인의 의무이다. 웨슬리는 율법과 복음은 밀접하게 관련되어 있다고 주장했다; 사실, 그들은 단순히 관점의 두 가지 다른 사항이다.

율법과 복음 사이에는 전혀 상반되는 것이 없다. … 복음을 세우기 위해 율법을 폐할 필요가 없다. 그들 둘 다 서로를 대체하지 못한다. 그들은 정말 완벽하게 잘 어울린다. 그 같은 말씀들이, 다른 관점에서 보면

---

77) Letters, V, 3-4.
78) Works, VIII, 276.
79) Ibid.; cf. 352, VII, 47.
80) Works, VIII, 290; cf. 24.
81) Letters, II, 65,

율법의 일부이고 또는 복음의 일부이다. 만약에 그것들이 계명으로 여겨진다면, 그것들은 율법의 일부이다; 약속으로 여겨진다면 그것들은 복음의 일부이다. 따라서 "네 마음을 다하여 네 주 하나님을 사랑하라"는 말씀이 계명으로 간주될 때 그것은 율법의 일부이다; 약속으로 여겨질 때는 복음의 핵심이다. 복음이란 약속의 형식으로 표시된 율법의 명령에 지나지 않는다.[82]

믿음의 목적이자 하나님의 선물이요, 또한 그리스도인의 완전의 본질인 이 사랑은 단순한 느낌이나 감정이 아니다. 샌스터는 말한다.

> 그것은 단순한 감정으로서의 사랑이 아니라 태도로서의 사랑, 거의 마음의 상태로서, 그리고 확실히 확고한 의지로서의 사랑이었다. 그것은 견고하고 객관적이며 때로는 엄격했다. 이 사랑을 단순한 감정과 동일시하는 것은 웨슬리의 견해와는 거리가 먼 것이다.[83]

웨슬리는 이와 같이 동일시했던 코그란(Lawrence Coughlan)에게 편지를 썼다.

> 당신은 나의 대화나 설교에서 또는 글을 보고 "성결은 기쁨의 흐름에 존재한다."는 것을 배운 적이 없다. 나는 계속해서 당신에게 상당히 반대인 말을 했다. 나는 당신에게 그것은 사랑이라고 말했다; 즉 하나님과 우리 이웃에 대한 사랑, 마음에 새긴 하나님의 형상, 사람의 영혼에 있는 하나님의 생명; 그리스도께서 걸으신 것 같이 우리도 걸을 수 있게 해 주는 그리스도 안에 있던 생각이라고 말했다.[84]

---

82) Sermons, I, 403, cf. Works, XI, 408-409; VI, 418.
83) *The Path to Perfection*, 79-80; cf. Flew, 318-19.
84) Letters, V, 101-102.

그는 "하나님께 꾸준히 한결같이 헌신한 의지가 성화의 상태에 절대 필요한 것이지, 한결같은 기쁨이나 화평이나 하나님과의 행복한 교제가 아니다."[85]라고 강력하게 주장했다. 그리고 "간신히 죄가 없다고 느끼거나 또는 일정한 평화와 기쁨과 사랑을 느낀다는 것이 그 요점을 입증하지 않을 것이다."[86]라고 말했다.

그는 사랑을 신부가 남편에게 하듯이 영혼의 그리스도와의 신비롭고 감정적인 관계로 가르치지 않았고, 그러한 모든 교리들을 싫어했다. 그 이유는 그런 것들은 감상에 젖어 에로틱한 사치를 낳는다고 생각했기 때문이다. 그가 가르친 사랑은 실용적이고 사회적인 것이었다. 아마도 그가 성서에서 가장 좋아하는 장은 고린도전서 13장이었을 것이다. 그 구절에서는 사랑을 사회적이고 실제적인 행동으로 묘사했다. 그가 가르친 사랑은 다른 사람들을 구원하고 필요한 모든 것을 보살피며, 사회봉사와 상호 간에 이타적인 것으로 드러나는 하나님의 사랑이었다. 그들의 교훈이나 본보기로 그리스도인의 이상의 실제 성격을 그처럼 강력하게 예증한 사람은 거의 없었다.[87]

그러므로, 우리는 웨슬리의 그리스도인의 완전 교리의 실천적 측면은 사랑, 즉 단순한 감정으로의 사랑이 아니라 절대적인 태도와 헌신으로서의 사랑, 인간 자신의 성취로서의 사랑이 아니라 하나님의 선물로서의 사랑이라는 것을 알 수 있다. 웨슬리에게 있어서 사랑이야말로 완전의 본질이었다. 그래서 그것을 다른 범주로 정의하려고 하는 것은 잘못된 길을 가는 것이었다.

> 종교에서 더 높은 것은 없다. 사실상 다른 것은 없다. 당신이 큰 사랑 외에 다른 것을 찾는다면, 당신은 과녁을 넓게 바라보고 있는 것이고, 당신

---

85) Letters, VI, 68.
86) Letters, III, 212.
87) Rattenbury, 301.

은 올바른 길에서 벗어나고 있는 것이다. 그리고 당신이 다른 사람들에게 이런저런 축복을 받았냐고 물을 때, 당신이 그 큰 사랑이 아닌 다른 것을 말했다면, 당신은 잘못 이해하고 있는 것이다. (그렇다면) 당신은 그들을 다른 길로 인도하고 그릇된 데로 보내고 있는 것이다. 그러면 하나님께서 모든 것에서 당신을 구원하신 그 순간부터 고린도전서 13장에 묘사된 그 사랑에 더 많이, 더 많이 조준을 맞춰야 한다는 것을 마음에 정해야 한다. 네가 아브라함의 품에 안길 때까지, 이보다 더 높이 올라갈 수는 없다.[88]

웨슬리는 말하기를, "어떤 수단을 써서라도 이 사랑을 얻게 하라. 그러면 나는 만족하고 더 이상 바랄 것이 없다. 우리가 전심으로 주 하나님을 사랑하고 이웃을 자신과 같이 사랑하면 모든 것이 잘된 것"[89]이라고 했으며, "이것이 그리스도인의 완전의 진수이다; 이것은 사랑이라는 한 단어에 모든 것이 담겨 있다."[90]라고 말했다.

B. 소극적인 측면

그리스도인의 완전에 대한 웨슬리의 정의는 사랑의 실천적인 측면뿐만 아니라 죄로부터의 자유를 의미하는 소극적 측면도 있다. 그것은 "죄를 쫓아내는 사랑"이다.[91]

그러나 '완전한 자'는 누구를 의미하는 걸까? 우리는 '그리스도 안에 있던 생각'이 그 안에 있고 그리스도께서 걸으신 것처럼 그렇게 걸은 사람, 깨끗한 손과 순결할 마음을 가진 사람이거나, 또는 "육과 영의 모든 더러운

---

88) Works, XI, 430.
89) Letters, II, 75.
90) Works, VI, 413.
91) Supra, 15.

것에서 정결케 된 사람; 따라서 그에게는 잘못하는 일이 없고 죄를 범하지 아니하는 자"를 의미한다. 이것을 좀 더 자세히 말하면, 즉 우리가 그것을 성경적 표현인 완전한 사람으로 이해한다면, 그는 하나님이 그에게 그의 성실한 말씀, 즉 "네 모든 더러운 것과 모든 우상에서 너를 깨끗하게 하고 모든 더러운 것에서 너를 구원하리라"는 말씀을 충족시킨 사람이다. 이에 우리는, 이 사람은 하나님께서 몸과 혼과 영을 전체적으로 거룩하게 한 자라고 이해한다. 즉 그는 "그가 빛 가운데 계신 것 같이 빛 가운데 행하며, 그 안에 어둠이 조금도 없는 자, 곧 그의 아들 예수 그리스도의 피가 그를 모든 죄에서 깨끗하게 하신 자이다."[92]

그리스도인의 완전의 소극적인 의미를 올바로 이해하기 위해서는 이 교리를 웨슬리의 구원의 개념 전체의 보다 넓은 맥락에서 볼 필요가 있다. "구원"이라는 단어 자체는 두 가지 다른 의미로 사용되었다. 때때로 웨슬리는 그 말(구원)이 현재 구원과 최종 구원을 포함한 구원의 전체 범위를 포용하는 것으로 사용되었다. 즉 구원의 시작, 지속 그리고 종결까지 포함하는 것으로 사용되었다.[93] 그러나 웨슬리는 가끔 일반적으로는 그것(구원이라는 말)을 성화에 강조점을 두면서, 칭의와 성화로 구성되는 현재 구원으로 한정하였다.[94]

구원이란 속된 개념에 따르면 지옥에서의 구출 또는 천국에 가는 것을 의미한다. 단지, 죄로부터의 현재 구원, 영혼의 원시적인 건강, 본래의 순수함으로의 회복; 하나님이 내려주신 본성의 회복, 우리 영혼이 하나님의 형상을 따라 의와 성결과 정의와 자비와 진리로 새롭게 됨을 의미한다. 이것은 모든 거룩한 천상의 기질을 수반한다. 결과적으로 모든 대화의 거룩

---

92) Works, XI, 383-84.
93) Works, VIII, 290; VI, 226ff.
94) Sermons, I, 41; II, 445-448.

함을 의미한다.[95]

　이 현재의 구원, 즉 죄로부터의 구원은 사람이 일련의 연속적인 단계를 거치는 과정으로 간주되며, 각 단계는 다르고 더 높은 수준을 나타낸다. 구원을 과정의 개별 단계로 구분하는 것은 웨슬리의 저술 전체에 걸쳐 명백하다.[96] 그러나 이러한 단계 사이의 경계선이 어떤 경우에는 다른 경우에서처럼 명확하게 정의되고 있지 않다. 때로는 그 과정이 매우 간략하게 설명되고 다른 단계들이 함께 끼워져 있으며, 다른 경우에는 그 묘사가 아주 자세히 설명되어있다. 때때로 웨슬리는 1738년 직후의 기간에 그리스도인의 삶을 중생과 온전한 성화 사이에 명확하게 구별함 없이 한 단계(as a single stage)로 설명하고 있다.[97] 후기에는 이 구별이 더 명확하게 그려지며 그의 성화의 교리의 중요한 특징을 제정하였다.[98]

　웨슬리는 "성서적 구원의 길"이라는 설교에서 구원의 과정의 단계에 대한 전형적이고 상세한 설명을 하고 있다.[99] 이 설교와 다른 저술에서 볼 때 이러한 단계에는 아래에 말하는 것들이 포함되어 있음이 분명하다:[100]

　(1) 선행적 은총의 작용: 이 은혜로 인하여 "아버지의 이끄심"과 "하나님을 향한 갈망"이 있게 된다. 당신이 순종하면 이 은혜는 점점 더 많아지고 구원의 길을 보여줄 것이다.[101]

　(2) 칭의 이전의 회개: 이것은 죄에 대한 자각을 포함하며 "모든 선의 결

---

95) Works, VIII, 47.
96) Sermons, I, 178ff; II, 444ff; cf. *Explanatory Notes Upon the New Testament* (New York: Phillips and Hunt, n.d.,), Rom. 6:18.
97) Sermons, I, 179ff.
98) Sermons, II, 156-57.
99) Sermons, II, 444-48.
100) 이러한 단계에 대한 자세한 설명은 이 단락의 기반이 되는 Lindstrom, 113-120을 참조하라.
101) Sermons, II, 445.

핍과 모든 악의 존재에 대한 깊은 감각"[102] 그리고 "영혼(spirit)의 빈곤"[103]으로 설명된다. 이 상태에서 사람은 자신의 죄인인 상태를 더 명확하게 보고 그의 삶을 수정하고 일반적으로 그가 받은 은혜의 분량에 순종하기 시작하려고 결심한다.

(3) 칭의와 신생: 여기에서 엄밀한 의미에서의 구원이 시작된다. 칭의와 신생은 논리적으로는 구별될 수 있지만 한순간에 사람에게 주어진다. 전자는 구원의 객관적 측면에 속하며 죄의 죄책으로부터의 해방을 의미한다. 후자는 구원의 주관적인 측면에 속하며 사람 안에 있는 성령의 역사와 죄의 능력으로부터의 해방을 의미한다.[104] 칭의는 상대적인 변화를 의미하고, 신생은 실질적 변화를 의미한다. 칭의에서 하나님은 인간을 위해 무엇인가를 행하신다. 신생에서 하나님은 사람 안에서 무엇인가를 행하신다.[105] 칭의와 신생에는 확신이 따른다. 이 확신에는 신자의 하나님과의 화목을 깨닫게 하는 성령의 직접적인 증거가 있고 또한 웨슬리가 말하듯이 성령의 열매를 소유한 의식과 자기는 하나님의 어린아이라는 것에 대한 신자 자신의 영의 간접적 증거가 있다.[106]

(4) 칭의 이후의 회개와 성화의 점차적으로 진행되는 역사: 칭의와 신생이 순간적으로 주어진 후에는 점진적인 발전, 즉 성화의 진행이 있다. 이 발전은 칭의와 신생 이전의 발전과 유사하다. 그리스도인의 삶을 심어주기 위해 회개와 믿음이 필요했던 것처럼, 그것의 유지와 성장을 위해서 또 다른 회개와 믿음이 필요하다. 이것은 칭의 이후에도 그리스도인 안에 죄가 계속 존재함으로 인해 그런 것이다. 죄는 더 이상 통치하지 않지만 여전히 남아 있는 것이다.[107] 이 남아 있는 죄에는 회개가 필요하다.

---

102) Sermons, I, 125.
103) Sermons, I, 323.
104) Sermons, II, 226ff, 365; Works, VI, 509.
105) Sermons, I, 119, 299.
106) Sermons, I, 202ff, 221ff; II, 343ff.
107) Sermons, II, 361-378.

그러나 초기의 회개와는 달리 이 죄의식은 하나님의 용납하심의 의식을 동반한다. 신자 안에 남아 있는 죄는 죄책감이나 정죄를 의미하지 않는다.[108] 그것은 단순히 그가 악에 빠지기 쉽다는 자각이다. 선행을 동반하는 이 회개는 신생의 시작인 성화의 점진적인 성장을 촉진한다.

(5) 온전한 성화: 성화의 점진적인 발전 후에 그리스도인의 삶은 온전한 성화 또는 그리스도인의 완전에서 결실을 얻게 될 것이다.[109] 이것은 거룩하게 하는 믿음으로 사람에게 주어지는 순간적인 것으로 생각된다. 칭의와 거듭남과 비교할 때 온전한 성화는 그리스도인의 삶에서 더 높은 단계를 조성한다. 온전한 성화에서 신자는 칭의와 산생 후에 그 안에 남아 있는 죄로부터 해방된다. 그러나 인간의 삶과 떼려야 뗄 수 없는 어떤 불완전함(some imperfection)은 여전히 남아 있다. 이 단계에서 얻은 완전은 의도나 동기에서의 완전이다. 이것은 사랑에서의 완전이다. 이것은 내적, 외적 의의 모두에서 선행으로 나타날 것이다. 자신의 칭의를 확신할 수 있는 것처럼, 그는 또한 그의 온전한 성화에 대한 성령의 증거를 가질 수 있다. 또한 웨슬리는 이생에서 가능한 그러한 완전에 도달한 후에도 더 발전할 수 있다고 주장한다. "지속적인 증가를 허용하지 않는" 완전은 없는 것이다.[110] 온전한 성화의 차원에서 사랑의 추가 성장으로 생각되는 점진적인 발전은 여전히 남아 있다.[111] 크리스천의 삶은 전진하거나 후퇴할 수밖에 없다; 제아무리 완전히 성결하다 해도 크리스천에게 있어서 딱 고정되어 있을 수는 없는 것이다.[112]

---

108) Sermons, II, 454.
109) "온전한 성화"와 "기독자의 완전"은 일반적으로 동의어이며, 이 두 가지 모두 명확하게 정의된 상태를 가리킨다. 좀 더 자세히 말하면, 전자는 이 상태가 시작되는 수년간 경험을 칭하고, 후자는 상태 자체를 가리킨다. 다른 한편, "성화(sanctification)"는 신생에서 시작하여 그것이 온전한 성화의 절정에 이를 때까지 점진적으로 증가하는 과정을 의미한다. Cf. Sermons, II, 239-40. Works, XI, 388. 이하 생략(역자).
110) Sermons, II, 156.
111) Works, VII, 202.
112) Works, XI, 422; Letters, VIII, 103.

위의 다섯 가지 상태는 때때로 약간의 수정이 있기는 하지만 웨슬리가 구상한 구원의 과정을 구성한다. 이 과정은 "우리 자신의 구원을 성취함에 있어"라는 설교에서 간략하게 요약되어 있다.

'구원'은 일상적으로 말하는 선행적 은총으로 시작된다. 사람이 자기의 범죄에 대하여 일시적으로나마 어느 정도의 깨달음이 있다든가 혹은 하나님의 뜻에 대한 깨달음이 순간적으로 생긴다면 이것은 선행적 은총에 의한 것이다. 이 모든 것은 생명을 향한 어떤 행진을 암시한다. 어떤 면에서는 어느 정도 구원의 시작이다. 이는 눈멀고 무딘 마음, 즉 하나님과 그 하신 일을 전혀 모르는 마음으로부터 건짐을 받는 초기 단계이다. 이 구원은 흔히 성경에 '회개'라고 말하는 '깨닫게 하는 은혜'(convincing grace)로 인하여 계속하여 이루어진다. 그러므로 좀 더 자기 자신을 알게 되고 돌과 같은 마음(겔 11:19 참조)에서 한 걸음 한 걸음 더 건짐을 받게 된다. 그런 후에 우리는 진정한 의미에서의 그리스도인의 구원을 체험하게 되는 것이다. 이 구원은 인간이 "은혜로 인하여 믿음으로 말미암아"(엡 2:8) 얻는 것이다. 그리고 이 구원은 두 가지 중요한 부분 곧 '의인'(義認)과 '성화'(聖化)로 설명된다. '의인'이라 함은 우리가 죄책으로부터 구원을 받아 하나님의 사랑 안에 거하게 됨을 말하며, '성화'라 함은 우리가 죄악의 권세와 뿌리로부터 구원받아 하나님의 형상으로 회복됨을 의미한다. 성경에서 보여주는 것처럼 우리가 경험하는 이 구원은 순간적이며 동시에 점진적이라는 것을 나타낸다. 그리고 그 순간부터 구원은 점진적으로 성장하여 마치 "겨자씨 한 알이 모든 씨보다 작은 것이지만 나중에는 많은 가지를 내어 큰 나무가 되는 것처럼" 된다. 마찬가지로 구원은 우리의 마음이 모든 죄로부터 씻김을 받고 하나님과 인간을 향한 순전한 사랑으로 가득할 때까지 자라난다. 그리고 사랑은 더욱 성장하여 마침내 "우리의 머리이신 그리스도께 모든 일에 있어 자랄 때까지", 우리가 그리스도

의 장성한 분량이 충만한 데 도달할 때까지 성장해 나간다.[113]

따라서 웨슬리에게 구원은 일련의 연속적인 단계로 구성된 과정이었고, 각 상태는 이전 단계보다 더 높은 수준을 나타낸다. 전체 과정의 목표는 사람의 온전한 성화이다. 그리스도인의 완전은 목표를 향한 전진을 구성하는 일련의 연속적인 단계에서 절정의 단계로 이해되어야 한다. 린드스트롬이 관찰한 바와 같이,

> 웨슬리는 구원의 순서를 인간의 완전을 목표로 하는 과정의 형식으로 제시한다. 이러한 목적론적 목표를 가지고 그의 구원에 대한 개념은 성화의 개념에 의해 명백히 결정되어야 한다.[114]

구원의 순서에 대한 웨슬리의 묘사를 염두에 두고 이제 우리는 그의 완전 교리의 소극적 면, 즉 사랑이 죄를 내어쫓는다(Love excludes sin)는 점을 더 자세히 조사할 준비가 되어 있다. 이것을 어떤 의미로 이해해야 할까?

제일 먼저, 그는 요한일서 3:9의 말씀으로 단호하게 선언한다. "누구든지 하나님께로부터 난 자마다 죄를 짓지 아니하느니라."[115] "하나님께로부터 난 자의 큰 특권"이라는 설교에서 웨슬리는 신생(칭의와 논리적으로 구별되지만 같은 순간에 있게 된 신생)을 설명한 후 다음과 같이 말했다.

> 위에서 이미 설명한 것과 같이 그처럼 하나님께로부터 난 자, 끊임없이

---

113) Works, VI, 509.

114) *Wesley and Sanctification*, 122. 이것은 칭의의 교리가 웨슬리의 신학에서 모든 것의 척도이자 결정자라는 William Ragsdale Cannon의 견해에 반대되는 것이다. *The Theology of John Wesley* (New York: Abingdon-Cokesbury Press, 1946), 14.

115) Sermons, I, 286.

그 영혼 속에 하나님께로부터 생명의 숨. 하나님의 영의 은혜로운 감화를 받고 또 그것을 돌려보내고 있는 자; 그렇게 믿고 또 사랑하고 있는 자. 믿음으로써 그 영 위에 임하시는 하나님의 끊임없는 역사를 감지하며 또 일종의 영적 반응으로써 그 받는 은혜를 끊임없는 사랑과 찬미와 기도로 돌려보내고 있는 자. (이런 사람들은) 자신을 그 상태에 보전하는 동안. 단지 죄를 범하지 않을 뿐만 아니라. 이 "씨가 그 사람 속에 있는" 한. "하나님께로부터 났기 때문에 죄를 지을 수 없다."[116]

그는 계속해서 하나님께로부터 난 후에 다시 죄에 빠질 가능성을 설명하고, 하나님께로부터 난 사람은 하나님의 은혜로 할 수 있는 "자기를 지키는 것"의 필요성을 지적하였다.[117] 그는 "하나님께로부터 난 자는 자기를 지키면 범죄하지 아니하나, 만일 자기를 지키지 아니하면 탐욕으로 모든 죄를 범할 수 있다는 것은 의심의 여지가 없다"고 말했다.[118]

웨슬리는 이 문맥에서 죄에 대해 매우 제한적이고 특별한 의미로 말하고 있기 때문에, 이 말은 단순한 동어반복이 아니었다.[119] 여기서 말하는 죄란 하나님의 율법을 의지적으로 범하는 것으로 정의한 외적 죄를 의미했다.[120] 그는 말한다.

---

116) Sermons, I, 304.

117) Sermons, I, 307. 여기서 우리는 웨슬리의 "복음적 협동설(Evangelical Synergism)"을 만난다. Cf. Lycurgus M. Starkey, Jr. *The Work of the Holy Spirit* (New York: Abingdon Press, 1962), 116-123.

118) Sermons, I, 310.

119) I.e., "as long as one does not sin, he does not sin."(사람들이 죄를 짓지 않는 한 그는 죄를 짓지 않는다.)

120) 여기에 웨슬리 용어의 혼란스러운 측면 중 하나가 있다. 어떤 의미에서 "자발적 범죄"는 의지적 요소가 수반되지 않는 것보다 더 큰 정도의 "내적 범죄"가 관련되어 있는 것처럼 보일 수 있다. 그러나 웨슬리가 그 용어를 사용했듯이 내적 죄는 거룩하지 않은 욕망이나 태도를 의미한다. 외적인 죄는 말이나 행동으로 그 욕망이나 태도를 나타내는 것을 의미한다. Cf., the sermon, "The Marks of New Birth", Sermons, I, 285, 그의 많은 글 가운데서는, 이 분명한 구별이 항상 그렇게 쉽게 유지되지 않았다.

여기서 나는 죄를 명백하고 일반적인 수용에 따라서 외적인 죄(outward sin)로 이해한다. 즉 하나님의 율법을 실제로 의지적으로 범하는 것. 계시되었고, 기록된 하나님의 율법을 범하는 것. 하나님의 계명들을 그때 범했다는 것을 인정하고 있는 것으로 이해한다.[121]

웨슬리는 이것이 성경이 의미하고 있는 죄라고 믿었다. 자발적이든 비자발적이든 하나님의 율법을 범하는 모든 것은 죄이며 그것의 결과로 아무도 죄에서 구원받을 수 없다고 주장하는 사람들에게 그는 다음과 같이 답했다.

사실을 말하자면, 이것은 단순한 말다툼이다. 그 말씀에 대한 당신의 견해에서 죄로부터 구원받지 못한다고 말하지만, 나는 그 견해를 인정하지 않는다. 왜냐하면 그 단어가 성경에서 결코 그렇게 받아들여지지 않기 때문이다. 그리고 당신은 그 말에 대한 나의 견해에서 죄로부터 구원받을 수 있다는 가능성을 부정할 수 없다. 그리고 이것이 성경에서 죄라는 단어가 거듭거듭 사용되고 있는 견해이다.[122]

그는 비자발적 행위를 죄로 분류하는 것은 반율법주의에 문을 열어주는 것이라고 걱정했다. 그가 느꼈던 반율법주의는 죄를 "하나님의 율법에 대한 일체의 결여 또는 위반"[123]으로 보는 광범위한 칼빈주의적 견해요 또한 그리스도의 전가된 의에 동반하는 견해이다.[124] 1772년에 베니스(Bennis) 부인에게 보낸 편지에서 다음과 같이 말했다.

---

121) Sermons, I, 304.
122) Works, VI, 417-18.
123) *The Westminster Shorter Catechims and an Analysis*, Adopted by the General Synod of New York and Philadelphia, 1788 (Phildelphia: Board of Christian Education of the Presbyterian Church in the USA, n. d.), 6.
124) Cf. the sermon, "The Lord Our Righteousness", Sermons, II, 438.

엄밀히 말해서 알려진 하나님의 율법을 의지적으로 범하는 것이 죄이지, 다른 것은 죄가 아니다. 그러므로 사랑의 법을 의지적으로 범하는 것은 모두 죄다. 그리고 우리가 바르게 말하면 다른 것은 죄가 아니다. 그 사건을 더 확대 해석하는 것은 칼빈주의에게 길을 열어주는 것일 뿐이다. 비록 아담의 `율법을 어기는 것은 아니더라도 사랑의 위반이 없는 만 가지의 방황하는 생각과 망각의 간격이 있을 수 있다. 하지만 칼빈주의자들은 기꺼이 이것들을 함께 혼동할 것이다.[125]

1765년에 웨슬리는 1738년 이후로는 믿음으로 말미암는 칭의의 교리에 대해서는 칼빈과 "머리카락 하나"의 차이를 보이지 않았다고 기록했다.[126] 그러나 그의 강조는 칭의는 신생을 동반한다는 것이었다. 이와 같이 사람이 죄 사함을 받을 때 그는 동시에 신생을 받는다. 이는 성화의 시작이다.[127] 그리고 이를 통해 신자는 외적으로 죄를 범하는 것을 그칠 수 있게 된다.

그러나 웨슬리는 또한 그가 내적 죄(inward sin)라고 불렀던 죄의 의미를 알고 있었다. 1738년 이후 초기 전도의 시대에 쓰인 설교 "신생의 표적"에서 그는 말하기를, 신생에서 외적 죄뿐 아니라 내적 죄에서도 구출된다고 말한다.[128] 초기 설교에서도 "거의 기독교인", "마음의 할례", "우리 영혼의 증인"은 거듭남과 온전한 성화 사이에 구별이 없다. 그러나 이러한 견해는 곧 수정되었다.[129] "하나님께로부터 난 자의 큰 특권"에서 신생에서 해방된 것은 외적인 죄일 뿐이다.[130] 내적인 죄는 여전히 신자의 마음에 남아 있다고 하였다.

---

125) Letters, V, 322.
126) Letters, IV, 298.
127) Supra, 27-28.
128) Sermons, I, 285.
129) Cf. Sugden's notes, Sermons, I, 280, 198; II, 148, 361.
130) Sermons, I, 298f.

"신자 안에 있는 죄에 대하여"라는 설교는 웨슬리의 후기 관점의 이러한 측면을 결정짓는다. 이 설교의 목적은 다음과 같이 설명되었다.

> 문제는 외적인 죄에 관한 것이 아니다; 하나님의 자녀가 죄를 짓든 아니든, 우리 모두는 "죄를 짓는 자는 마귀에게 속한다"는 데 동의하고 이것을 진지하게 주장한다. 또한 우리는 "하나님께로부터 난 자마다 죄를 짓지 아니한다"는 데 동의한다. 이제 우리는 내적 죄가 하나님의 자녀들 안에 항상 남아 있는지 여부를 묻지 않는다. 또한 우리는 의롭게 된 사람이 내적 또는 외적 죄에 빠질 수 있는지 여부를 묻지 않는다. 그러나 간단하게 말하면, 의롭게 되고 거듭난 사람이 의롭게 되자마자 모든 죄에서 해방되었는가?[131]

질문은 부정적으로 대답된다. 신자는 모든 죄에서 해방되지 않는다. 웨슬리는 자신의 주장을 입증하기 위해 여러 증언에게 호소했다. 그는 그 사실이 초대 교회에서는 의문의 여지가 없었다고 말한다. 그는 영국 교회의 신앙개요의 제9조를 인용한다.

> 원죄는 각 사람의 본성이 부패하여 그 본성이 악으로 기울어 육신의 소욕이 성령을 거스르는 것이다. 그리고 이 자연의 감염은 중생한 사람에게도 아직 남아 있다. 이로써 육신의 정욕이 … 하나님의 법에 복종하지 않는다. 그리고 믿는 자들에게 정죄함이 없으나, 이 정욕은 죄의 성질을 가지고 있다.[132]

그는 자신의 요점을 확립하기 위해 "다른 모든 교회"(그리스 로마 교회, 개혁교회)에 호소하고 있다. 이 사실이 부정되고 있는 유일한 곳은, 웨슬리에

---

131) Sermons, II, 365.
132) Ibid., 361-62.

따르면, 진젠도르프 백작의 이단적인 가르침이었다. 133)

그러므로 그리스도를 믿는 모든 신자는 죄로부터 구원을 받지만 완전히 구원을 받은 것은 아니다; 죄가 지배하지 않지만 남아 있는 것이다. 134) 성경, 전통, 경험이 모두 이 사실을 증언한다.

요컨대, 웨슬리는 다음과 같이 말한다.

> 모든 사람에게는 의롭다 하심을 받은 후에도 두 가지 상반된 원칙, 육체적 요구(nature)와 은혜, 곧 사도 바울이 말하는 육신과 성령이 있다. 그러므로 그리스도 안에 있는 어린아이들도 거룩하게 되지만 그것은 부분적일 뿐이다. … 우리가 참으로 그리스도를 믿는 순간 새로워지고, 깨끗해지고, 정결하게 되고, 거룩하게 되더라도, 그때 우리가 전체적으로 새로워지고, 깨끗해지고, 정결하게 되는 것이 아니다. 135)

신자의 마음에 남아 있는 이 내적인 죄는 "교만, 이기심, 세상에 대한 사랑과 같은 모든 종류 또는 죄악된 기질, 열정 또는 애정 그리고 그리스도 안에 있던 생각과 반대되는 성품"136)으로 정의된다.

반면에 외적인 죄(outward sin)는 이러한 죄성이 말이나 행동으로 실제로 나타나는 것이다. 이 죄의 전체 개념이 원죄에 대한 전통적인 교리에 기초하고 있는 것이다. 웨슬리는 아담의 타락 때문에 모든 인간은 완전히 부패했으며, 악에 대한 타고난 성향을 가지고 있으며, 그래서 인간의 모든 능력, 이해력, 의지 및 애정이 왜곡되어 있다고 믿었다. 137) 결과적으로 인간은 하나님께로 향할 수 있는 스스로의 힘이 없다. "타락 이후로 사람의 아들은 참으로 선한 것을 선택할 수 있는 타고난 능력을 가지고 있지 않

---

133) Ibid., 363, 378.
134) Ibid., 373.
135) Sermons, II, 377-78.
136) Ibid., 365.
137) Works, IX, 295; Cf. Sermons, I, 227-230.

다."[138] 그러나 웨슬리는 원죄에 대한 그의 교리와 함께 은혜에 대한 강력한 교리를 가지고 있었다. 하나님의 은혜는 모든 사람 안에 거저 주어졌고(free in all) 모든 사람을 위해(free for all) 거저 주어졌다.[139] 은혜는 사람의 완전한 구원을 이루기에 충분하다. 이 원죄에 대한 교리가, 은총의 교리와 함께 성화의 교리의 기초가 되며 필요하게 되었다. 웨슬리는 "만일 사람이 이렇게 타락하지 않았다면 … 이런 일, 마음의 역사, 우리 마음의 영의 갱신이 필요하지 않았을 것이다.[140] 그리고 그는 그러한 갱신이 가능하다고 확신했다. 웨슬리가 모든 죄로부터의 구원에 대해 말할 때, 그것은 이 고유한 원죄에 대해 특별히 언급한 것이었다. 피터스(Peters)가 "이러한 '죄로부터의 자유'의 의미에 미치지 못하는 것은 웨슬리의 성화 교리의 기본 전제를 인정하지 못하는 것이다."[141]라고 말한 것은 옳다.

웨슬리는 "신자의 죄에 대하여"라는 설교의 속편이자 더 자세한 설명으로 "신자의 회개"라는 제목의 설교를 썼다. 후자에서 신자의 마음속에 남아 있는 내적 죄에 대한 치유책을 제시한다.

> 일반적으로 회개와 믿음은 종교의 문이라고 생각한다. 그것들은 우리의 기독교 과정이 시작될 때, 즉 우리가 왕국으로 가는 길로 출발할 때에 필요하다. 그러나 … 거기에는 또 다른 회개와 믿음이 있다(즉 이것은 다른 의미로, 전의 것과는 같지 않은, 완전히 다른 의미로서의 회개와 믿음이다). 이것은 우리가 복음을 믿은 후에 필요한 것이다. 그렇다. 이것은 우리 그리스도인 행로의 후속 단계에서 필요한 것이다. … 이 회개와 믿음은, 이전의 믿음과 회개와 같이, 우리가 하나님의 나라에 들어가기 위하여, 은혜 안에서 계속되고 성장하기 위하여 전적으로 필요한 것이다.[142]

---

138) Works, X, 350.
139) Cf. sermon, "Free Grace," Works, VII, 373ff.
140) Sermons, II, 224.
141) Christian Perfection and American Methodism, 43-44.
142) Sermons, II, 379-380.

"의롭게 된 자들에게도 여전히 어느 정도 육신에 속한 생각이 남아 있다. … 그리고 그들의 마음에 남아 있는 이 모든 죄에 대한 양심의 가책이 의롭다함을 받은 자들의 회개이다."[143] 이 회개에는 남아 있는 죄로부터 자신을 해방시키는 데 있어 자신의 무력함에 대한 자각이 포함된다.

> 우리는 늘 깨어서 많이 기도하지만, 마음과 손을 온전히 씻을 수 없다. 분명히 우리는, 주님을 기쁘시게 해, 주님께서 우리 마음에 "깨끗해져라(Be clean)"고 다시 말씀하시고 두 번째 말씀하실 때까지 우리는 할 수 없다. 주님께서 그렇게 하실 때만, 나병에서 깨끗해진다. 그리고 그때에 악한 뿌리, 곧 육신의 생각이 파멸된다. 그리고 타고난 죄(inbred sin)가 더 이상 존재하지 않게 된다.[144]

이 시점에서 우리는 온전한 성화 또는 그리스도인의 완전에 대한 웨슬리의 교리의 핵심에 이르렀다. "자기의 삶과 마음에 죄가 없다고 믿는 사람에게는 회개의 자리가 없다. 그러므로 사랑 안에서 온전케 되기 위해서는 회개가 꼭 필요하다."[145] 신자는 그런 회개와 믿음의 자세로 온전한 성화를 기대하여야 한다.[146] 성화의 과정은 의롭다 하심을 받는 그 순간부터 시작된다. "거듭난 때부터 성화의 점진적인 역사가 일어난다."[147] 웨슬리는 여전히 마음에 남아 있는 모든 죄에서 구원받는 것이 가능하다고 믿었다.[148] 신생에서 시작된 성화의 점진적 역사는 그리스도인의 완전에서 완성될 수 있다. 이 은혜의 역사에 필요한 것은 회개와

---

143) Ibid., 385.
144) Ibid., 390-91.
145) Ibid., 456.
146) Sermons, II, 448.
147) Ibid,, 447.
148) Ibid., 391.

믿음이다. [149) 웨슬리는 믿음으로 의롭다 하심을 얻은 것과 같이 거룩함
도 믿음으로 받는다고 믿었다. 신자가 사랑 안에서 온전하게 되고 죄에
서 구원받는 이 믿음은 하나님께서 성경에서 약속하셨고, 하나님께서 약
속하신 것은 행하실 수 있으며, 그가 지금 그것을 행하실 수 있으며, 또한
행하기를 원하신다는 하나님의 증거와 확신으로 묘사되었다. [150)

따라서 신자들은 "외적인 죄들뿐 아니라 마음의 죄들에서도" 구원받을
수 있게 된다. [151) "그러므로 그리스도인들은 이 세상에서 모든 죄와 모든
불의에서 구원을 받아 머무를 수 있다. 즉 죄를 범하지 않고, 악한 생각
과 성질에서 벗어나, 곧 지금 그런 의미에서 완전할 수 있게 된다."[152)

이런 의미에서, 그리고 이 정도까지, 기독교인의 마음과 삶에서 "사랑은
죄를 몰아낸다." 이 개념은 피터스에 의해 다음과 같이 요약된다:

> 웨슬리의 죄로부터의 구원에 대한 관념은 아래에 말하는 것들을 포함할
> 것이다. (1) 정당하게 불리는 죄는 칭의에서 용서받았고, 그리고 의롭다 함
> 을 받은 사람은 그의 죄책에서 해방되었다는 것. (2) 신자는 "자신을 지키
> 는" 한 더 이상 죄를 짓지 않고, 그리고 죄의 "존재"는 아니지만 "죄의 권
> 력"에서 벗어났다는 것. (3) 마지막으로, "태어난 죄(inbred sin)" 즉 그것의
> "존재"와 "부패"로부터의 해방이 온전한 성화를 통해 성취된다는 것 등을
> 포함할 것이다. [153)

그러한 교리를 가르칠 때 웨슬리는 계속해서 그가 "죄 없는 완전(sinless
perfection)"을 설교했다는 비난에 직면했다. 그는 이 용어가 비성경적이라
고 주장했다.

---

149) Ibid., 456-57.
150) Ibid., 457.
151) Ibid., 172.
152) Sermons, II, 173.
153) *Christian Perfection and American Methodism*, 44.

죄 없는 완전? 나는 이 용어가 비성경적인 것을 알고, 이 용어를 주장하지 않는다. 온 율법을 온전히 충족시키는 완전이기에, 그리스도의 공로가 필요하지 않다? 나는 그런 것을 인정하지 않는다. 나는 지금도 그리고 항상 그것을 반대하였다.[154]

그러나 그는 그 의미를 주의 깊게 정의하면 그 용어의 사용에 반대하지 않았다.[155] 그가 설교한 완전이 '죄 없는' 완전이었느냐고 질문할 때, 그는 대답하기를 그 용어를 주장하는 것이 가치가 없다. 이는 "죄로부터의 구원이다."라고 하였다.[156] 그는 벤손(Joseph Benson)에게 보낸 편지에서 이렇게 말했다.

그러나 도움은 없는가? 이 타고난 죄(inbred sin)로부터의 해방, 구원이 없는가? 아니다. 구원은 확실히 있다. … 이것을 나는 성화라고 부른다. … 또는 완전, 혹은 사랑으로 완전하게 된 것이라고 부른다. 그러나 나는 특히 그것이 허용되는 곳에서 말다툼에 할애할 시간이 없다.[157]

윌리엄스(Colin Williams)가 말했듯이, "웨슬리의 문제는 불완전한 완전을 어떻게 정의할 것인가였다."[158] 그가 가르친 완전은 절대적이고 무오한 완전이 아니었다.[159] 이 세상에서의 일이기 때문에 그것은 필연적으로 제한된 완전이었다.

그것은 절대적인 것이 아니다. 절대적 완전은 사람에게나 천사에게 있지

---

154) Letters, IV, 213.
155) Works, XI, 446; Cf. Letters, II, 631; V, 38-39.
156) Works, XI, 442.
157) Letters, V, 214-215,
158) *John Wesley's Theology Today*, 168.
159) Letters, IV, 213.

않고 오직 하나님께만 속해 있다. 이것은 사람이 과오를 절대 범하지 않게 만드는 것이 아니다. 그가 그 몸에 머물러 있는 동안에는 과오를 절대 범하지 않을 수 있는 사람은 없다.[160]

웨슬리는 완전이 무지, 연약함, 실수 또는 유혹으로부터의 자유라는 의미에서 완전을 의미하지 않았다.[161] 오히려 그는 이 단어의 적절한 의미가 죄로부터의 완전한 해방을 말한다고 했다. 자세히 말해서, 그것은 하나님의 알려진 뜻을 의지적으로 범하는 죄에서의 해방을 의미했다. 또한 그는 마음을 다스리는 온전한 사랑이 거룩하지 못한 태도에서의 구원을 가져온다고 믿었다. "그리스도인의 완전이란 무엇인가?"라는 질문에 그는 다음과 같이 대답했다.

이는 마음을 다하고 뜻을 다하고 힘을 다하여 하나님을 사랑하는 것이다. 이것은 어떤 그릇된 기질이나 사랑에 반대되는 어떤 것도 영혼에 남아 있지 않음을, 그리고 모든 생각과 말과 행동이 순수한 사랑에 의해 지배된 것을 의미한다.[162]

웨슬리는 온전히 거룩하게 된 사람들에게도 지식과 판단력과 기질의 결함들이 남아 있을 수 있다는 것을 부인하지 않았다. 그러나 그는 그러한 것들을 죄라고 부르는 것을 거부했다. "엄격한 의미에서 의지가 관련되어 있지 않은 것은 죄가 아니다."[163] 그는 "그리스도인의 완전"이라는 설교에서 다음과 같이 말했다.

---

160) Works, XI, 442.
161) Sermons, II, 152-56; Cf. Works, VIII, 22.
162) Works, XI, 394.
163) Henry Bett, *The Spirit of Methodism* (London: The Epworth Press, 1937), 113; Cf. Letters, V, 322.

그러므로 그리스도인의 완전은 (일부 사람들이 상상한 것처럼) 무지나 실수나 연약함이나 유혹으로부터의 면제를 의미하지 않는다. 사실 그런 말은 성경에 없다. 그것들은 같은 것에 대한 두 개의 이름이다. 따라서 거룩한 사람 모두는 성경적 의미에서 완전한 것이다. 그러나 마지막으로 우리는 이 점에 있어서, 지상에는 절대적인 완전은 없다는 것을 관찰할 수 있다. 소위 말하는 완숙한 완전[즉 최고에 도달했다는 완전(perfection of degrees)]은 없다. 즉 계속적인 성장을 허용할 여지가 없는 그런 완전은 없다. 그런 까닭에, 어느 사람이 가령 어느 정도에 도달했든지 혹은 어느 정도 완전해졌든지 그는 아직도 은혜 안에서 성장하여야 할 필요가 있다. 그리고 날마다 자기의 구주이신 하나님을 아는 지식과 사랑에서 전진할 필요가 있다.[164]

윌리엄 T. 왓킨스(William T. Watkins)가 말했듯이, "웨슬리는 사람이 판단이나 행동에 있어서 완전할 수 있다고 결코 가르치지 않았다. 왜냐하면 행동은 판단에 달려 있기 때문이다. 그러나 그는 인간이 사랑 안에서 완전해져서 그들이 마땅한 것, 그들이 해야 할 모든 것만을 사랑할 수 있다고 가르쳤다."[165] 웨슬리는 "그리스도인의 완전에 대한 해설"에서 다음과 같이 말한다. "판단의 실수는 실행에서 실수를 일으킬 수 있다. … 그러나 모든 말과 행동이 사랑에서 나오는 경우 그러한 실수는 합당한 죄가 아니다."[166]

---

164) Sermons, II, 156.
165) "한 시대에 대한 웨슬리의 메시지", *Methodism*, ed. William K. Anderson (New York: Methodist Publishing House, 1947), 26, Watkings는 웨슬리의 교리가 임마누엘 칸트의 지지를 받고 있다고 주장한다. "칸트는 인간에게 가능한 절대적으로 좋은 것은 선한 의지(good will)뿐이라고 주장했다. 지성은 가능한 오류로부터 결코 자유로울 수 없으며, 사람은 그를 도우려 하는 그의 형제를 다칠 수 있다. 그럼에도 불구하고 의지(the will)는 절대적으로 선하다. 이것을 그것의 반작용으로 번역한다면, 우리는 본질에 있어 기독자의 완전에 대한 웨슬리의 교리를 말할 수 있다.: Ibid.
166) Works, XI, 394-95.

그는 이 점을 자신의 비평가들뿐만 아니라 그의 상담자들에게도 거듭해서 설명해야 했다. 그는 1766년에 베니스 부인(Mrs. Bennis)에게 이렇게 썼다. "천 가지 결함(infirmities)이 순수한 사랑, 하나님께 바치는 마음, 하나의 계획과 심지어 하나의 욕망 곧 최고의 거룩함과 양립한다(다시 말해서, 거룩한 사람에게도 많은 결함이 있다-역주)."167) 그리고 다음 해에 다음과 같이 편지에서 말했다.

> 그리스도인의 성결의 본질적인 부분은 마음을 온전히 하나님께 드리는 것이다. … 그럼에도 불구하고 당신은 여전히 수많은 결함으로 둘러싸여 있을 것이다. 그것은 당신이 진흙 집에 살고 있기 때문이다. 그러므로 이 썩어질 몸이 어느 정도 영혼을 짓누른다. 그렇지만 (yet) 당신의 마음이 온전히 그분의 것임을 증거하며, 당신이 항상 기뻐하는 것을 멈추게 하며 방해할 정도는 아니다.168)

그리고 1772년에도 또 말했다.

> 나는 당신이 시련을 겪는 것을 이상하게 여기지 않는다. 이런 시련을 통하여 당신의 믿음이 온전해진다. 당신은 당신의 마음과 삶에서 완전히 아담의 율법에 반대되는 많은 것을 발견할 것이다. 그러나 그것들이 사랑의 법칙에 어긋나는 것은 아니다. 이것이 당신의 마음을 채우게 하시오. 그러면 그것으로 충분하다.169)

그는 도로시 펄리(Dorothy Furly)에게 이렇게 편지했다.

---

167) Letters, V, 6.
168) Ibid., 56.
169) Letters, V, 315.

성화가 … 쓸데없는 생각을 하거나 쓸데없는 말을 하지 않게 하지는 않는다. 나 자신은 그러한 완전은 부패하기 쉬운 육체에 사는 이에게는 있을 수 없다고 믿는다. 왜냐하면 이것이 "항상 옳게 생각하는" 것을 불가능하게 만들기 때문이다. 우리가 살고 있는 동안은 다소 실수할 것이다. 그러므로 만약 그리스도인의 완전이 이것을 암시한다면 우리는 사후까지 그것을 기대해서는 안 된다.[170]

웨슬리의 완전 교리가 속죄의 필요성을 부정했다고 비난한 사람들에게 그는 대답하기를, 그리스도의 속죄 사역을 가장 필요하게 느끼는 사람들은 이미 온전하게 된 사람들이라고 말했다.[171]

진정으로 거룩하게 된 사람은 고린도전서 13장에 표시된 규칙의 다양한 사례에서 무의식적으로 미치지 못한다. 그리고 … 그런 점에서 그들은 아버지 앞에서 우리를 대변해 주는 자(Advocate)가 계속해서 필요한 것이다.[172]

웨슬리는 사무엘 펄리(Samuel Furly)에게 이렇게 썼다.

그 경우를 한 번만 더 말하겠다. 여기에 40–50명이 자신들에 대하여 선언한다(그리고 나는 그들을 잘 알기 때문에 그들의 말을 받아들일 수 있다). "하나님은 나로 항상 기뻐하며 쉬지 않고 기도하고 감사하게 하셨다. 나는 그가 모든 죄에서 깨끗하게 하셨다고 믿는 내 마음을 그에게 드리게 하였다. 나는 교만도, 노여움도, 욕망도, 불신앙도 느끼지 않고 오직 순수한 사랑만을 느낀다." 나는 질문한다. "그러면 당신들은 그리스도나 그분

---

170) Letters, IV, 188.
171) Letters, V, 204.
172) Letters, VIII, 272.

의 속죄의 피가 더 이상 필요하지 않다고 믿는가?" 모두는 대답한다. "나는 지금처럼 그리스도의 필요(want)를 그렇게 깊고 강하게 느낀 적이 없다. 나는 나의 제사장이요 왕이신 그리스도의 필요를 느낀다. 그리고 그분 안에서 그리고 그분을 통해 내가 가진 모든 것을 받는다. 나는 매 순간 그분의 죽음의 공로를 필요로 한다. 그리고 나는 매 순간 그것을 가지고 있다." 그러나 당신은 "그들이 죄에서 구원을 받았다면 주님의 죽음의 공로를 필요로 하지 않는다"고 생각한다. (그러나) 그들은 다르게 생각한다. 그들은 설명할 수 있든 없든 반대로 느끼고 알고 있다. 이 도시나 이 왕국에서 이것에 동의하지 않는 사람은 아무도 없다.[173]

웨슬리는 비자발적 범법 또한 자발적인 범법으로부터의 자유를 포함하도록 표준을 높게 설정하는 것은 비성경적이며 비현실적이라고 믿었다. 이 점에서 그와 그의 동생 찰스(Charles)는 가장 큰 차이점 중 하나를 가지고 있었다(그는 동생 찰스에게 쓴 편지에서 다음과 말했다—역주).

완전을 너무 높게 설정하는 것과 관련하여 한마디 더 해야겠다. 내가 믿는 그 완전을 나는 담대히 전파할 수 있다. 왜냐하면 내가 그것에 대한 500명의 증인을 볼 수 있다고 생각하기 때문이다. 너는 네가 전파하는 그 완전에 대해 증인이 전혀 없다는 것을 생각하지 않는다. 그렇다면(증인이 있었다면—역주) 나보다 훨씬 더 많은 용기를 가지고 있을 텐데. 그렇지 않으니 그렇게 설교를 계속할 수 없었을 것이다. 나는 네가 이 항목에서 휫필드(Whitefield) 편에 빠진 것이 아닌지 궁금하다. 그가 질문했듯이 너도 "완전한 자가 어디 있느냐?"고 질문하는 것이 아닌가? 나는 이 땅에는 절대적으로 완전한 사람(역주)은 아무도 없고, 이 몸 안에 거하는 사람 중에는 없다고 믿는다. 나는 네가 묘사하는 것과 같은 완전은 없다는 그의 의견에 진심으로 동의한다. 나는 그런 경우를 본 적이 없다; 그리고 그

---

173) Letters, IV, 186. Cf. III, 380.

런 경우가 있으리라고 생각하지도 않는다. 그러므로 나는 여전히 완전을 너무 높게 설정하는 것을 포기하는 것이 효과적이라고 생각한다.[174]

비슷한 맥락에서 웨슬리는 펄리(Doroty Furly)에게 보낸 편지에서 다음과 같이 말했다.

> 나는 네가 모두 사랑으로 행했으면 좋겠다. 이것이 내가 믿고 가르치는 완전이다. 이 완전은 많은 신경 장애인에도 가능할 만큼, 그렇게 높게 강요된 완전이 아니다. 나의 판단은 (특히 이 경우에서) 과도하게 하는 것은 안 된다고 본다. 그리고 완전을 (우리가 들어보거나 읽은 적이 없는) 너무 높게 설정하는 것은 이 교리를 세상 밖으로 몰아내는 가장 효과적인 방법이 될 것이다.[175]

완전을 너무 높거나 낮게 설정하지 않는 유일한 방법은 "성경을 지키고 성경이 하는 것처럼 그것의 높이를 설정하는 것"이라고 웨슬리는 확신했다.[176] 그리고 그가 똑같이 확신한 것은, 성경은 완전을 사랑의 측면에서 진술했다는 것이다. "이보다 더 높은 것도 아니고 낮은 것도 아니다. 이는 하나님과 사람에 대한 순수한 사랑; 즉 우리의 마음과 영혼을 다하여 하나님을 사랑하고, 우리 이웃을 우리 자신과 같이 사랑하는 것이다. … 우리의 모든 기질, 말, 행동에서 우리의 마음과 삶을 지배하는 사랑이다."[177] 웨슬리에게 있어, 이것은 절대적이고 오류가 없는 완전을 의미하는 것이 아니다. 이것은 동기와 의도의 완전이었다.

---

174) Letters, V, 20.
175) Letters, IV, 188; Cf. V, 318; VI, 88.
176) Works, XI, 397.
177) Ibid.

이것만은 확실하다. 마음을 다해 하나님을 사랑하고 모든 사람을 자기 자신과 같이 사랑하는 저들이 성경적으로 완전하다. 그리고 분명히 그러한 것이 있다; 그렇지 않으면 하나님의 약속은 인간의 연약함을 조롱하는 것일 것이다. 이것을 굳게 잡으십시오. 그러나 다른 한편 기억하시오. 당신은 이 보물을 질그릇에 가지고 있다는 것을. 당신은 불멸의 영혼을 내리누르는 가난하고 낡아빠진 진흙집에 살고 있다는 것을. 그러므로 당신의 모든 생각, 말, 행동은 너무 불완전하여 표준(즉 썩어가는 몸 때문에 당신의 영혼이 모든 경우에 응답하여야 할 사랑의 법칙)에 도달하지 못한다는 것을(기억하시오). 당신은 당신이 사랑하는 그(하나님)에게 갈 때까지 다음과 같이 말하는 게 좋을 것이다.

> 주님, 매순간 나는 당신의 죽음의 공로를
> 필요로 합니다. [178]

1758년 브리스톨 회의에서 웨슬리는 다음과 같이 말했다.

(1) 사람은 누구나 살아 있는 동안 실수할 수 있다.
(2) 의견의 오류는 행동의 오류를 유발할 수 있다.
(3) 그러한 모든 실수는 완벽한 법을 범하는 것이다. 그러므로
(4) 모든 실수는, 대속의 보혈이 없다면 영원한 저주에 노출될 것이다.
(5) 따라서 가장 완전한 자도 그리스도의 공로를 계속적으로 필요로 한다. 즉 저들의 실제 범죄를 위하여 필요하다. 그래서 그들 자신뿐만 아니라 그들의 형제들에게도 "우리 죄를 용서하여 주시옵소서." 하고 기도하여야 한다는 것이 된다. [179]

---

178) Letters, IV, 208.
179) Works, XI, 395.

그는 계속해서 말한다.

이 주제에 대해 좀 더 설명하자면:

(1) 정식으로 말하는 죄(즉, 알려진 율법의 자발적인 위반)뿐만 아니라 부적절하게 말하는 죄(즉, 알았던 몰랐던 하나님의 법을 무의식중에 위반한 것)도 속죄의 피를 필요로 한다.

(2) 나는 죽음을 면할 수 없는 삶에서 있을 수밖에 없는 무지와 실수에서 자연스럽게 일어나는 이러한 비자발적 범법을 제외하는 것만큼 완전한 것은 이 세상에 없다고 믿는다.

(3) 그러므로 죄 없는 완전(sinless perfection)은 나 자신과 모순되는 것처럼 보이지 않도록 내가 결코 사용하지 않는 표현이다.

(4) 하나님의 사랑이 충만한 사람도 여전히 이러한 본의 아니게 범법행위를 하기 쉽다고 나는 생각한다.

(5) 당신이 원하는 경우 그러한 범법도 죄라고 부를 수 있을 것이다. 나는 위에서 언급한 이유로 그렇게 하지 않는다.[180]

웨슬리가 "죄 없는 완전"을 가르쳤는지 아닌지는 단순한 용어의 문제일 뿐이다. 한쪽의 정의(즉 알려진 하나님의 율법을 자발적으로 범한 죄)에서 보면 죄 없는 완전은 변호할 수 있는 개념이었다. 그러나 다른 쪽(알거나 알려지지 않은 완전한 사랑의 법에 미치지 못하는 죄) 아래에서는 그렇지 않았다.[181] 웨슬리에게 있어, 그리스도인의 완전은 인간의 유한설에서 발생하는 무의식적인 범법으로부터의 자유를 의미하지 않았다. 그것은 외적 죄, 즉 알려진 하나님의 율법을 자발적으로 범하는 죄로부터의 자유를 의미했다. 그것은 내적인 죄로부터의 자유, 즉 외적인 죄가 나오는 마음의 악한 성품으로부터의 자유를 의미했다.

---

180) Ibid., 396.
181) Peters, 46.

이 도식화에는 약점이 있지만(다음 장에서 이에 대해 검토할 것이다) 이것이 웨슬리가 그의 교리를 정의한 방법이다. 이는 죄를 배제하는 사랑(love excluding sin)이다. 이는 고대의 약속의 성취이다.

> 그리하면 내가 네 마음과 그들의 씨의 마음에 할례를 베풀어 마음을 다하고 목숨을 다하고 뜻을 다하여 주 너의 하나님을 사랑하게 하리라. 이것이 사랑 안에서 온전케 됨을 얼마나 분명하게 나타내는가? 모든 죄에서 구원받았다는 것이 얼마나 강력하게 암시되어 있는가? 사랑이 온 마음을 차지하는 한, 그 안에 죄가 들어설 여지가 어디 있겠는가?[182]

1.2. 그 교리에 대한 현대 신학의 비평: "이것은 불가능한 가능이다"

우리가 보았듯이, 웨슬리 교리의 두드러진 특징 중 하나는 그의 그리스도인의 완전에 대한 성취 가능성이었다. 그리스도인의 완전인 "죄를 배제하는 사랑"은 "평범한 인간 생활의 투쟁과 고통 속에서 성취 가능한 이상"이었다.[183] 이 점에 대하여 많은 현대 신학이 이 교리를 요약적으로 기각하고 있다. 신정통파와 칼 바르트의 저작에서 직간접적으로 추진력을 얻은 운동은 완전에 대한 관심에서 멀어져 나갔다. 신정통주의는 하나님의 타자성과 인간의 무능력 즉 반응하거나 성취할 능력이 없는 점을 강조하면서 인간과 하나님 사이의 변화시키는 관계, 즉 바울과 마찬가지로, 웨슬리의 깊은 관심이었던 마음과 삶의 성화를 위한 자리를 거의 제공하지 않았다.[184]

---

182) Sermons, II, 457.

183) Flew, *The Idea of Perfection*, 330.

184) Harris Franklin Rall, "The Search for Perfection," *Methodism*, ed. William K. Anderson (New York: The Methodist Publishing House, 1947), 156.

최근 몇 년 동안 기독교 신학은 인간 공동생활의 모든 측면과 단계에서 효과적인 그리스도인의 증거의 필요성에 대한 각성된 관심을 경험했다. 그러나 일반적으로 이러한 관심은 하나님의 왕국, 그리스도의 구속 사역의 연장인 교회, 모든 신자의 제사장 직분, 평신도의 사역 또는 그리스도인의 소명과 같은 교리에 기초를 두고 있다. 종종 웨슬리 전통에 있는 신학자들 이외는, 일반적으로 웨슬리의 성화와 그리스도인의 완전 교리에 표현된 성령의 변화시키는 일에 대한 연구에 별로 관심 없다. "성화는 오늘날 많은 사람에게 사회적으로 무책임하고, 순수하게 개인적인, 신성한 경건함 또는 개인의 구원에 대한 누구보다도 성스러운 탐구를 암시하는 악취를 가지고 있는 반면, 개인에 의한 완전의 탐구는 인간의 죄악에 대한 현실적인 이해에 의해 무효화 된 도덕주의의 표현으로 널리 거부되고 있다."[185]

그리스도인의 완전에 대한 교리와 그것이 구현하는 진리는 오늘날 "거의 완전히 무시되었으며 실제로 많은 곳에서 부인되고 있다."[186] 그것은 종종 하나의 신학적 편견으로 비난받아 왔다. 전형적인 개신교는 생스터(Sangster)가 관찰한 것처럼 "이생에서 성결에 도달하는 것을 가볍게 평가한다."[187] 루터에게 있어서는 이생에서 기독교 윤리의 완전한 실현은 불가능했다. 왜냐하면 인간의 존재는 죄로 가득 차 있고, 그 많은 죄는 부활 이전에는 완전히 극복될 수 없기 때문이다. 또한 스타키(Lycurgus Starkey)는 다음과 같이 말했다: "우리는 다시, 신-종교개혁 사상이 믿음으로 인한 칭의를 지나치게 강조하는 것에 직면하고 있다. 그들은 칭의가 기독교 생활에서의 성화와 긍정적인 성장을 경시하면서도 그 목적을 달성

---

185) S. Paul Schilling, *Methodism and Society in Theological Perspective* (New York: Abingdon Press, 1960), 81-82.

186) Erio Baker, *The Faith of a Methodist* (London: The Epworth Press, 1958), 40.

187) W. E. Sangster, *The Pure in Heart* (New York: Abingdon Press, 1954), 188.

한다고 말한다."[188) 프루(R. N. Flew)는 다음과 같이 관찰했다.

> 칼빈주의적 전통에 충실한 "위기의 신학"은 완전에 관한 모든 교리를 거
> 부할 것이다. (그들은 말하기를—역주). 사람은 믿음으로 살면서도 동시에
> 죄인이다. 그는 하나님의 은혜로 그리스도인이지만 동시에 죄인이다. 그
> 래서 하이델베르크 요리문답에서 다음과 같이 말한다고 한다. "우리는 날
> 마다 죄를 더 짓습니다. 그리고 이생에서의 그리스도인의 가장 훌륭한 사
> 역 또한 죄로 더럽혀지고 있습니다." 루터교는 이 점에서 개혁파와 하나
> 이다. 현대 전례(liturgy)에서 그리스도인들이 "우리는 생각과 말과 행동에
> 서 당신의 거룩한 계명을 끊임없이 범합니다."라고 말하도록 가르친다.[189)

종교개혁 사상의 강한 영향이 칼 바르트(Karl Barth), 에밀 브루너(Emil Brunner), 폴 틸리히(Paul Tillich), 그리고 두 니버(Niebuhr) 형제들 같은 사람들의 글로 개신교 내의 현대 신학계에서 나타나고 있다. 스타키가 지적했듯이,[190) 이 신학자들은 일반적으로 "은혜의 낙관주의"[191)가 아니라 루프(Gordon Rupp)가 "자연의 비관론"이라고 부르는 것에서 기독교 윤리를 정의했다. 신약성서의 사랑의 윤리를 인간의 삶에 규범적이고 규제적인 것으로 적용하려는 어떠한 시도는 비현실적인 도덕주의로 분류되었다.

따라서 이생에서의 완전의 가능성은 현대 신학에 의해 거의 무시되었다. 라인홀드 니버(Reinhold Niebuhr)는 아가페가 역사에서 가능하다고 생각하는 기독교 완전주의자들을 우리 시대의 "경솔한 광신자"로 낙인을 찍었다.[192) 역사에 완전을 달성할 가능성이 존재하지 않기 때문에, 니버는

---

188) *The Work of the Holy Spirit*, 157.
189) *The Idea of Perfection*, 408-09.
190) *The Work of the Holy Spirit*, 155-56.
191) E. Gordon Rupp, *Principalities and Power* (London: The Epworth Press, 1952), 77ff.
192) Reinhold Niebuhr, *The Nature and Destiny of Man:* vol. 1, Human Nature;

그리스도인의 행동이 아가페와 일치한다고 주장하는 것은 잘못이라고 믿었다.[193] 문제는 그리스도의 은혜가 일차적으로 인간의 죄 많은 마음을 치유하여 이제부터 사랑의 법을 성취할 수 있는 의(righteousness)의 능력인지, 아니면 그것이 인간이 결코 완전히 극복할 수 없는 끈질긴 죄에 대한 하나님의 자비의 보장인가에 관한 것이다. 니버는 두 번째 대안을 단호하게 선언한다. 그리고 우리의 죄가 있음에도 불구하고 예수 그리스도 안에 있는 확신과 하나님의 측량할 수 없는 자비에 대한 그의 방대한 설명으로 신학계 전체가 그에게 빚지게 하였다. 그리고 하나님의 자비는 무궁무진하며 끈질긴 죄인을 위해 거듭거듭 사용할 수 있다는 것은 참으로 가치 있고 불가결한 복음의 진리이다.[194] 그러나 니버의 강조는 웨슬리의 강조와 정반대이다. 후자(웨슬리)에 따르면 하나님의 전적으로 값없이 주시는 은혜로 오로지 가능하게 된(enabled) 사람은 그의 온 마음을 다하여 하나님을 사랑하고 이웃을 자신과 같이 사랑할 수 있다. 다른 한편, 니버는 사랑의 법, 즉 하나님과 이웃을 사랑하라는 성경의 명령은 "불가능한 가능성"이라고 지칭한다.[195]

이 점에서 많은 부분 니버가 현대 개신교 신학의 전형이라 볼 수 있기 때문에, 그의 인간에 대한 견해와 사랑 안에서의 인간의 완전이 불가능하다는 그의 견해를 간략하게 살펴보기로 하자. 니버에 따르면 인간은 "자연과 정신이 만나는 지점에 서 있다."[196] 인간은 자연에 뿌리를 두고 있으며 자연의 불가결한 것들에 관계되지만, 정신으로는 자연과 자신을 초월한다. 이것이 그의 죄에 대한 기회를 제공한다. 그는 자신의 불안에 반

vol. II, *Human Destiny* (New York: Charles Scribner's Sons, 1948), 83-84.

193) Ibid., 88.

194) Baker, *The Faith of a Methodist*, 40-41.

195) Reinhold Niebuhr, *An Interpretation of Christain Ethics* (New York: Harper and Brothers, 1935), 59, 117.

196) *Human Nature*, 17.

응하여 다른 사람들을 희생시키면서 안전을 얻으려고 한다.[197] 그는 자신의 지식의 한계를 인식하면서 자신의 무지를 가식으로 숨기려는 유혹에 필연적으로 빠진다.[198] 인간의 불안과 자신의 무지의 인식이 불안을 갖게 한다. 불안은 죄가 아니다. 그러나 불안은 죄의 전제 조건, 곧 "유혹 상태에 대한 내적 묘사"이다.[199] 불안을 해결하는 이상적인 방법은 신실하게 하나님과 그분의 사랑의 안전을 신뢰하는 것이다. 그런데 인간은 죄를 지음으로써, 그의 존재의 우발적인 성격을 부정하거나(교만) 또는 그의 자유로부터 도피하려고 함으로써(관능), 항상 자신의 상황에 언제나 반응한다.[200]

그러나 인간의 상황에는 답이 있다. 기독교는 그리스도를 자기 성취를 추구하는 인간의 희망으로 제시한다. 그리스도는 지혜와 권능을 겸비하여 삶의 의미와 그 의미를 실현하는 데 사용할 수 있는 자원으로 가는 길을 가리킨다. 인간은 스스로 죄의 권세에서 자유로울 수 없지만 그리스도께서 중재하신 하나님의 권능과 거룩하심에 직면하여 그는 모든 생명의 진정한 근원과 중심을 진정으로 의식하게 된다.[201] 자기중심적인 삶의 방식을 통해 의미를 얻는 데 절망하면서, 그는 자신의 진정한 희망이 자신의 의지를 포기하는 데 있음을 보고 회개하게 된다. 그때 자아는 "산산조각이 난다." 그리고 하나님을 향한 자아의 새로운 결정이 있다.[202] 자아는 이렇게 재구성된다. 그리고 그는 자아의 곤경이 지식의 부족에서가 아니라 무능 때문이기에, 자아 너머의 능력, 곧 외부 힘에 의해 성취되었다는 것을 깨닫는다.[203] 그러나 자아는 파괴되지 않는다. 그리고 새

---

197) *Human Nature*, 181-82.
198) Ibid., 182.
199) Ibid.
200) Ibid., 185.
201) *Human Destiny*, 109.
202) Ibid., 108-109.
203) Ibid., 110.

로운 자아는 결코 완성된 실재가 아니다.

모든 역사적 실체에는 죄인으로서의 자아실현의 요소, 또는 자기 자신을 중심에 둔 자아의 조속한 완성의 요소가 있다. … 그것은 그 지배적인 목적과 의도가 규범이신 그리스도의 지시로 설정된다는 의미에서 오직 믿음으로 말미암은 자아이다. 하나님의 자비가 그리스도의 완전을 '전가'하고 성취를 위한 자아의 의도를 받아들인다는 의미에서 그것은 오직 은혜에 의한 자아이다.[204]

이에 대해 웨슬리는 동의하지 않을 것이다. 그가 전파한 완전은 성취의 완전이 아니라 의도의 완전함이었고, 또한 내재적이거나 경험적인 완전, 즉 신자가 하나님의 은혜로 그 자신 안에서 거룩하게 되는 그리스도에 대한 믿음의 결과를 믿었다.[205] "나는 하나님께서 의를 전가하신 모든 사람에게 의를 심어주신다고 믿는다. … 하나님은 자기를 믿는 모든 사람을 의롭게 하실 뿐만 아니라 거룩하게 하시고, 그리스도의 의가 전가된 사람은 그리스도의 성령에 의하여 의롭게 된다는 사실을 믿는다."[206] 웨슬리는 그리스도의 의가 인간 구원의 유일한 근거라는 교리에 반대하지 않았다. 이 점에서 그는 칼빈과 하나였다. 오히려 그가 두려워한 것은 율법무용론(antinomian)의 경향이었다. 그는 율법무용론이 그리스도의 의의 전가를 지나치게 강조하여 그것이 인간 자신의 불의를 숨기는 결과를 가져오게 했다고 믿었다.[207]

여기서 웨슬리와 니버는 의견이 일치하지 않는다. 니버는 말한다.

사랑과 기쁨과 평화의 마지막 경험에서 우리가 소유할 수 없었던 것을 소

---

204) Ibid., 114.
205) Cf. Journal, II, 388-490. 1741년 9월 3일에 진센도르프와 견해를 달리한 것을 참조하라.
206) Sermons, II, 434.
207) Ibid., 438; Cf. I, 120.

유하는 의식과 최종적으로 소유하지 않고 오직 믿음만으로 소유하는 의식을 구분할 수 없다는 것이 인간 경험의 증언이 아닐까?[208]

니버는 죄가 구원받은 자들의 삶에서 계속되는 요소이며, 이 죄는 원칙적으로는 깨졌지만 실제로 새 삶에서는 결코 깨져 없어지지 않는다고 믿는다. 그리스도인의 평화는 단지 결코 삶이 어떠해야 하는지를 깨달았다는 느낌이 아니다. 그리스도 안에 있는 새 생명이 인간 존재 모순의 해결이 아니다. 그러나 그것은 인간의 자기애와 하나님의 목적 사이의 계속되는 모순에 대처할 수 있는 하나님의 자원들이 있다는 확신에 달려 있다.[209] 이 문제는 다음과 같이 묘사된다.

> 진정한 문제는 우리가 역사에서 절대적 완전을 달성할 수 있느냐가 아니다. 왜냐하면 아주 완고한 완전주의 종파들도 인간의 삶은 계속 진행 중이라는 사실을 부인하지 않기 때문이다. 문제는 새로운 삶의 발전에서 인간의 자기 의지와 하나님의 목적 사이에 어떤 모순된 일이 여전히 있는지의 여부이다. 문제는 기독교 신앙에서 이해되는 인류 역사의 기본적 성격이 그것을 그렇게 이해하는 사람들의 삶에서 극복되는지의 여부이다.[210]

니버에게 있어서 인간의 경험은 은혜가 하나님과 인간 사이의 결정적인 모순을 제거할 수 없다는 결정적인 증거를 제시한다. "기독교 역사의 슬픈 경험은 어떻게 인간의 자만과 영적 교만이 정당한 자격 없이 거룩해졌다고 주장하는 지점에서 새로운 높은 경지로 솟아오르는지를 보여주고 있다."[211] 인간의 행동과 그의 새로운 자아는 하나님을 향하고 있다

---

208) *Human Destiny*, 115.
209) Ibid., 121.
210) Ibid.
211) Ibid., 122.

고 하지만, 계속해서 자기중심적인 것을 드러낸다. 인간은 하나님의 은혜로 자기 사랑에서 구원받을 수 있으며, 그리고 하나님을 향한 자아의 새로운 정의의 결과로, 그에게는 인격 형성을 위한 무한한 가능성이 열려 있다. 동시에 자아가 자신의 중심 역할을 할 수 있는 무한한 기회도 있다. 죄는 여전히 범할 가능성이 있는 것이다. 그것(죄를 짓는 것)은 참으로 불가피할 수밖에 없다. 그러나 니버는 이 해석이 사람이 "은혜를 더하게 하려고 계속 죄에 거하라"고 허용하는 것은 아니라고 주장한다.

> 우리 안에 계신 그리스도는 소유가 아니라 희망이며, 완전은 실재가 아니라 의도라는 것을 이해하는 것; 이생에서 우리가 아는 그러한 평화는 결코 순전히 성취의 평화가 아니라 "완전히 알려지고 모든 용서를 받은" 평안이라는 것. 이 모든 것이 도덕적 열정이나 책임을 파괴하지 않는다. 오히려 그것은 삶의 서투른 완성을 방지하거나 겸손의 토양에 뿌리를 두고 있는 새롭고 더 무서운 자만을 저지하는 유일한 방법이며, 또한 죄인임을 잊은 성도들의 참을 수 없는 가식으로부터 그리스도인의 생명을 구할 수 있는 유일한 방법이다.[212]

다른 한편, 중생의 긍정적인 측면을 정당화하려고 하는 신학들은 "모든 덕의 수준에 나타나는 죄의 실체를 일반적으로 흐리게 하기" 때문에 고발당한다. 니버는 "특히 이것이 현대판 그리스도인의 완전주의에서 그래왔다"고 말한다.[213]

니버(Niebuhr)에 따르면 인간의 죄 많은 곤경 때문에 "예수님이 주신 윤리적 요구는 인간의 현재 상황에서 충족될 수 없다."[214]

---

212) Ibid., 125-26.
213) Ibid., 125.
214) *An Interpretation of Christians Ethics*, 56.

사랑의 계명을 불가능한 가능성이 아니라 단순한 가능성으로 간주하는 믿음은 인간이 항상 무한한 가능성 아래 서 있고 존재의 전체성과 끈질기게 연관되어 있지만, 그럼에도 불구하고 그것은 유한한 피조물로 남으리라는 것을 이해하지 못하는 인간 본성의 능력 분석에 뿌리를 두고 있다.[215]

그럼에도 불구하고 사랑의 이상은 불가능하지만 타당하다. 이상의 불가능성이 그의 타당성을 구성한다. 그것은 모든 수준에서의 인류의 도덕적 경험과 관련이 있고 모든 도덕적 열망과 성취에 관여한다. 그러한 관련성이 있는(불가능하지만) 이상이 없는 세상은 무의미하거나 또는 무조건 좋다는 단순한 의미를 드러내는 것으로 보인다. 그리고 둘 중 어느 경우든 도덕적 행동의 신경은 파괴된다.[216] 예언적 종교의 완전한 결실인 예수의 윤리는 모든 도덕적 가치와 기준이 어떤 역사적 상황에서도 실현 가능하지 않은 통합과 조화의 궁극적인 완전에 바탕을 두고 그를 가리키고 있음을 암시하는 도덕성을 생산한다.[217] 이 사랑의 불가능한 이상은 한편으로는 도덕적 성취를 무시하는 것을 방지하고, 다른 한편으로는 신중한 행동의 규칙과의 쉬운 적합을 방지한다는 점에서 관련이 있다.[218] 이상에 대한 불가능성은 "유토피아적 환상을 낳고, 역사는 그것의 진보적인 근사치의 한계를 모르기 때문에 사랑의 계명을 궁극적으로 실현 가능한 것으로 간주하는 모든 이론들을 반대하는 주장이어야 한다."[219]

니버의 경우 기독교 신앙과 평범한 생활의 문제는 도덕의 최종단계 곧 사랑의 법칙을 일상생활의 사실과 필요에 관련시키는 것이다. 사랑의 법

---

215) Ibid., 118.
216) Ibid., 104-105.
217) Ibid., 106.
218) Ibid., 104.
219) Ibid., 117.

칙은 생명의 법칙, 곧 인간이 위험을 무릅쓰고 법을 어기는 인간 존재의 기본 요건이다. 그러나 사랑의 법은 하나의 법이 아니다. 그것은 규범이지만 의무는 아니다: 적어도 누가 강요할 수 있는 의무는 아니다. 그것을 강요하려는 모든 노력은 그것을 부인한다. 그 자체가 아닌 다른 무언가에 대한 의지의 강제적인 굴복은 진정한 사랑이 극복해 낼 수 있는 자아와 더 높은 자아 사이의 갈등을 전제로 하기 때문이다. 선을 강요 없이 자유롭게 바라는 것이 바로 사랑의 특성이기 때문이다. 그러므로 사랑의 법은 자기 자신과 싸우지 않는 인간의 인격, 즉 죄 없는 영혼을 전제로 한다. 그러나 죄는 모든 인간에게 있는 것이기 때문에 사랑의 법칙은 의무라는 측면에서만 언급될 수 있다. 의무적 특성이 그것을 가능성처럼 논파할 때 가능성을 의무로 진술하는 것은 역설이다. 그러므로 "너는 사랑하라"는 단순한 계명에서의 역설은 모든 인간 도덕에서의 기본적인 역설의 충실한 표현이다. [220]

> 사랑을 명령하는 것은 역설이다. 사랑은 명령되거나 요구될 수 없기 때문이다. 마음을 다하고 혼을 다하고 뜻을 다하여 하나님을 사랑한다는 것은 인간 존재의 모든 분열(cleavage)이 극복된다는 것을 의미한다. 그러나 그러한 태도가 명령되었다는 사실은 분열이 극복되지 않았다는 것을 증명한다. 명령은 실재의 한 측면에서 다른 측면으로, 본질에서 현존으로 온다. [221]

그러므로 니버의 생각에서는 죄로부터의 자유를 포함하는 완전한 사랑은 불가능한 것이다. "인간의 완성은 역사에서는 이룰 수 없는 것이

---

220) Henry R. Davis and Robert C. Good, *Reihhold Niebuhr on Politics* (New York: Charles Scribner's Sons, 1960), 134.
221) *An Interpretation of Christian Ethics*, 209-210.

다. "222) 인간이 이웃을 자신처럼 사랑하라는 명령은 불가능하다. 왜냐하면 인간은 다른 사람과 함께 자신의 생명을 완성시키는 자연의 전체 체계를 자유롭게 초월할 수 없기 때문이다. 223)

> 요컨대, 도덕적 삶에서 무한대의 테두리를 만지는 동일한 사람이 유한함에 누워 있다는 것, 자신의 한계를 고려하지 않고 극복하려고 하면 삶의 악이 증가한다는 것을 관찰하지 못할 역사의 문제도 사회의 어떤 지점도 없다. 그러므로 모든 인간이 처한 도덕적 요구에서 가능한 것과 불가능한 것을 아는 것이 중요하다.224)

니버의 사상에 대한 이러한 그의 견해가 현대 신학의 전체 범위를 완전히 반영한다는 것을 의미하지 않는다. 신정통주의와 후기-자유주의 운동에는 다양한 부분과 변형이 있다. 모든 사상가가 인간의 곤경과 가능성 사이의 대조를 뚜렷하게 그려낸 것은 아니다. 그러나 니버는 아마도 다른 어떤 현대 신학자보다 더 예리하게 사랑의 계명의 역설에 주의를 환기시켰기 때문에, 나는 그의 견해를 웨슬리의 그리스도인의 완전 교리의 안티테제(antithesis)로 취할 수 있었고, 또한 어느 정도 관점에서 보면 완전의 교리를 무시하는 것은 아니더라도 그 교리에 관심이 없는 모든 사람을 대표하는 것으로 간주하였다.

신정통주의가 인간의 죄성에 대해 바로 말한 것은 부인할 수 없다. 그리스도인의 완전 교리의 타당성을 아는 모든 사람은, 그들이 설교하는 것과 실천하는 것 사이의 큰 차이를 경멸하는 자들에 대한 유일한 방어 수단으로서 하나님의 지속적인 자비가 필요하다는 사실과 그 필요에 대해서는 니버에게 확실히 동의해야 한다. 세상은 거룩한 척하는 가식을 가

---

222) *Human Destiny*, 68.
223) *An Interpretation of Christian Ethics*, 202.
224) Ibid., 135.

장 불쾌하고 가장 용납할 수 없는 죄의 하나로 간주하게 되었다.[225] 그러나 베이커가 지적한 바와 같이 이러한 태도는 때때로 반전된 바리새인의 형태를 취한다.

> 사람들은 자신들보다 더 나은 척하는 대신, 도덕적 가치를 부인하기 위해 많은 노력을 할 것이다. 그들의 관점에서 용서할 수 없는 한 가지는 그들이 실제보다 더 나은 척하는 것이다. 이 방법으로, 그들은 삶의 도덕적 도전을 피하려고 한다.[226]

마찬가지로 드울프(Harold DeWolf)는 다음과 같이 말한다.

> 이론적으로 예수님의 윤리학의 엄격한 엄밀함을 회복시키려고 하는 신학들은 종종 실제로 그것을 훨씬 더 철저하게 제거하고 있다. 예수의 모든 명령을 가능한 한 극단적인 의미로 해석하면서, 그들은 내일을 생각하지 않고, 주거나 빌려주는 것을 거부하지 않으며, 타인의 재산을 탐내는 모든 사람에 대한 처벌이 없고 오히려 불변의 보상만 있는 이 세상의 완전한 불가능성을 보여준다. 그러므로 그 요령은 예수님의 명령에 복종하는 것이 아니라, 대담하게 죄를 짓는 것이며, 이 피할 수 없는 죄악의 삶을 위해 항상 회개의 자세를 지키면서, 비기독교인처럼 현실적이 되는 것이다.[227]

최근 몇 년 동안 하나님의 거룩하심과 인간의 부패에 대한 강조가 필요했지만, 종종 이러한 강조의 결과는 여전히 불충분한 마음의 상태이다. 인간은 자신에 대해 더 현실적이기 때문에 하나님 아래서의 가능성에 대

---

225) Baker, *The Faith of a Methodist*, 41.
226) Ibid.
227) *The Case for Theology in Liberal Perspective* (Philadelphia: The Westminster Press, 1959), 146.

한 확신이 부족하다. 칭의에 대한 새로운 강조와 함께 성화에 대한 자포자기가 있다. 웨슬리의 학생들은 다음과 같이 느꼈다.

> 기독교가 이 세상과 다음 세상을 위한 소망의 복음으로, 믿음에는 모든 것이 가능하다는 복음으로 전해지지 않으면 그는 빈곤에 빠진다. 믿음은 이 세상과 저승에서 우리를 위한 목적을 가지고 계신 살아계신 하나님에게 있기 때문이다. 우리의 종교는 장차 혈육을 가진 자에게 실현 가능한 이상을 제공한다. … 이는 하나님의 은혜와 약속에 기초를 둔 이상이다. 하나님의 성결의 명령은, 만약에 사람들이 스스로를 도덕적 좌절과 현재의 전투에서 패배할 운명이라고 여긴다면, 조롱을 받는 것이다.[228]

한 현대의 메소디스트가 현대의 신학적 상황을 다음과 같이 설명하였다.

> 최근의 낙관적인 자신감에 대한 반응으로 우리는 때때로 비기독교적이고 부당한 것처럼 보이는 절망에 빠졌다. … 우리는 인간의 유한성을 강조하고 인간과의 관계에서의 하나님의 무한성에 의문을 제기한다. 우리는 인간의 죄에 대한 의식에 압도되어 인간이 죄를 극복하도록 도우시는 하나님의 은혜를 잊어버린다. 우리는 인간의 갱신에 대해 이야기하지만 이는 인간이 자신이 용서받았다는 것을 알 때 오는 갱신일 뿐이다. 우리는 죄에 대한 새로운 태도와 죄에 대한 진정한 승리를 의미하는 신생의 가능성에 대해 말할 수 있는 것이 거의 없다. 우리는 칭의를 설교하지만 성화를 설교하지는 않는다. … 우리는 실제로 삶을 묘사하는 데 있어 인본주의에 지나지 않는다; 이것이 하나님이 친히 주신 것이 아니라, 정확하고 인상 깊게 묘사된 것이라는 것이 우리의 끊임없는 싸움이다.[229]

---

228) Flew, *The Ideal of Perfection*, 415-416.
229) Albert E. Day, *Existence under God* (New York: Abingdon Press, 1958), 106.

이와 같은 진술에서 문제가 과장되었다고 이의가 제기될 수 있다. 신정통주의에는 구원의 교리가 있다. 그 운동의 초기에 바르트와 니버와 같은 사람들의 강조점이 주로 인간의 죄 문제에 있었다. 이것은 그 시대의 특별한 필요였으며, 인간의 고귀함의 가면을 찢고 그의 타락을 폭로하는 데 기여했다. 그러나 그 이후로 "비판자들은 그것을 깨닫지 못한 것 같지만, 새로운 개혁 신학은 진단에서 치유로, 죄에 대한 분석에서 구원의 교리로 옮겨갔다."[230] 그리스도의 전가된 의에 대해 이야기하면서 브루너(Emil Brunner)는 다음과 같이 말했다.

많은 신학자들과 달리 성경은 여기서 끊이지 않는다. 더 나아가 이 의가 실제로 당신의 것이 되었다고 주장한다. 하나님은 선언만 하지 않는다. 그는 새 사람을 창조하신다. … 하나님의 살아 있는 인격적 말씀인 그리스도는 우리 밖에 머무르지 않고 믿음으로 말미암아 성령을 통하여 우리 안에 거하신다. … 마치 회개하여 옛 사람을 정죄할 뿐 아니라 실제로 벗어버리는 것과 같이. 우리는 새 사람을 믿을 뿐만 아니라 믿음으로 그를 입는다.[231]

호덴(Horden)은 말한다.

만일 신개혁주의의 주창자들이 오직 용서로서의 은혜의 교리를 가졌다는 것이 사실이라면 그것은 종교개혁을 배반하는 것이 될 것이다. 개혁자들은 사람이 선행이 없더라도 의롭다함을 받고 하나님께 받아들여진다는 것을 알았지만. 또한 저들은 바울과 함께 칭의는 성화. 곧 그리스도 안에 있는 새 생명으로 인도한다고 주장했다.[232]

---

230) William Horden, *The Case for a New Reformation Theology* (Philadelphia: The Westminster Press, 1959), 141.
231) *The Divine-Human Encounter* (Philadelphia: The Westminster Press, 1943), 101.
232) Horden, 154-155.

이것이 웨슬리와 현대 개혁주의 신학 사이의 분열을 제거하는 것처럼 보일 것이다. 그러나 후자를 자세히 살펴보면 우리가 보았듯이 성화에 대한 그의 견해는 점진적인 견해; 곧 성화는 점진적인 성장, 평생의 작업임을 의미하는 것을 알 수 있다.[233) 반면에 웨슬리에서는 성화는 점진적이면서도 순간적인 것이다; 순간에 죄는 추방되고 마음은 사랑으로 가득 차게 될 것이다.[234) 신정통주의에서 죄는 점진적으로 극복되지만 결코 완전히 극복되지는 않는다; 그들에게는 성화의 교리는 있지만 완전한 성화의 교리는 없다. 그러므로 분열은 여전히 존재한다.

그러므로 현대적 맥락에서 볼 때 그리스도인의 완전 교리는 인간의 피할 수 없는 죄성에 대한 신 종교개혁의 강조에 의해 지배되는 한, 신학적 관심의 본체와 "연결되지 않은 점(out of joint)"이 있어 보인다. 한편으로 웨슬리안 신학은 사랑의 완전이 하나님의 은혜로 역사적 인간의 삶에서 가능하다고 가르친다. 다른 한편으로 현대 신학은 인간의 피할 수 없는 죄성 때문에 사랑의 완전이 "불가능한 가능성"이라고 말한다. 이것이 그 주요 사상가 중 한 사람의 용어이다. 이 긴장이 해소될 수 있을까? 이 격차가 좁혀질 수 있을까?

1.3. 이해에 도움을 주는 접근: "I-Thou"의 신학

앞의 두 섹션의 병렬(juxtaposition)에 의해 제기된 문제는 그리스도인의 완전의 가능성 또는 불가능성과 관련이 있는 것이다. 현대 신학의 주체는 웨슬리가 '죄를 배제하는 사랑(love excluding sin)'으로 정의한 완전의 이상을 불가능한 것으로 거부하는 것 같다. 이 문제에 대한 해결이 현대 신학 자

---

233) Ibid., 155; Cf. Paul Tillich, *Systematic Theology* (Chicago: The University of Chicago Press, 1957), II, 179-180.

234) Sermons, II, 459.

체에서 중요하고 영향력 있는 통찰력, 즉 마틴 부버(Martin Buber)의 "나와 당신의 관계 개념(concept of an I-Thou relation)"에서 찾을 수 있다는 것이 전적으로 가능하다.

유대 철학자 마틴 부버는 아마도 다른 어떤 사람 못지않게 20세기의 기독교 신학에 영향을 미쳤을 것이다. 1878년 비엔나(Vienna)에서 태어난 그는 18세기와 19세기에 동유럽의 유대인 사회를 휩쓴 자발적이고 창조적인 대중적인 신비주의 운동인 하시디즘(Hasidism)의 영향을 받았다. [235] 그의 《나와 당신(I and Thou)》이라는 작은 책이 1923년에 출판되었다. 이 책은 "대화의 철학"에 대한 그의 고전적인 해설이다. "나와 당신" 관계의 개념은 18세기 후반과 19세기에 프리드리히 하인리히 야코비(Friedrich Heinrich Jacobi), 루트비히 포이어바흐(Ludwig Feuerbach), 쇠렌 키르케고르(Soren Kierkegaard)와 같은 사상가에 의해 예시되었지만 20세기에 와서 본격적인 철학으로 꽃을 피웠다. 부버(Martin Buber)는 그것에 고전적 형식을 부여하고 체계적인 방식으로 그것이 의미하는 바를 알아냈다. [236] 베르댜예프(Berdyaev), 하이데거(Heidegger), 야스퍼스(Jaspers) 및 사르트르(Sartre) 이전의 수십 년 전에 부버는 성숙한 실존주의 철학을 통해 작업했으며, 바르트(Barth), 브루너(Brunner), 틸리히(Tillich) 및 "위기 신학자들보다 수십 년 전에 그는 우리 시대의 신학에 대한 키르케고르 사상의 엄청난 중요성을 보았다."[237] 그러나 이러한 실존주의는 부버의 사상에서 한 걸음 더 나

---

235) 흥미롭게도 이 운동의 창시자인 Baal-Shom-Tov는 John Wesley에게 큰 영향을 준 Herrnhut의 Moravian 형제 공동체의 창시자인 Zinzendorf 백작과 동시대 사람이었다. Baal-Shem-Tov와 Zinzendorf는 분명히 서로에 대해 아는 것이 없었지만 "그들은 동일한 위대한 메시지, 즉 하나님과 사람 사이의 끊임없는 상호 관계에 대한 복음을 세상에 전했다." Paul E. Pfuetze, "Martin Buber and Jewish Mysticism," *Religion in Life*, XVI (Autumn, 1947), 556.

236) Maurice S. Friedman, *I-Thou and I-It: A Handbook of Christian Theology* (New York: Merdian Books, Inc. 1958), 173.

237) Maurice S. Friedman, "Martin Buber at Seventi-five," *Religion in Life*, XXIII (Summer. 1954), 410.

아가서 그의 대화적 철학 또는 "나와 당신" 철학의 발전으로 이어졌다. 이 철학은 바르트(Karl Barth), 브루너(Emil Brunner), 라인홀드 니버(Reinhold Niebuhr), 리처드 니버(H. Richard Niebuhr), 틸리히(Paul Tillich), 하임(Karl Heim), 마큐머리(John Macmurray), 베일리(John Baillie), 파머(H. H. Farmer), 고가르텐 (Friedrich Gogarten), 베르댜예프(Nicholas Berdyaev), 올드햄(J. H. Oldham)과 같은 신학자들의 사상에 깊게 침투되었다.

계시와 "말씀"에 대한 신정통주의의 강조는 실제로 기독교의 히브리 구약성서의 진정한 유산인 성경적 개념이다. 히브리 종교에는 많은 기독교 (특히 로마 가톨릭) 교회를 장식하는 종교 예술품, 형상, 조각상을 위한 자리가 거의 없다는 것이 현저한 일이다.

> 히브리인은 하나님을 "보지(see)" 않았다. 그는 그의 말씀을 "들었다 (herd)." 그는 하나님의 음성을 들었다. "셰마 이스라엘"(Shema Yisroel). 들으라 오 이스라엘아! 하나님은 자신의 종들에게 자신을 계시하실 때는 음성으로 말씀하신다. 하나님과 사람 사이의 간극(gulf)을 메우는 것은 사람에게 임하는 그의 말씀(the Word)이다; 인간의 죄와 고독과 자기애를 극복하는 것은 하나님께서 인간에게 말씀하시는 창조적이고 구원하는 말씀이다. 하나님께서 사람을 부르시니 사람은 그에게 응답한다.[238]

부버가 대화의 철학을 발전시킨 것은 이 히브리식 통찰력에서 나온 것이다. 그의 책, 《나와 당신》에 따르면 인간의 기본 태도에는 "나와 당신 (I-Thou)"과 "나와 그것(I-It)"의 두 가지가 있다. 인간인 "나(I)"는 말할 때, 두 가지 주요 단어-즉 "당신" 또는 "그것" 중 하나 또는 다른 것을 말하게 되어 있다. "나와 당신의" 말(主語)이 존재 전체와 대화할 수 있다. "나와 그것"의 말은 존재 전체와 대화할 수 없다.[239] 사람이 그의 입장을 취하는

---

238) Pfuetze, XVI, 559.
239) Martin Buber, *I and Thou*, trans. Ronald Oregor Smith (New York: Charles

주요 말(또는 태도)의 진정한 결정 요인은 그와 반대되는 대상이 아니라, 그가 그 대상과 자신을 연관시키는 방식이다. 나-당신의 관계의 기본 단어이다. 그것은 상호성, 직접성, 현재성, 강렬함, 불변성을 특징으로 나타난다. "나와 그것"의 말은 주로 경험하고 사용하는 것에 대한 말이다. 이것은 그 사람과 세상 사이가 아니라 그 사람 안에서 일어난 일이다. 그러므로 이것은 전적으로 주관적이고 상호성이 결여되어 있다. 아는 것이든, 느낌이든, 행동이든 그것은 전형적인 주체-객체 관계이다.

부버는 "인간에게 세계는 이중의 태도에 따라 두 개의 부분이며, 인간의 태도는 그가 말하는 기본 단어의 이중성격에 따라 이중적이다"라고 말한다.[240] 그러므로 사람이 그의 환경에 대한 관계에는 두 가지가 있다. 즉 우리들의 동료 인간에 대하여 이루어지는 개인적인 반응(personal response)과 우리 주변에 있는 물건들(things)에 대하여 있게 되는 조작적인 조정이다. "나와 그것(I-It)"의 태도는 그의 대상이 어떤 목적에 유리하게 봉사하는 "사물"이 대상(object)이다. "나와 당신(I-Thou)"의 태도는 내가 "타자"의 본질을 "자각"하는 관계의 태도이다. 그렇다면 인간의 삶에는 두 가지 상태가 있다: 즉 개인적인 관계가 존재하는 "당신의 세계"와 비인격적인 기계적 연결이 존재하는 "그것의 세계"가 있다. 살아있는 개인적 관계에서의 "주체"는 나와 당신의 대화에서 다른 "주체"와 대면한다. 나와 그것(I-It)의 세계에서는 "주체"는 하나의 대상(object)을 경험하고, 사용하고, 소유하고, 판단하고, 통제하고, 충당한다. 그러나 이러한 영역들은 완벽한 것들이 아니다. 우리는 동료들에 대하여 기계적이고 기능적인 "나와 그것(I-It)"의 태도를 취해서 그들을 물건으로 취급할 수도 있다. 반면에, 우리는 때때로 인간이 아닌 환경에 대하여 개인적인 "나와 당신(I-Thou)"의 태도를 취

Scribner' Sons, 1958), 3.

240) *I and Thou*, 3.

한다. [241]

부버에게 있어서 "나와 당신(I-Thou)"과 "나와 그것(I-It)"은 서로 교대로 일어난다. 사람은 나와 당신(I-Thou)의 세계 안에서 계속 살 수는 없다. 그는 계속해서 나와 그것(I-It)의 세계로 돌아간다. 나와 그것(I-It) 관계 자체는 악이 아니다: 인간은 지상에서 물리적 대상의 자연의 질서에서 살아야 한다. 인간은 그것(It)의 세계에서 살고 있기 때문에 그들은 자연스럽게 그들의 지능과 힘을 그들 주변의 대상들에 적용해야 한다. 그러나 나와 이것(I-It)의 세계에서만 사는 것은 진정한 삶이 아니다; 그것은 망상적이고, 가짜이며, 무책임한 사이비적 삶이다. "인간은 그것의 세계에서 지속적이고 안정적으로 살 수 있지만, 그가 당신(Thou)과의 관계로 이 세계에 침투해야만 그의 인간성(humanity)을 실현할 수 있다."[242] 진정한 의미 있는 삶은 나와 당신의 만남에서 온다. 그러한 만남에서 관계는 상호적이다. 그러나 인간은 다른 사람을 그것(It)으로, 사물, 대상으로 취급하는 경향을 가지고 있다. 이런 일이 일어나면, 사람이 당신(Thou)의 세계를 버릴 때, 악한 결과가 나온다. "우리는 매 순간을 경험하고 사용하는 것으로 채우면 된다. 그리고 그것은 타지 않는다. … 그것 없이는 사람이 살 수 없다. 그러나 그것(It) 없이 혼자 사는 사람은 사람이 아니다."[243]

부버는 "모든 진정한 삶은 만남이다"라고 말한다. [244] 삶의 모든 것이 우리에게 말을 건네며, 우리는 경청하고 책임감 있게 대응해야 한다. 현실은 대화 속에, 살아 있는 상호 관계 속에 존재한다.

두 사람이 동지로서, 또는 남자와 여자가 연인으로 만날 때, 그들의 사랑은 인간으로서의 본래의 모습(integrity)을 해치지 않고 그들을 품는다. 나

---

241) *I and Thou*, 6-7.
242) Friedman, *Handbook of Christian Theology*, 174.
243) Buber, 34.
244) Buber, 11.

와 당신(I and Thou)은 관계의 양극이다. 사랑은 그들 사이의 관계의 현실이다.[245]

진정한 인간의 대화는 말하거나 침묵하는 것일 수 있다. 그 본질은 참가자들 각자가 "다른 사람을 보거나" 또는 "다른 사람을 오게" 하려는 의도로 상대방에게로 향한다는 사실에 있다. 진정으로 "타자(the other)"를 만나기 위해서는 그는 자신과 진정으로 다른 사람으로서 그를 상대해야 하지만, 동시에 관계를 맺을 수 있는 사람으로 상대하여야 한다.[246] 이 두 가지 요소, 즉 "거리 설정"과 "관계를 맺는 일"의 둘은 모두 매우 중요하다. 사람은 비교되지 않고 자신을 위해 존재하는 것으로 인식되지 않는 어떤 사람과 관계를 맺을 수 없다. 그러나 사람은 그와 진정한 관계를 맺지 않고도 누군가를 멀리 둘 수 있다. 진정한 인간의 삶은 사람들이 서로 확인하는 진정한 만남에서 생겨난다.[247] "개성은 다른 개성들과 구별되면서 나타난다. 사람은 다른 사람과 관계를 맺음으로써 자신의 모습을 드러낸다."[248]

부버가 가장 주목하는 "나와 당신(I-Thou)" 철학의 두 가지 측면은 인간과 인간 간의 대화와 인간과 하나님과의 대화이다. 하나님은 본성상 그것(It)이 될 수 없는 "영원한 당신(eternal Thou)"이시다.[249]

만약에 모든 진정한 관계가 궁극적으로 당신(Thou)에 대한 나(I)이고, 시간과 통찰력의 제한. 인간의 충실도와 유한성에 대한 다루기 어려움이 끊임없이 나–당신(I–Thou)을 결국 나–그것(I-It)으로 만든다면, 완전한 당신(the

245) Pfuetze, *Religion in Life*, XVI, 564.
246) Friedman, *Religion in Life*, XXIII, 411.
247) Martin Buber, "Distance and Relation," trans. Ronald Gregor Smith, The Hibbert Journal, XLIX (October, 1950 July, 1951), 105-113.
248) Buber, *I and Thou*, 62.
249) Ibid., 72, 112.

perfect Thou)은, 정의상(in per definence) 그것(It)이 될 수 없는 존재일 것이다. … 만약 어떤 사람이 당신(Thou)에 대해 말할 때 영원히 인내할 수 있다면, 그러한 사람은 하나님일 것이다. 그러나 그렇게 될 수는 없다. 왜냐하면 인간은 그의 상황의 제한적인 한계를 피할 수 없기 때문이다. 사람은 그것(It)을 떨어버릴 수 없다; 그는 단지 그것을 변화시키기를 추구할 수 있다.[250]

인간은, 철학과 신학에서 하나님을 정의하고 토론할 수 있는 대상 중의 하나의 대상으로 삼아야 한다고 주장할 때, 하나님에 대한 견지를 잃어버린다. 우리는 하나님을 정의하거나 사용하거나 측정할 수 없다. 하나님은 설명될 수 없다. 그는 오로지 말씀으로 들을 수 있다. 우리는 그의 음성을 듣고 사랑의 응답과 순종으로 그에게 응답할 수 있다. 하나님의 인간에 대한 관계와 사람의 타인과의 관계는 실존적 현재 순간에서의 본질적으로 인격적인 관계이다. 믿음은 "완전히 타자이시며" "완전히 동일하시고 전적으로 현존하시는" 영원하신 당신(Thou)과의 만남이다. 하나님은 나타나서 굴복시키는 끔찍한 미스터리(Mysterium Tremendum)이시다. 그러나 그는 또한 나의 나(I)보다 나에게 더 가까운 자명한 것의 신비이다.[251]

프리드먼(Friedman)은 "부버의 종교 철학은 기독교의 재-해석에 매우 적합하다"고 관찰했다.[252] 올드햄(J. H. Oldham)과 파머(H. H. Farmer)와 같은 사람들은 "나와 당신(I-Thou) 철학"을 기독교 신앙의 이해를 위한 귀중한 수단으로 여겼다. 피손(J. E. Fison)은 부버의 철학이 기독교의 성령 교리와 유사하다고 보았다. 그는 "부버의 작업이 실생활은 만남이라는 교리와 실생활은 존재(being)라는 교리 사이에 일어난 논쟁에서 복음주의적 기독

250) Arthur A. Cohen, *Martin Buber* (London: Bowes and Bowes, 1957), 54-55.
251) Buber, *I and Thou*, 79.
252) *Religion in Life*, xxiii, 413.

교는 전자를 강력하게 지지한다"[253]고 또한 "우리는 의심의 여지가 없이 성령의 교리에서 다른 종교나 철학적 체계에서 타의 추종을 불허하거나 접근되지 않은 만남이라는 이 현실의 비밀에 대한 지침(pointer)을 가지고 있다"[254]고 주장했다.

만약에 부버(Buber)의 대화의 철학이 그리스도인의 완전에 대한 교리를 이해하는 데 도움을 주었다면 어떤 의의를 가지고 있는가? 이 장의 처음 두 부분에서 우리는 그리스도인의 완전의 가능성에 관하여서 웨슬리의 교리와 현대 신학 간의 정반대의 의견이 있다는 것을 말하였다. 웨슬리의 교리는 "죄를 배제하는 사랑(love excluding sin)"으로 정의된 것으로, 이것은 이 세상에서 달성될 수 있다고 주장하는 한편, 현대 신학은 이것은 "불가능한 가능성"으로 보았다. 전자는 그리스도인의 완전을 실현할 수 있는 것으로 보고, 후자는 불가능한 이상으로 본다.

그러나 흥미롭게도 현대 신학에서 가장 중심적이고 만연한 통찰(insight) 중 하나는 "나와 당신(I-Thou)" 관계의 개념이다. 이 나와 당신(I-Thou) 관계는 절대적으로 가능하지도 않고 절대 불가능하지도 않은 것으로 생각된다. 그것은 일시적인 것의 문제와 관련하여 어떻게 이해되느냐에 따라 가능하기도 하고 불가능하기도 하다. 그것은 계속적이며 연속적인 상태로는 불가능하다; 사람은 세상에서 항상 나와 당신(I-Thou)의 세계에서 살 수 없기 때문이다. 이는 결코 그것(It)이 될 수 없고 항상 "당신(thou)"이라는 단어를 말하는 하나님뿐이다. 그러나 나와 당신(I-Thou) 관계는 주어진 진정한 대화의 순간에 인생의 가장 의미 있는 사건으로서 가능하다. 사람은 나와 그것(I-It)의 세계와 나와 당신(I-Thou)의 세계 사이를 이동한다. 그리고 진정한 삶은 후자가 전자를 모든 점에서 스며들게 하는 데 있다.

---

253) *The Blessing of the Holy Spirit* (London: Longmans. Green and Co., 1950), 38.
254) Ibid., 37-38.

그렇다면 만약에 우리가 그리스도인의 완전과 "나와 당신(I-Thou)" 관계 간에 필수적인 적합을 발견할 수 있다면. 우리는 웨슬리와 니버 간의 안티테제(Wesley-Niebuhr antithesis)에 의해 제기된 문제에 대한 해결책을 발견한 것이 된다. 그리스도인의 완전은 두 가지 다른 방식으로 해석될 수 있을 것이다. 첫 번째는 그것은 현재 구원의 과정을 포함하는 일련의 과정에 있어서 최고의 상태 또는 단계로 해석될 수 있다. 우리는 이것이 웨슬리가 그것(그리스도인의 완전)을 이해하는 방법이라는 것을 알았다.[255] 신생에서 시작하는 성화의 과정은 온전한 성화로 불리는 극적인 사건으로 이어진다. 이 극적인 사건 또는 순간적인 사건은, 이론상 죽을 때까지 계속되는 상태인 그리스도인의 완전의 시작 점이다. 이것이 그리스도인의 완전을 이해하는 적절한 방법이라면, 이 교리를 불가능한 이상으로 보는 현대 신학의 비판은 정당성과 타당성을 가진 것처럼 보인다. 그러나 웨슬리가 그리스도인의 완전은 계속적이고 (사람이 자제하는 한) 연속적인(uninterrupted) 거룩함(sanctity)의 상태를 의미한다고 하면, 니버가 말한 것처럼, 인간의 경험이 그것은 불가능하다고 증명하는 것처럼 보인다. 이러한 해석 하에서, 그런 상태를 주장하는 것은 가장 미묘한 영적 자만, 곧 죄의 본질의 형태 중 하나이다.

그러나 그리스도인의 완전이 나와 당신(I-Thou) 관계의 관점에서 정당하게 이해될 수 있다면, 그것은 인간의 삶에서 가능한 것이 된다. 나와 당신(I-Thou) 관계에 대한 부버(Buber)의 설명에서 가능성의 요소는 모든 점에서 당연히 있다고 생각된다. 대부분 사람이 "당신(Thou)"이라는 단어를 거의 사용하지 않는다는 것은 사실일 수 있지만 그 말은 할 수 있다. 그리고 삶에 의미를 부여하는 것은 "당신(Thou)"이라는 단어를 사용하는 것이다. 만약에 그리스도인의 완전을 한 번 받으면 얼어붙어 보존될 수 있는 영적 경험을 의미하지 않고, 이것이 다만 하나님과 사람과의 "나와 당신

---

255) Supra.

(I-Thou)"의 관계를 의미한다면, 주어진 결정, 헌신, 순종 또는 헌신의 순간
에 진정으로 가능하다. 이는 하나님과 인간, 인간과 인간이 대화하는 실
존적 현재의 순간, 즉 마음을 다해 하나님을 사랑하고 이웃을 내 몸과
같이 사랑하는 만남의 순간에서 가능하다.

그렇다면 그리스도인의 완전이 그렇게 이해되고 해석될 수 있는지 알아
보는 일이 남아 있다. 그러한 조사는 가능성의 문제에 빛을 던질 것이다.
이 질문과 관련하여 우리는 3장에서 다룰 것이다. 그러나 이 질문이 완전
히 이루어지기 전에 또 다른 문제를 해결해야 한다. 우리가 보았듯이 가
능성의 문제에 대한 답은 그가 우리가 시간성의 문제 또는 시간 요소의
문제라고 부를 다른 문제에 대한 답에 달려 있다. 그러므로 우리는 이제
이에 대해 알아봐야 한다.

2장
성화 과정에서 시간 요소의 문제

2.1. 성화에 있어서 순간성과 점진성

성결에 대한 추구가 시작된 1725년부터 1738년 초 피터 뵐러를 만날 때까지 웨슬리는 완전은 선행을 통해 이루어지며, 따라서 점진적인 과정이라고 믿었다. 1730년에 그의 어머니에게 보낸 편지에서 그는 성결의 상태를 "회개와 불완전함의 상태나 마음의 진실함과 부지런한 노력의 상태를 가진 것"으로 묘사했다.[1] 1734년 웨슬리의 아버지는 웨슬리에게 자신의 후계자, 즉 엡워스(Epworth)의 교구목사가 되라는 청을 했지만, 웨슬리는 이를 거절하였다. 웨슬리가 그렇게 한 이유는 엡워스에서보다 옥스퍼드에서 더 성공적으로 자신과 다른 사람들의 거룩함을 증진할 수 있다는 믿음 때문이었다.[2] 1733년 옥스퍼드 설교에서 행한 "마음의 할례 (The Circumcision of the Heart)"라는 설교에서, 그의 완전의 이상이 처음으로 정의되었다. 거기서 웨슬리는 다음과 같이 선언하였다.

사람이⋯ 먼저 "좁은 문으로 들어가려고 애쓰지 않고, 고민하지도 않고 그리스도와 하나님의 왕국을 볼 수 있기를 항상 기대하고⋯ 그는 자신의

---

1) Letters, I, 48.
2) Ibid., I, 166-78.

오랜 생각, 정욕, 기질을 떨쳐 버리는 것을 꿈꾸고, 일반적인 자기부정의 지속적이고 계속적인 과정 없이 "영과 혼과 몸이 완전히 거룩하게 되는" 꿈을 꾸는 것은 헛되고 신성모독적인 희망이다.[3]

2년 후, 그가 인쇄한 첫 번째 설교인 "선한 사람의 고통과 안식(The Trouble and Rest of Good Men)"에서 그는 다음과 같이 말했다.

그러므로 치료의 고통은 질병의 고통만이 아니라 모든 사람이 견뎌야 하는 것이다. 그리고 여기에는 우리를 돌보시는 하나님의 무한한 지혜가 나타나 있다. 그것은 그분과 대화하는 사람들의 질병이 모든 사람을 치료하는 큰 수단이 될 수 있을 것이다. 다른 사람들의 그 사악함은 천 가지 면에서 사람의 거룩함에 영향을 미친다. … 그는 그것들로 인해 많은 고통을 받고 있다. 그러나 이것 때문에 그는 그 고난을 통해 완전해질 것이다.[4]

"그러나 온전한 성결은 이 땅에서 찾을 수 없다."[5] 그러므로 완전은 비록 사람의 노력의 목표(goal)이지만, 이생에서는 이룰 수 없고 오직 죽음으로만 사람이 그 죄에서 구원을 받을 수 있다.

그러면 누가 우리를 "이 사망의 몸"에서 "구출할" 것인가? 죽음이 우리를 구출할 것이다. 죽음은 "평생 속박에 매여 있던" 자들을 한순간에 자유케 할 것이다. 육체에서 벗어나는 그 순간에 그들은 … 모든 죄에서 구원을 받는다.[6]

---

3) Sermons, I, 277-78.
4) Works, VII, 366.
5) Ibid.
6) Ibid., 366, 370.

그러므로 웨슬리의 올더스게이트 이전의 견해는 점진적인 완전의 교리였다. 즉 "수정된 금욕주의는 필수 규율이며 (그에 있어서는) 죽음이 거룩하게 하는 유일한 수단이다."[7] 이 견해가 그의 삶을 형성하고 옥스퍼드와 조지아에서의 그의 사역에서 그의 활동을 인도하였다. 후자와 관련하여 웨슬리의 주된 동기는 자신의 영혼을 구원하고 더 큰 성결을 얻으려는 소망이었다고 말한다.[8] 이 점에서 그는 실망할 운명에 처했고 그 어느 때보다도 더 큰 불만을 품고 영국으로 돌아왔다. 그러나 그의 환멸과 함께 그는 조지아로 여행 온 동료인 모라비아인 그룹과의 접촉을 통해 희망의 불꽃을 발견했다. 그들의 지도자인 스판겐베르그 주교(Bishop Spangenberg)는 웨슬리에게 "성령의 증거"라는 개념을 처음 소개했다.[9] 영국으로 돌아와 웨슬리는 캐롤라인으로 가는 길에 있는 또 다른 모라비아인 뵐러(Peter Bohler)를 만났다. 그들은 석 달 동안 자주 만났고, 그들의 대화는 믿음의 의미를 중심으로 이루어졌다. 그리고 웨슬리에게 가장 깊은 인상을 준 뵐러의 가르침의 특별한 요지는 구원하는 믿음의 순간적인 특성이었다. 뵐러(Bohler)에 따르면 이 구원하는 믿음의 직접적인 열매는 성결과 행복이었다. 즉 죄에 대한 지배권과 마음의 진정한 평화였다.[10] 1738년 4월 22일, 웨슬리는 다음과 같이 기록했다.

> 나는 피터 뵐러를 다시 만났다. 나는 이제 그가 믿음의 본질을 말한 것에 대해 이의가 없었다. … 그가 이 산 믿음의 열매로 묘사한 행복 또는 성결도 부정할 수 없었다. … 그러나 나는 그가 순간적인 일에 대해 말한 것을 납득할 수 없었다. 나는 어떻게 이 믿음이 한순간에 주어져야 하는지 이해할 수 없었다. 어떻게 한 사람이 성령 안에서 죄와 비참에서 의와 기쁨

---

7) Perters, 48.
8) Letters, I, 188, 190.
9) Journal, I, 151.
10) Ibid., 447.

으로, 어두움에서 빛으로, 한순간에 변할 수 있는지 이해할 수 없었다. 나는 다시 성경을 살펴보았다. … 그러나 놀랍게도, 순간적인 개종 외에는 다른 어떤 사례도 발견하지 못했다. … 그러나 하나의 핑계가 있다. 즉, 나는 하나님께서 기독교의 첫 시대에 그렇게 하신 것을 인정한다. 그러나 시대는 변했다. 그가 지금도 같은 방식으로 일하신다고 내가 믿을 이유가 무엇인가? 그러나 23일 일요일에. 나는 여러 명의 살아 있는 증인들이 증언한 증거에 의해 이 핑계에서 벗어났다. 그들은 하나님이 그렇게 자기들에게 역사하셨다고 증언하였다. … 이에 내 논쟁은 끝났다. 지금 나는 "주여, 당신이 나의 불신을 도우소서"라고 외칠 수밖에 없었다.[11]

다음 달 동안 웨슬리는 계속해서 뵐러(Bohler)가 설명한 믿음을 추구했다. 이 추구가 24일 저녁에 그가 "매우 마지못해" 갔던 올더스게이트의 한 집회에서 성취되었다. 웨슬리는 그때 "나는 내 마음이 이상하게 뜨거워지는 것을 느꼈다. 나는 구원을 위해 오직 그리스도, 오로지 그리스도만을 신뢰했다고 느꼈다. 그리고 그가 나의 죄, 바로 나의 죄를 제거하시고 죄와 죽음의 법에서 나를 구원하셨다는 확신을 주셨다."고 말하였다.[12]

우리 연구의 이 부분에 있어서, 뵐러가 웨슬리에게 한 그의 권고에서, 그가 시점(point of time)에 관해서는 칭의와 온전한 성화를 구별하지 않았다는 것을 주목해야 한다. 그가 강조한 것은 사람이 믿음이 있을 때 의롭다함을 받되 한순간에 받는 그 믿음에 관한 것이었다. 이 믿음은 그 자체의 확신을 가져오며, 그리고 그것의 즉각적인 열매는 평화와 행복이다.[13] 뵐러의 조언의 결과로 웨슬리는 분명히 "마음을 뜨겁게 하는" 경험이 그의 죄가 용서되었다는 확신뿐만 아니라 또한 그가 1725년부터 추

---

11) Journal, I, 454-55.
12) Ibid., 476.
13) Cf. Journal, II, 13-14.

구해 온 내적 성결(inward holiness)도 가져다줄 것이라 기대했다. 그는 실제로 올더스게이트 경험이 있은 지 5일 후에, "나는 끊임없는 평화를 가지고 있다. 불안한 생각은 하나도 없다. 그리고 나는 죄로부터의 자유가 있고, 거룩하지 않은 욕망은 하나도 없다"[14]고 말했다. 그러나 이러한 기대 속에서 그는 약간의 실망을 겪게 될 것이었다. 순간적 성화가 칭의의 순간과 동시에 일어난다는 이 첫 번째 믿음은 오래가지 않았다. 그 자신의 경험은 그 반대의 증거였다. 올더스게이트 이후 몇 주 동안 그는 믿음과 의심 사이에서 동요했고, 때때로 그가 나타낸 정신은 부드러운 사랑이 결코 아니었다.[15] 뵐러(Bohler)의 영향으로 웨슬리는 너무 많은 것을 기대했었다. 그러나 올더스게이트 이후 2주가 채 되지 않아 그는 "최소한의 진정한 믿음에는 의심이 있을 수 없다. 누구든지 의심이나 두려움을 느끼는 사람은 믿음이 약한 사람이 아니라 믿음이 전혀 없는 사람이다. 그리고 생명의 성령의 법이 죄와 사망의 법에서 그가 완전히 해방되기까지는 아무도 믿음이 없다는 것을" 들은 후에, 그는 고린도전서 3장을 읽으면서 믿음의 "등급"(degrees of faith)이 있음을 알게 되었다.[16] 믿음의 등급에 대한 이 견해는 웨슬리가 같은 해 8월에 독일을 방문하여 헤른후트(Hermhut)에서 여러 모라비안과 대화했을 때 강화되었다. 그는 데이비드(Christian David), 라이너(MIchael Linner), 마이서(Augustine Meisser), 슈나이더(David Schneider), 그라딘(Arvid Gradin)으로부터 믿음이 때때로 더디게 자라며 그리고 사람은 "믿음의 완전한 확신"을 받기 전에도 믿음으로 칭의를 받을 수 있음을 배웠다.[17]

---

14) Ibid., I, 481.

15) Ibid., 476-82.

16) Journal, I, 482.

17) Journal, II, 28-49. Arvid Gradin은 "믿음의 완전한 확신"은 용어의 관점에서(in terms) Wesley가 후기에 설명한 그리스도인의 완전에 대한 정의와 실질적으로 동일한 것이라고 말했다: Ibid., 49. 사실, 『그리스도인의 완전에 대한 평이한 해설(Plain Accout)』에서 웨슬리는 이 둘을 동일시하였다. Works, XI, 369-370. 이것은 다음

독일을 여행한 후 웨슬리의 그리스도인의 완전에 대한 견해는 점진적인 요소와 순간적인 요소 두 가지를 포함하게 되었다. 그러나 순간성의 요소는 그가 올더스게이트 직전과 직후에 가졌던 것과는 같지 않았다. 그는 완전의 "순간"을 칭의와 동시적인 것으로 보는 대신, 이제는 그것이 칭의 뒤에 오는 "두 번째" 위기라고 믿었다.[18] 1741년에 그는 다음과 같이 기록하였다.

> 우리는 감히 어떤 사람들처럼 이 모든 구원이 한 번에 주어졌다고 단언하지 않는다. 실제로 하나님의 자녀들에게는 순간적이요 또한 점진적인 역사가 있다. 그리고 우리가 아는 바와 같이, 한순간에 자신의 죄가 용서되었다는 분명한 느낌이나 성령의 변함없는 증거를 받은 구름 같은 증인이 필요하지 않다. 그러나 우리는 사람이 한순간, 같은 순간에 죄 사함과 성령의 증거와 그리고 새롭고 깨끗한 마음을 받은 사례를 어디에서도 알지 못한다.[19]

그러나 이러한 의미에서도 올더스게이트 이후와 헤른후트(Hermhut) 방문 이후에 그의 강조가 전적으로 성화의 순간적인 특성에 있게 되었다고 가정해서는 안 된다. 때로는 강조가 한 측면에, 때로는 다른 측면에 있게 된다. 올더스게이트가 순간적인 것으로 초점을 맞추게 했지만 윌리엄 로(William Law)와 실제적인 신비주의의 영향이 여전히 그에게 남아 있었다. 후자에 따르면, 완전은 점진적으로 성취되는 이상이지만 죽을 때까지 완전히 도달할 수는 없는 것이다. 독일에서 영국으로 돌아온 지 며칠 후에 웨슬리는 다음과 같이 썼다. "우리가 계속 깨어 있고, 분투하고, 기도한다

장에서 더 자세히 살펴볼 것이다.

18) Supra, 29. Cf. Letters, II, 202; V, 215, 315, 333; VI, 66, 116, 144-45, 217; Sermons, II, 391.
19) Works, XI, 380.

면, 그분은 이곳에서 점차적으로 우리의 성화가 되시고 내세에서는 우리의 완전한 구속자가 되실 것이다."[20] 1745년에 그는 여전히 다음과 같은 견해를 가지고 있었다. 온전한 성화는 일반적으로 "죽기 조금 전까지" 주어지지 않았다. 왜냐하면 그것을 빨리 얻기 위해 기대도, 기도도 하지 않았고,[21] 또한 그것은

> … 전반적인 순종으로 모든 계명을 지키면서, 자기를 부인하고 날마다 십자가를 지면서 기다려야 하는 단순한 이유 때문이었다. 이것이 하나님이 우리가 그의 거룩하게 하는 은혜를 받기 위해 정하신 일반적인 방법이다. 특별한 것은 기도, 성경 연구, 의사소통, 금식 등이다.[22]

이러한 강조와 관련하여 피터스(Peters)는 다음과 같이 설명한다.

> 1745년에… 웨슬리는 여전히 뵐러(Peter Bohler), 그라딘(Arvid Gradin) 같은 사람들보다는 테일러(Jeremy Taylor)와 윌리암 로(William Law)처럼 더 말하곤 했다. 그의 교리가 발전하면서 로와 테일러의 가르침이 그 자리를 차지하게 되었다. 웨슬리는 그러한 가르침들에서 그리스도인의 완전의 체계에 가치 있고 필요한 것으로 인정되는 건전한 절충주의적 의미를 발견했기 때문이다. 그러므로 순간적인 것에 대한 그의 강조가 더욱 뚜렷해지더라도 그것들을 결코 버리지 않았다.[23]

웨슬리는 "신생(The New Birth)"이라는 설교에서 다음과 같이 말했다.

> 우리가 거듭날 때, 거기에서 우리의 성화, 즉 우리의 내적, 외적 성결이 시

---

20) Letters, I, 256.
21) Works, VIII, 285.
22) Works, VIII, 286.
23) *Christian Perfection and American Methodism*, 49.

작된다. 그후로 우리는 우리의 머리이신 그분 안에서 점진적으로 자라날 것이다. … 한순간이 아니면 단기간에 한 아이가 하나님께로부터 난다. 그러나 그가 후에 그리스도의 장성한 분량이 충만한 데까지 자라나는 것은 더딘 단계(slow degrees)로 이루어진다.[24]

그는 "광야 상태"라는 설교에서 말하였다, "성화의 모든 작업은 그들이 상상했던 것처럼 즉시 이루어지는 것이 아니라는 것을 저들이 깨닫게 하라; 즉 그들이 처음 믿을 때, 저들은 갓난아기일 뿐이며, 그들은 점진적으로 성장할 것이다. 그리고 저들이 그리스도의 완전한 분량에 이르기 전에는 많은 폭풍을 예상할 것을 그들에게 설득하라"고 했다. [25]

1747년 웨슬리는 말하기를, "우리는 믿음을 가지고 죽은 사람들 중 많은 사람, 예를 들면, 우리가 알고 있는 사람들 중 대부분이 죽기 조금 전까지 철저하게 성결하지 않았고, 사랑에 있어서 완전하지 않았다는 것을 인정한다"[26]고 하였다. 그러나 이 의견은 서서히 수정되었다. 그리고 1757년에 그는 "하나님이 죽기 조금 전까지 그의 완전한 사랑을 베풀지 않기로 결심한 경우가 가끔 있었지만, 이는 드문 일이라고 나는 믿는다고 말할 수 있었다: 하나님은 보통 그분의 약속의 이행을 미루지 않으신다."[27] 그리고 5년 후에 그는 신자들은 "사랑에서 완전해지는 것을 매시간 기대하여야 한다. … 왜냐하면 죽음에서 그것을 기대하는 것은 전혀 기대하지 않는 것과 거의 같다는 것이기 때문이라"는 그의 확신을 표현했다. [28] 같은 날 그는 도로시 펄리(Dorothy Furly)에게 "성화(적절한 의미에서)는 확

---

24) Sermons, II, 240.
25) Ibid., 262.
26) Works, VIII, 294.
27) Letters, III, 221.
28) Journal, IV, 529.

실히 모든 죄로부터의 순간적인 해방"이라고 편지를 썼다.[29] 10년 후인 1772년에 그는 여전히 이렇게 썼다.

> 믿음으로 말미암아 내적으로 외적으로 거룩하게 된 자들 외에는 아무도 구원을 받지 못하고 또한 받을 수 없다. 그러나 이 거룩한 믿음은 하나님의 선물이다. 그리고 그는 시간에 쫓기고 있지 않다. 하나님은 이 믿음을 천년이라는 기간을 통해 주시듯 한순간에 쉽게 줄 수 있다. 그는 종종 임종 때 신자들의 기도에 대한 응답으로 그것을 주시지만, 하나님은 그들을 마지막(at last)에서야 구원할 것이라는 가정 하에서 거룩하지 못한 채 계속 머물러 있는 자들이라면 이 믿음을 주는 일은 드물 것이다. 그러나 그분이 그렇게 하셨다면 그들은 얼마나 말할 수 없는 패배자가 되었겠는가.[30]

그리하여 웨슬리는 "칭의처럼 이르지 않고" "죽음보다 늦지 않은"[31] 온전한 성화의 순간적인 성취의 타당성을 점점 더 확신하게 되었다.[32] 그는 "살아 있는 증인들"의 증언에 의해 이 결론에 이르게 되었다. 일찍이 1744년에 그가 설교하고 있는 완전을 소유하게 되었다고 증언하는 사람들을 만나기 시작했다.[33] 그러한 주장을 하는 데 주의와 자제를 권고하면서,[34] 웨슬리는 그의 주의를 끈 이 모든 증언을 검토하려고 노력했다. 그리고 대부분의 경우 그들의 진정성을 결국 확신하게 되었다. 1759년 이후부터 피터스(Peters)는 "온전한 성화의 순간적인 성취에 대한 증인이 결코 적지 않았음"을 관찰했다. 이듬해 3월에 웨슬리는 이 증인들에 대해 다음

---

29) Letters, IV, 188.
30) Ibid., V, 337-38.
31) Works, XI, 441-42.
32) Journal, III, 154.
33) Letters, III, 212; Works, VIII, 297.
34) Peters, 30.

과 같이 말했다.

> 이제 이것이 내가 항상 해왔고 지금 완전에 대해 말하고 있는 것이다. 그
> 리고 나는 내가 믿는 증거에서 많은 사람이 의롭다함을 받았고, 많은 사
> 람이 완전을 성취했다고 믿는다. 하나님께서 그들의 수를 천 배나 증가시
> 키시기를 바란다.[35]

1762년 그는 일기에 다음과 같이 기록했다.

> 여러 해 전에 내 동생은 자주 다음과 같이 말했다. 당신의 오순절 날이 완
> 전히 오지 않았습니다. 그러나 그렇게 될 것이라고 믿어 의심치 않습니
> 다. 그러면 의롭게 되었다는 소식을 자주 듣는 것처럼 당신은 자주 거룩
> 하게 된 사람들에 대해 듣게 될 것입니다. 아주 편견이 없는 독자라면 그
> 것이 이제 완전히 다가왔다는 것을 알 수 있을 것입니다. 따라서 우리는
> 런던과 영국의 다른 대부분의 지역, 더블린과 아일랜드의 다른 많은 지역
> 에서 의롭다함을 받은 사람만큼 자주 성화된 사람들에 대해 들었습니다.
> 20년 전, 이들 중 많은 사람이 하나님의 선물을 거절하지 않았다고 해서
> 그것이 그들에게 주어지지 않았다는 증거는 아닙니다. 많은 사람이 그것
> 을 오늘날까지 간직하고 있다는 것은 찬양과 감사의 중대한 일입니다.[36]

  1768년에 로렌스 코플란(Lawrence Coughlan)에게 쓴 편지에서 웨슬리는
말하기를, "하나님을 찬양한다. 비록 우리가 백 명의 열광자들을 제쳐놓
았지만, 우리는 여전히 내가 이 사십 년 동안 가르친 완전을 생활과 죽음
을 통하여 증거했고, 또 증거할 구름같이 많은 증인들로 둘러싸여 있다."

---

35) Journal, IV, 370.
36) Journal, IV, 532,

고 하였다. [37)]

이 경험적 증거에 의해 재촉을 받아 웨슬리는 믿음으로 말미암는 성화 교리에서의 순간적 요소를 더욱 더 강조했다. 그의 말년에 그는 이 설교 자들과 동료 일꾼들에게 다음과 같이 하라고 거듭거듭 촉구했다.

> … 오래된 메소디스트 교리를 절대로 부끄러워하지 말라. 모든 믿는 자들에게 완전으로 나아가도록 권하라. 순간에 받을 수 있고, 지금 단순한 믿음으로 받을 수 있는 두 번째 축복을 모든 곳에서 주장하라. [38)]

그러나 순간적인 것이 결코 유일한 강조는 아니었다. 웨슬리는 사랑의 이상에 대해 말하면서 다음과 같이 말했다.

> 눈에 띄는 증진이 없이도 우리가 이것을 향해 성장하는 때가 있다. 비유에 있듯이 씨가 자라서 돋아나는 것을 그는 알지 못한다. 진실로 많은 경우에, 한편 첫 번째 사랑이나 순수한 사랑이 우리 마음에 퍼져 있음을 알고 있으면서도, 우리는 가장 높으신 분의 힘이 어떻게 갑자기 우리를 덮는지를 모른다. 그러나 다른 때는 그분이 점진적이고 거의 감지할 수 없는 방식으로 그 사랑을 확인하고 증가시키신다. [39)]

성결, 즉 "단순함과 순결함; 하나의 디자인, 하나의 욕망의 본질은 언제나 증가할 수 있으며, 천 가지 정도(degrees)와 변형을 허용한다." [40)] 순수한 사랑을 맛본 사람들조차도 앞으로 나아가야 한다. 그리고 그들의 높은 부르심의 상을 위하여 힘써야 한다. [41)] 신생 때부터 시작되는 성화

---

37) Letters, V, 102.
38) Letters, V, 315; Cf. V, 215, 290; VI, 66, 104; VIII, 111.
39) Letters, V, 135.
40) Ibid., 238.
41) Ibid., 318.

는 "온전한 날에 이르도록"[42] 점점 더 증가할 것이다. 성화에 있어서 이 두 가지 요소, 즉 순간적인 것과 점진적인 것의 인식은 웨슬리가 그의 동생 찰스에게 한 말에서 실증된다.

> 모든 곳에서 오직 믿음으로만 받을 수 있는 완전한 구속(redemption)을 주장하라. 말하자면 너는 바로 이 일을 위해 태어났다. 바로 여기에 네가 있다. 이와 관련하여 내가 너를 이겼지만, 강하고 날카로운 문장으로는 네가 나를 이겼다. 네 방식, 하나님이 네게 명하신 것을 계속하라. 순간적인 축복을 권하라. 그러면 나는, 점진적인 일을 시행하면서, 나의 특별한 소명을 위해 더 많은 시간을 가질 수 있을 것이다.[43]

2.2. 웨슬리가 시도한 종합

성화의 경험에서 순간적이고 점진적인 측면을 모두 인식한 웨슬리는 이 교리에 대한 설명에서 이 두 가지를 어떤 형태의 종합(synthesis)으로 결합하려 했다. 그의 마음에 성화를 간단히 순간적이고 점진적이라고 말하기에는 충분하지 않았다. 또한 이 두 요소가 어떻게 균형을 이룰 수 있는지에 대해서도 설명할 필요가 있었다.

우리는 어떻게 웨슬리가 올더스게이트의 경험이 용서와 더불어 완전한 성화를 가져올 것이라는 환상에서 빠르게 벗어났는지를 살펴보았다.[44] 그는 완전이 칭의와 같이 그렇게 이른 것이 아니라는 것을 깨닫고, 또한 완전이 죽음과 같이 그렇게 늦은 것도 아니라는 것을 곧 단언하게 되었다.[45]

---

42) Works, VII, 205.
43) Letters, V, 16.
44) Supra, 81.
45) Works, XI, 441-42.

그러므로 그리스도인의 완전이 순간적이라면, 완전의 "시점" 곧 "순간"은 칭의와 죽음 사이의 어딘가에 위치해야 한다는 것이 분명하다. [46] 1767년에 그는 다음과 같이 말했다.

> 시간에 관해서는, 나는 이 시점이 일반적으로 죽음의 순간, 영혼이 그의 몸을 떠나기 전의 순간이라고 믿는다. 그러나 나는 그것이 십 년, 이십 년, 사십 년 전일 수 있다고 믿는다. 나는 그것이 칭의 후 보통 몇 년이 지나서라고 믿는다. 그러나 그것이 그 후 5개월 또는 5년 이내가 될 수 있다는 것에 대한 반대의 주장이 없을 것을 나는 안다.[47]

그러나 성화를 극적인 순간으로 보는 이러한 관점과 함께 웨슬리는 또한 그것을 칭의에서 시작하여 신자의 삶 전체에 걸쳐 확장되는 과정으로 보았다. 문제는 이 두 개념을 어떻게 조화시키느냐 하는 것이었다. 웨슬리의 대답은 "그것은 하나이기도 하고 다른 것"[48]이었다. 우리는 그가 구원을 하나의 목표 즉 인간의 완전해지는 목표[49]를 향한 성장 과정에서 일련의 연속적인 단계로 개념화하는 경향이 있음을 보았다. 린드스트롬(Lindstrom)은 이를 구원에 대한 웨슬리의 관점에서 "목적론적 경향"이라고 불렀다.[50] 그는 다음과 같이 말하였다.

> 구원의 과정에서의 이러한 점진적 발전의 개념은 순간적인 요소와 결합되어 있다. 이는 모라비안주의의 영향을 받은 것으로, 즉 칭의와 신생에

---

46) 모든 죄를 자백할 때마다 칭의가 반복된다는 루터나 칼빈과 달리 웨슬리는 칭의의 상태가 있다고 가르쳤고, 일반적으로 칭의는 과거에 일어난 일이라고 말했다. Cf. Percy Scott, "Is there a Neo-Wesleyanism?" *Religion in Life*, XXIX (1960년 가을), 513.
47) Works, XI, 446.
48) Works, VIII, 329.
49) Supra.
50) *Wesley and Sanctification*, 99.

대한 갑작스러운 부가(supervention), 그리고 완전 성화의 높지만 유사한 경험에서 볼 수 있다.

점진적인 과정은, 한순간에 인간을 더 높은 차원으로 끌어올리는 하나님의 직접적인 개입에 의해 중단된다. 구원 과정에 대한 웨슬리의 개념을 특히 구별 짓는 것은 점진적인 것과 순간적인 것의 이러한 조합이다. 이것은 시각적으로 단계적으로 상승하는 형태를 취한다.[51]

이러한 방식으로 웨슬리는 순간적인 것과 점진적인 것을 종합하려고 시도했다. 칭의와 신생에서 시작되는 성화의 점진적인 과정은 인간이 그리스도인의 완전의 상태에 이르게 하는 온전한 성화의 즉각적인 간섭에 의해 중단된다. 더욱이 온전한 성화를 넘어서는 점진적인 성장의 과정이 계속된다. 웨슬리는 그리스도인의 완전의 이 새로운 차원을 설명하면서 말했다. "이는 개선할 수 있다. 그것은 나눌 수 없는 지점에 있는 것과, 증가할 수 없는 것과는 거리가 멀어서, 사랑 안에서 완전하게 된 사람은 이전보다 훨씬 더 빠르게 은혜 안에서 성장할 수 있다." [52]

올더스게이트 이후 처음 20년 동안은 이 종합이 웨슬리의 생각에서 명확하게 이루어지지 못했다. 그 기간 동안 그리스도인의 완전은 죽기 오래전에 받아들여질 수 있다는 인식이 커졌다(비록 칭의처럼 일찍이기는 하지만). 그리고 경험의 점진적인 측면과 순간적 측면 모두에 대한 많은 언급이 있다. 그러나 위에서 설명한 반대되는 요소를 목적론적 틀에 명확하게 맞추려는 시도는 없었다. 그러나 1757년에 그는 다음과 같이 말했다. "은총의 점진적인 성장이 선행되지만 선물 자체는 항상 순간적으로 주어졌다. 나는 어떤 예외도 알지 못했거나 듣지 못했다; 그리고 나는 결코 그런 적이 없었다고 믿는다." [53] 2년 후 그는 육체적 죽음의 비유를 사용하여 그

---

51) Ibid., 121.
52) Works, XI, 442.
53) Letters, III, 213.

종합을 상상해 보았다.

> 사람이 얼마 동안 죽어가고 있다. 그러나 그는 영혼이 육체에서 분리될 때까지는 적절하게 말하면 그는 죽지 않은 것이다. 그리고 그 순간에 그는 영원의 삶을 보낸다. 이런 모양으로 그는 얼마 동안은 죄에 대해 죽을 수도 있다. 그러나 그는 죄가 그의 영혼에서 분리될 때까지는 아직도 죄에 대해 죽지 않았다. 그리고 그 순간 그는 완전한 사랑의 삶을 산다. 그리고 몸이 죽을 때 겪는 변화는 우리가 이전에 알고 있던 것과는 전혀 다른 종류이며 무한히 크므로 그때까지는 상상할 수 없다. 그러므로 영혼이 죄에 대하여 죽을 때 일어나는 변화는 다른 종류이며, 이전의 어떤 것보다도 무한히 위대하며, 그가 그것을 경험할 때까지 어떤 사람도 생각할 수 없는 것이다. 그러나 그는 여전히 은혜 안에서, 그리스도를 아는 지식 안에서, 하나님의 사랑과 형상 안에서 성장한다. 죽을 때까지가 아니라 영원히 그렇게 살 것이다.[54]

다음 30년 동안 이 동일한 생각이 다양한 방식으로 표현되고 있다. 1762년 그는 찰스에게 보낸 편지에서 다음과 같이 말했다.

> 방식에 관해서는, 이 완전은 항상 믿음으로, 단순한 믿음의 행위로 영혼 안에서 이루어진다고 믿는다. 결과적으로 순식간에 말이다. 그러나 나는 그 순간의 전과 후에 있는 점진적인 행위를 믿는다.[55]

다음 해에 "그리스도인의 완전에 대한 깊은 생각"에서 그는 다음과 같이 말했다.

---

54) Works, XI, 402.
55) Letters, IV, 187.

하나님은 일반적으로 의롭다함을 얻거나 거룩하여지기 전에 사람이 빛을 받고, 은혜 안에서 자라며, 그의 뜻을 행하고 경험하도록 상당한 시간을 주신다. 그러나 그는 언제나 이것을 고수하시지는 않는다. … 하나님은 사람의 경우에 따라 그가 원하는 정도에 따라 "그의 일을 단축"시키고 몇 년 동안의 일상적인 일을 순식간에 하실 수 있다. 그는 많은 경우에 그렇게 하셨다. 그러나 그 순간 전후에는 점진적인 일이 있다. 어떤 사람에게는 점진적으로 일하시고, 다른 사람은 조금도 모순되지 않고 순간적임을 확인할 수 있다.[56]

1764년에는 이 점을 설명하기 위해 죽음의 유비(analogy)가 다시 사용되었다. 받는 사람이 이 은혜의 역사가 성취되는 정확한 순간을 의식하지 못하더라도 순간적인 완전이 있다는 사실을 주장하면서 그는 다음과 같이 말했다.

사람이 죽는 그 순간을 인식하기가 어려운 경우가 많다. 그러나 생명이 멈추는 순간은 있다. 그리고 죄가 그친다면 죄가 존재하는 마지막 순간과 죄로부터 우리가 구원받는 첫 순간은 있어야 한다.[57]

이듬해에 출판된 "구원의 성서적 길"이라는 설교에서 웨슬리는 실질적으로 같은 말을 했다.

그러면 하나님은 이 위대한 역사를 영혼 안에서 점진적으로 역사하시는가 아니면 순간적으로 역사하시는가? 아마도 그것은 일부 사람들에게는 점진적으로 작용할 것이다. 이 말은 저들이 죄가 끊어지는 그런 특수한 순간을 의식하지 못한다는 의미에서 하는 말이다. 그러나 만약에 하나님

---

56) Works, XI, 423.
57) Works, XI, 442.

의 뜻일진대 순간적으로 이루시는 것, 곧 주님께서 그의 입김으로 눈 깜짝하는 순간에 죄를 멸하시는 것이 하나님께서 더 바라시는 것이다. 하나님은 일반적으로 그렇게 행하신다. 이것은 분명한 사실로서 이에 대하여 편견을 갖지 않는 사람이라면 충분히 납득할 만한 증거가 있다. 그러므로 당신은 매 순간 그것을 찾으라.[58]

1784년에 그는 아서 킨(Arthur Keene)에게 쓴 편지에서 다음과 같이 말했다.

점진적인 은혜의 역사는 칭의와 성화의 순간적인 역사에 항상 선행한다. 그러나 (성화와 칭의) 사역 자체는 의심할 여지 없이 순간적이다. 죄책감과 죄의 능력에 대한 점진적인 가책(conviction)이 있은 다음에 당신이 한 순간에 의롭게 되는 것처럼, 그와 같이 타고난 죄(inbred sin)에 대한 가책이 점진적으로 증가된 후에 당신은 한순간에 거룩해질 것이다. 그리고 얼마나 빨리 될지 누가 알겠는가? 심지어 지금이라도 가능하지 않겠는가?[59]

그리고 다음 해에, 조지 기번(George Gibbon)에게 말했다.

당신이 말한 것이 정확하게 옳다. 하나님의 역사는 성화와 칭의에 있어서는 틀림없이 순간적이다. 그리고 이는 또한 점진적이라는 것에 전혀 반대가 아니다. 다른 사람들이 무엇을 하든지 신자들에게 강력하고 명시적으로 완전으로 계속 나가라고 권면하고, 그리고 단순한 믿음으로 완전한 사랑을 기대하고, 결과적으로 지금 그것을 기대하라고 격려하는 것이 우리의 의무이다.[60]

---

58) Sermons, II, 459.
59) Letters, VII, 222.
60) Letters, VII, 267-68.

마침내, 1789년에, 그는 사라 루터(Sara Rutter)에게 30년 전의 그의 진술을 이상하게 연상시키는 말로 편지를 썼다.[61] "점진적인 성화는 당신이 의롭다함을 받은 때로부터 증가할 수 있지만, 죄로부터의 완전한 구원은 항상 순간적이라고 나는 믿는다. 적어도 나는 아직 예외를 알지 못했다."[62]

웨슬리의 생애와 사역 전체를 보면 성화의 순간성과 점진성에 관한 그의 생각이 세 시기로 구분된다는 것이 분명해진다. 1725년부터 1738년까지는 그 강조가 점진적인 것에 전적으로 있었다. 그리고 뷜러(Peter Bohler)[63]의 모라비안 영향으로 1738년에는 순간에 대한 강조가 시작되었다. 그러나 그때에도 점진적인 것에 대한 올더스게이트 이전에 가졌던 강조는 완전히 대체되지 않았다. 다음 20년 동안 이 두 강조는 어느 정도 정반대인 긴장 상태에서 유지되었으며, 강조를 때로는 한쪽에, 때로는 다른 쪽에 두었다. 그러나 1750년대 후반에서 웨슬리는 이 두 가지 요소의 종합적인 작업을 구성하기 시작했다. 그리고 그의 사역의 남은 30년 동안 그는 온전한 성화의 순간적인 순간을 점진적인 과정 안에서의 확실한 지점으로 놓았다.

---

61) Supra, 91.
62) Letters, VIII, 190.
63) 믿음의 순간성에 대한 뷜러의 강조는 1738년 8월에 웨슬리가 헤른후트에서 방문한 다른 모라비아인들보다 더 절대적이었다는 것이 종종 간과되는 중요한 사실이다. 웨슬리에게 전해진 이 개념은, 즉 후자에게는 믿음의 '정도'가 있다고 믿는 것이었다. 참조. 위, 82f. 반면에 영국의 모라비아인들은 칭의를 받으면 온전히 성화되고 신자 안에 죄가 더 이상 남아 있지 않다고 주장하면서 진첸도르프의 가르침을 오해하고 절대화했다. 이것은 종종 총체적인 이율배반주의를 초래했고, 웨슬리가 모라비아주의와 결국 단절하게 된 원인이 되었다. Cf. Sugden's Note, Sermons II, 363-64. 웨슬리와 모라비안의 관계에 대한 훌륭한 연구는 Clifford W. Towlson, *Moravian and Methodist* (London: The Epworth Press, 1957)를 참조하라.

이 종합(synthesis)에 대해 두 가지 관찰이 가능하다. 첫째는, 강조점이 주로 순간적인데 있었다. 그 교리는 마침내 "지금 그리고 믿음으로 받을 수 있는 성령의 순간적 역사"라는 개념을 중심으로 전개되었다.[64] 웨슬리가 "순간적인 것에 탁월함을 주기가 어려웠다"[65]라는 맥코넬 주교(Bishop McConnell)의 주장은 그 증거로 지지되지 않고 있다. 둘째로, 순간적인 것에 대한 이 강조는 양립할 수 없는 강조가 아니었고, 순간적인 것은 점진적인 과정의 한 부분, 즉 중요하고 필수적인 부분이었다는 것이다.

> 그것은 하나와 다른 하나이다. 우리가 의롭다함을 받는 순간부터 점진적인 성화, 즉 은혜 안에서 자라가며, 하나님에 대한 지식과 사랑이 날마다 발전하는 것이 있다. 그리고 만일 죄가 죽기 전에 그친다면, 그 사물의 본질로 봐서, 거기에 순간적인 변화가 있어야 한다. 그것이 존재하는 마지막 순간과 그것이 존재하지 않는 첫 번째 순간이 있어야 한다. … 그러므로 신자의 점진적인 변화를 추진하려는 사람은 그 순간적인 것을 강력히 주장해야 한다.[66]

2.3. 이 종합에 대한 내재적 비평

우리는 1장에서 그리스도인의 완전의 가능성 또는 불가능성의 문제, 곧 웨슬리의 교리와 현대 신학의 병렬(juxtaposition)에 의해 제기된 문제에 대한 답은 시간적 요소(time element)의 문제에 대한 답에 달려 있다고 말했다. 우리는 웨슬리가 두 개의 반대되는 강조, 즉 순간적 강조와 점진적 강조의 실용적인 종합을 구성하려고 시도한 것을 보았다. 이제 우

---

64) Peters, 31.
65) Francis J. McConnell, *John Wesley* (New York: The Abingdon Press, 1939), 201.
66) Works, VIII, 329.

리는 이 종합을 검토하고 그 합법성과 타당성을 조사하고자 한다. 문제는 그리스도인의 완전 교리에서 점진적인 측면과 순간적인 측면 모두가 신학적으로 건전하고 논리적으로 일관된 종합에서 유지되고 합법적으로 결합될 수 있는지의 여부이다.

웨슬리의 종합은 본질적으로 어느 정도 문제가 있고 따라서 심각한 비판을 받을 수 있다는 것이 우리의 논제이다. 우리가 이 두 장에서 자주 인용한 피터스(John L. Peters)는 웨슬리의 점진적인 것과 순간적인 것의 종합을 시인했다. 그는 교리에 대한 웨슬리 이후의 역사에 주의를 환기하면서 다음과 같이 말했다.

> 이 고찰 즉 순간적이고 점진적인 것에 대한 고려는 웨슬리 교리의 발전에 있어서 분수령(watershed)이 되었다. 한 비탈 아래로 내려가면(한편으로만 치우치면–역주) 절대주의적 해석가들이 그리스도인의 완전을 거의 하나의 최고조의 경험에 대한 독점적인 강조를 의미하게 될 때까지 움직일 것이다. 다른 비탈길로 내려가면 적응적 해석가들이 그리스도인의 완전을 희미하게 기억되는 전통에 부과한 의미를 지니게 될 때까지 움직일 것이다. 그리고 둘 다 상호 관계에서 웨슬리가 확립하기 위해 노력했던 종합(synthesis)을 포기하게 될 것이다.[67]

이것이 웨슬리 교리의 역사에 관한 통찰력 있는 진술이다; 그러나 이는 가장 기본적인 문제를 간과하고 있다. 웨슬리의 추종자들이 성화의 시간적 요소의 문제를 두고 두 진영으로 나뉘는 경향이 있었던 것은 사실이다. 그러나 이 분열의 근본적이고 피할 수 없는 근원과 교리가 직면한 많은 어려움의 원인은, 피터스(Peters)가 제안한 것처럼, 웨슬리 추종자들의 뒤이은 종합의 "중단"에서가 아니라 종합 자체의 구조적 결함에서 찾

---

67) *Christian Perfection and American Methodism*, 47-48. 이 책은 특히 미국식 표현에서 두 가지 다른 해석의 결과에 대한 훌륭한 역사적 연구이다.

아야 한다는 것이 우리의 주장이다. 우리는 면밀한 조사를 통해 종합이 본질적으로 부적절하고 구조적으로 일관성이 없음을 드러낼 것이라고 믿는다. 우리는 지금 그러한 검사를 시도해야 한다.

성화에 있어서의 시간 요소에 관한 웨슬리의 모든 진술에서 이 한 가지 원칙이 두드러지게 드러난다; 성화의 순간성은 성화가 행위에 의하여서가 아니라 믿음에 의한 것이라는 사실의 직접적인 결과이다. 1738년에 웨슬리는 행위로 의한 것이 아니라 믿음으로 말미암는 구원이라는 모라비안들에 의해 중재된 개신교의 원칙을 완전히 받아들이게 되었다. 후에 그는 의롭다함을 받을 때 온전히 성화되지 않은 것을 보았지만, 칭의와 마찬가지로 성화도 믿음으로 이루어진다고 주장하게 되었다.

> 우리는 믿음으로 의롭다함을 받았을 뿐만 아니라 믿음으로 거룩하게 된
> 다. … 믿음이 칭의의 조건인 것과 마찬가지로 믿음이 성화의 조건이자
> 유일한 조건이다. 믿는 자는, 그가 무엇을 가지고 있거나 없거나, 모두 거
> 룩해진다. 달리 말해서, 아무도 믿기 전에는 거룩하게 되지 않는다. 모든
> 사람은 믿을 때 거룩하게 된다.[68]

올더스게이트 이후 첫 20년 동안, 이 강조는 존재하긴 했지만 그렇게 뚜렷하지 않았다. 그리고 믿음과 순간의 연관성이 그렇게 명확하게 언급되지 않았다. 그러나 1750년대 후반과 1760년대 초반에 그는 부흥운동 때 순간적인 성화를 받은 사람들의 수많은 사례를 목격했던 이후, 성화는 믿음에 의한 것이며, 결과적으로 순간적인 것이라고 말하기 시작했다. 이것이 그의 인생의 마지막 30년 동안의 강조점이었다. 물론 우리가 보았듯이 점진적인 요소는 이 기간 동안에도 결코 버려지지 않았다. 성화는 순간적이면서도 점진적이었다. 우리는 이 두 요소가 함께 결합되는 종합

---

68) Sermons, II, 453.

에 주목했다. 그러나 이 사실은 분명하다. 즉 순간적인 요소는 믿음적 요소와 직접적으로 연결되어 있었다. 1762년에 그는 찰스에게 "나는 이 완전은 항상 믿음, 단순한 믿음의 행동에 의해 영혼에 이루어지고, 결과적으로 한순간에 완성된다고 믿는다"[69]고 편지에서 말했다. 그러므로 그는 신도들에게 "사랑에서 완전해지는 것"[70]을 매시간 기대하기를 촉구했다.

이것의 반대 의미는, 항상 암묵적이고 때로는 명확하게 언급되지만, 점진적 성화의 이론은 결과적으로 행위에 의한 성화의 이론이라는 것이다.

> 칭의와 성화 사이에 어느 정도 시간을 두는 것이 일반적으로 하나님을 기쁘시게 한다지만 … 우리는 이것을 불변의 규칙으로 상상해서는 안 된다. 이것을 생각하는 모든 사람은 우리는 행위로, 또는 (같은 결과가 되지만) 고난으로 거룩해진다고 생각해야 한다. 그렇지 않으면, 시간이 무엇을 위해 필요한가? 이는 거룩한 행위로 혹은 고통을 받아야 한다. 반면에 단순한 믿음 외에는 아무것도 요구되지 않는다면 한순간은 만년(age)과 같다.[71]

"성서적 구원의 길"이라는 설교에서 그는 말했다.

> 그러나 하나님은 이 위대한 역사를 영혼에서 점진적으로 역사하시는가 아니면 순간적으로 역사하시는가? … 만약에 당신이 이것을 믿음으로 인한 것이라고 믿는다면, 당신은 확실히 지금 그것을 찾을 수 있다. 그리고 이를 통해 당신은 믿음으로 구하는지 행위로 구하는지 확실히 알 수 있다. 행위로 말미암는다면, 당신은 거룩하게 되기 전에 먼저 무엇인가를

---

69) Letters, IV, 167.
70) Journal, IV, 529.
71) Letters, IV, 268-69.

행하였어야 한다. 당신은 내가 먼저 이러이러해야 한다고 생각한다. 그래서 당신은 오늘까지 행위로 그것을 구하고 있는 것이다.

그러나 웨슬리에 따르면 성화가 믿음에 의한 것이라면 이는 순간적이다. 그는 계속해서 말한다.

> 당신이 이를 믿음으로 구한다면, 당신의 그 상태에서 기대할 수 있다. 그리고 당신의 현재 상태에서라면 그것을 지금 기대하라. 여기에 관찰할 중요한 것이 있다. 곧 세 가지 점, 즉 믿음으로 그것을 기대하는 것, 당신의 있는 그대로 그것을 기대하는 것, 그리고 지금 그것을 기대하는 것, 이 사이에 불가분의 관계가 있다는 것을 관찰하는 것이 중요하다. 이 중 어느 하나를 거부하는 것은 모두를 거부하는 것이 되며, 어느 하나를 허용하는 것은 모두를 허용하는 것이 된다.[72)]

순간성과 믿음의 연결은 지속적으로 반복되는 강조이다. 1772년에 웨슬리는 그의 설교자 중 한 사람에게 "모든 신자에게 완전으로 나아가도록 강요"하고, 그것을 "순간에 받을 수 있고, 단순한 믿음으로 지금 받을 수 있는 것으로"[73)] 설교하라고 촉구했다. 그는 1775년에 앤 볼튼(Ann Bolton)에게 쓴 편지에서 말했다.

> 확실히 사람들이 두 번째 각성의 어떤 것을 경험할 때까지, 즉 그들이 타고난 죄(inbred sin)로부터 구원받기 위해 열렬히 신음할 정도로 타고난 죄에 대해 실감나게 가책할 때까지, 우리는 그들에게 현재의 성화에 대해 말할 필요가 없다. 우리는 먼저 그들에게 그런 가책이 작용하도록 노력해야 한다. 그들이 그것을 느끼고 완전한 구원에 굶주리고 목말라 하면, 그

---

72) Sermons, II, 459-60.
73) Letters, V, 315.

때가 그들에게 그것이 가까이에 있고, 바로 지금이 그것을 단순한 믿음으로 받을 수 있음을 알려 줄 때이다.[74]

성화는 사람의 작업이 아니라 하나님 은혜의 선물이기 때문에 성화를 이루는 데 오랜 시간이 필요하지 않다. 웨슬리는 1780년 녹스(Alexander Knox)에게 편지를 썼다.

그는 ⋯ 당신의 결심이 서지 않은 것(double-mindedness)을 제거하실 것이다. ⋯ 오늘은 왜 안되는가? 그와 함께한 하루가 천년 같지 않은가? 그리고 그가 천년 동안 하실 수 있는 일을 하루 만에 하실 수 없는가? 이것은 절대적으로 기적 없이는 불가능하다는 것이 확실하다. 그런데 왜 그 기적을 기대하지 않는가?[75]

그리고 2년 후 그는 로에(Hester Ann Roe)에게 다음과 같이 조언했다.

당신은 항상 "그리스도인의 완전에 대한 간이한 해설"이라는 소책자를 가지고 있어야 한다. 거기에는 이것이 새로운 교리라고 부르는 사람들의 말을 가로막는 것은 아무것도 없다. 그와 같이 반대하는 모든 사람은 실제로(저들은 아무것도 의심하지 않지만) 행위에 의한 성화를 추구하고 있는 것이다. 그것이 행위에 의한 것이라면, 분명히 이들은 이러한 일을 하기 위해 시간이 필요할 것이다. 그러나 그것이 믿음에 의한 것이라면 한 순간이 천 년과 같다는 것이 분명하다. 그런 다음 하나님은 (외적 세계에서와 같이 영적으로도) 빛이 있으라 말씀하시니 거기에 빛이 있게 되는

---

74) Letters, VI, 144-45.
75) Letters, VII, 44.

것이다.[76]

이 성숙한 세월 동안 웨슬리는 젊은 메소디스트 설교자들에게 그들이 그리스도인의 완전을 지속적으로 강력하게 그리고 명시적으로 설교해야 하고, 또한 그것은 지금 받아들일 수 있고 그리고 …(거기에 언급되어 있는) 그것을 단순한 믿음으로 받아들여질 수 있다는 것을 주장하고 증명할 것을 강조하기 위해 노력하였다.[77] 그는 "간신히 '완전함에 이르지' 않음으로써 모든 신자가 죽고 차가워질 것이라고 진지하게 믿었기 때문이다. … 날아가 상을 취하라. 이는 단순한 믿음으로 받아들여진다."[78] 또한 웨슬리는 1784년에 말했다. "설교자들이 백성에게 완전한 성화를 받아들이라고 강하게 권할 때마다, 그리고 지금 그것을 단순한 믿음으로 받아들이라고 권하면, 그곳에서 하나님의 일은 대체로 번창할 것이다. 이것은 메소디스트의 적절한 증언이다."[79] 그리고 다음 해에 그는 말했다.

> 다른 사람들이 무엇을 하든지 간에, 신자들에게 완전에 이르도록 강력하고 명시적으로 권고하고 그리고 단순한 믿음으로 완전한 사랑을 기대하고, 그 결과로서 지금 그것을 기대하도록 격려하는 것이 우리의 의무이다. 이것이 하나님께서 항상 축복해 주시고 마음이 정직한 자들에게 축복하실 설교이다.[80]

1786년에 웨슬리는 또 다른 설교자에게 "온전한 데까지 나아간다고 믿는 모든 사람을 권면하고 모든 곳에서 지금 단순한 믿음으로 받을 수

---

76) Ibid., 98.
77) Ibid., 102-3.
78) Letters, VII, 109.
79) Ibid., 216.
80) Ibid., 267-68.

있는 칭의와 완전한 성화를 주장하라"[81]고 촉구했다.

이 인용문들은 웨슬리가 성화를 순간적이고, 성화가 믿음으로 말미암는 것임을 입증하기에 충분하다. 그 하나는 다른 하나의 직접적인 결과였다. 선물을 받는 시간은 그것을 받는 방식에 따라 결정되었다. 웨슬리에 따르면 믿음으로 말미암는 것이면, 그리스도인의 완전은 순간적인 것이었다. 행위로 말미암는 것이면 이는 점진적인 과정이었다.

그러므로 이 점에 있어서 웨슬리는 그의 교리를 믿음만으로 구원을 얻는다는 개혁주의 원칙과 더욱 일관되게 일치하도록 수정하였던 것 같다. 그가 칭의 문제에서 칼빈과 "머리카락 한 올도 다르지 않을 때까지" 이 원칙을 받아들였다는 것은 명백히 입증 가능하고 일반적으로 인정된 사실이다.[82] 성화의 문제에 있어서 웨슬리는 1738년 이후에 그것 역시 오직 믿음으로 말미암은 것이라고 믿었다. "우리는 믿음으로 의롭다함을 받을 뿐만 아니라 거룩하여진다."[83] 그런데 여기에 웨슬리에게 이상한 모순이 있다. 우리는 1760년경부터 그의 생애의 나머지 30년 동안 계속되는 기간에 웨슬리는 성화는 믿음으로 말미암는 것이고 그 결과로 순간적이라고 강력하게 주장한 것을 보았다. 그러나 또한 우리가 보았듯이 그는 성화가 순간적이면서 점진적이라고 강력하게 주장하는 종합이 발전되고 선포된 것도 이 같은 시기에 있었다. 그렇다면 여기에는 평행하지만 일치하지 않는 두 가지의 경향이 있다. 전자는 개혁을 향한 움직임이고, 후자는 종합을 향한 움직임이다.

그러므로 성화와 관련하여 시간적 요소의 문제는 본질적으로 믿음과

---

81) Ibid., 317.

82) 이 점은 다음 학자들에 의하여 지적되었다. George Croft Cell, The Rediscovery of John Wesley (New Yoek: Henry Holt and Company, 1935), William Cannon, *The Theology of John Wesley* (New York: Abingdon-Cokesbury Press, 1946) 및 Franz Hildebrandt, From Luther to Wesley (London: Lutterworth Press, 1951).

83) Sermons, II, 453.

행위 사이의 관계의 문제이다. 웨슬리의 사상에서 믿음에 의한 성화 이론은 순간적 성화의 이론의 실재이다. 그리고 반대로 행위에 의한 성화 이론은 실제로 점진적 성화의 이론이다. 그가 믿음으로 말미암는 순간적 성화 이론을 단호하게 선언하기 때문에, 논리적으로 그가 행위에 의한 점진적 성화의 개념을 거부할 것으로 예상할 것이다. 그러나 그는 이것을 명시적으로 하지 않았다. 그 대신에 우리가 보았듯이 그는 성화를 점진적이고 순간적인 것으로 설명하는 종합을 구성하려고 시도했다. 그는 이러한 불일치를 분명히 인식하지 못했던 것이다.

이는 본질적인 모순이었다는 것이 자명하다. 이 어려움의 부분적인 원인은 웨슬리가 뵐러(Peter Bohler)로부터 받은 순간적인 믿음의 통찰력을 취하여 그의 올더스게이트 이전의 견해였던 목적론적 틀(teleological framework)에 강제로 적용하여, 구원의 과정, 즉 일련의 여정 또는 단계에 의한 상승으로 보이게 하려고 시도했다는 사실에 있다. 따라서 믿음으로 말미암는 순간적인 성화(온전한 성화)는 웨슬리의 체계에서, 비록 점진적인 성장이 이 단계를 선행하고 따르는 것이지만 완전한 단계로 올라가는 절정의 단계가 된다. 달리 말해서, 믿음에 의한 순간적 성결은 '신자들 안에 있는 죄'의 상태(state)에서 '죄를 추방하는 사랑(love excluding sin)'의 상태로 올라가는 단계이다.

이는 웨슬리의 본래의 전제, 즉 순간적인 것을 믿음과 동일시하고 점진적인 것을 행위와 동일시하는 것에 대해 반대가 제기될 수 있다. 예를 들어 퍼킨스(Harold William Perkins)는 이 교리에 대한 연구에서 다음과 같이 말했다.

완전이 믿음의 행위에 의해 이루어진다면 우리는 그것이 의식적으로 이루어졌다고 생각해야 한다. 그러나 우리가 의식이라고 부르는 각성(awakening)은 일반적으로 과정이 매우 점진적이다. 완전이 믿음을 통해 온다는 사실은 그것이 순간적이 아니라, 오히려 영혼의 믿음의 의식에 대한 점진적 각성과 함께 점진적으로 온다는 것을 의미한다.[84]

이 문제에 대해서는 다음 장에서 다룰 것이다. 여기에서는 우리는 웨슬리의 종합을 자체 내부 기준에 따라 판단하려고 시도할 뿐이다; 그리고 이것에 근거하여 그것이 그 자체와 명백하게 일치하지 않는다. 퍼킨스(Perkins) 자신은 이 문제의 내적 본질을 인식하고 구원의 "단계(stages)"에 대한 웨슬리의 개념에 어려움이 있음을 인식했다. 그는 계속해서 말한다.

> 웨슬리가 진정으로 주장하는 것은 그리스도인의 경험에는 뚜렷한 단계가 있다는 것이다. 그리고 더 높은 곳에 도달한 사람은 말하자면 그의 과거, 낮은 경험과 확실히 구별되는 선을 넘었다는 것이다. 이 선의 교차점은 특정 순간에 있어야 한다. 그러나 그는 더 높은 영역으로 하나님이 올라가게 하는 것을 영혼이 하나님의 은총을 통해 더 높은 영역으로 넘어갔다는 것을 의식하게 하는 믿음의 역사와 혼동한다.[85]

여기에서 퍼킨스(Perkins)는 순간적인 완전 자체를 점진적인 그에 대한 확신 또는 "의식"에서 분리하려고 한다. 이것은 의심스러운 절차이다. 우리는 나중에 이 문제로 돌아갈 기회가 있을 것이다. 여기서 우리는 퍼킨스(Perkins)의 해결책이 잘못되었을 수 있지만, 웨슬리의 종합에 문제가 있음을 인식했다는 것을 관찰할 수 있다.

웨슬리의 일부 학생들은 그의 신학 전체를 성화의 시간 문제에서 보다 더 넓은 관점에서 바라보며, 그의 완전 교리를 가톨릭 신학과 개혁과 신

---

84) *The Doctrine of Christian or Evangelical Perfection* (London: The Epworth Press, 1927), 220.
85) Ibid.

학의 가장 훌륭한 특징의 종합으로 여겼다. 웨슬리가 개혁주의 전통에 서 있다고 보는 셀(George Croft Cell)은 그럼에도 불구하고 웨슬리의 성결 또는 그리스도인의 완전에 대한 교리는 "은혜의 개신교의 윤리와 가톨릭의 성 결 윤리의 독창적이고 독특한 종합"이라고 말한다.[86] 그는 나중에 이것 을 "필요한" 종합으로 간주하였다.[87] 셀(Cell)의 판단에 피터스(Peters)도 동의한다.[88] 샌더스(Paul S. Sanders)는 "웨슬리 사상의 종합적 성격은 분명 하다."[89] 그리고 그는 은혜의 주권에 대한 개신교의 강조와 그것에 적합 할 필요성과 가능성에 대한 가톨릭의 강조[90]의 실질적 종합을 유지하려 고 노력했다고" 말했다. 퍼시 스콧(Percy Scott)은, 웨슬리가 완전한 사랑 의 교리에서 종교 개혁자들을 떠나 가톨릭 쪽으로 가까이 갔다고 말했지 만,[91] 웨슬리의 신학 전체가 "가톨릭과 개혁주의 가르침 모두에서 참되고 본질적인 것의 놀라운 결합"이라고 믿었다.

그러나 셀(Cell)의 판단에 반대하는 이들도 있다. 부스(Edwin P. Booth)는 웨슬리에게 있어서의 진정한 종합은 개신교와 가톨릭 강조의 종합이 아니 라 오히려 개신교 내부에서 칼빈의 타협하지 않는 윤리와 루터의 따뜻한 믿음을 엄격하게 종합한 것이라고 주장한다.[92] 래튼뷰리(Rattenbury)는 다 음과 같이 말한다.

셀 박사(Dr. Croft Cell)는 하나의 해명하는 글에서 존 웨슬리가 가톨릭의 성결 교리를 개신교 신앙 교리와 종합했다고 주장했다. 이것은 의심할 여

---

86) *The Rediscovery of John Weley*, 347.

87) Ibid., 361.

88) Ibid., 20-21.

89) "What God hath joined Together," *Religion in Life*, XXIX (Autumn, 1960), 498.

90) Ibid., 500.

91) "Is there a Neo-Wesleyanism?", *Religion in Life*, XXIX (Autumn, 1960), 514.

92) "What kind of Neo-Wesleyanism?" *Religion in Life*, XXIX (Autumn, 1960), 514.

지 없이 그가 하려고 했던 일이다. 그리고 상당한 정도 실제로 성공했다. 이론적으로 그는 믿음으로 말미암는 칭의 교리와 훈련을 통한 초기의 성결 교리가 서로 다른 차원의 생각을 포함하기 때문에 실패했다. 둘 중 하나가 그릇된 것이 아니라, 각각이 그 자체의 진리의 측면을 표현하고 있는 것이다.[93]

래튼뷰리(Rattenbury)는 믿음으로 말미암는 칭의에 대한 루터교의 교리를 가톨릭의 성결 교리와 종합하려는 시도가 실제적인 가치를 지녔음을 부인하지 않았다. 그는 말한다.

루터란주의(Luteranism)가 "내가 거룩하니 너희도 거룩하라"는 권고에 너무 부주의했다는 하르나크(Harnack)의 견해는 대부분 신학자가 동의하는 견해이다. 역사가 증명하는 바에 따르면, 반율법주의(antinomianism)는 루터교 교리의 불균형적인 영역에서 자주 발생했으며, 그리고 개인의 성결의 필요성에 대한 웨슬리의 강조는 확실히 그의 복음적 가르침의 가장 중요성이 적은 특징이 아니었다.[94]

그러나 래튼뷰리는 말하기를 웨슬리의 교리의 전통적 논술은 "성공적인 신학적 종합으로 간주될 수 없다"고 하였다.[95]

믿음에 의한 칭의는 사실이다 하더라도, 교리로 표현될 때, 성결을 추구하는 개인적 추구와는 다른 관점에서 생각된다. 웨슬리가 그의 사람들에게 온전한 성화는 칭의와 똑같이, 그리스도인의 발전의 더 높은 단계에 있었다고 말했을 때 … 그는 실제로 오해의 소지가 있는 유추를 사용하고

---

93) *Evangelical Doctrines*, 300.
94) *Evangelical Doctrines*, 302.
95) Ibid.

있었다. 왜냐하면 칭의는 하나님과의 변화된 관계의 경험이고, 온전한 성화는 변화된 성품의 경험으로, 이 둘은 최소한 생각과 개념에서 아주 다른 것이기 때문이다.[96]

루프(E. Gordon Rupp)는 개신교와 가톨릭의 강조점들의 그러한 종합은 불가능하다는 래튼뷰리(Rattenbury)의 말에 동의하지만, 후자에는 동의하지 않고 웨슬리가 이러한 종합을 시도했다는 사실을 부인한다. 그는 말한다.

> 존 웨슬리가 믿음으로 말미암는 칭의에 대한 개신교의 가르침을 가톨릭의 성결의 개념과 결합시켰다는 것이 … 때때로 설명되었다. 나는 이것이 계몽적인(enlightening) 진술이라고 전혀 생각하지 않는다. 영국에서는 매번 자신의 개신교를 약간 부끄러워하는 사람들에 의해 만들어졌기 때문에 그래서 나는 그것이 면밀한 평가를 받을 것이라고 생각하지는 않는다. 존 웨슬리는 교묘한 신학자는 아니었지만, 그렇다고 머뭇거리는 사람도 아니었다. 그가 성결에 대해 말해야 했던 것은 믿음으로 말미암는 칭의에 대해 그가 믿었던 것과 관련이 있었다. 그것은 나중에 생각한 것이 아니라 그리스도인의 완전에 대한 그의 추구의 본래 출발점이었다.

> 존 웨슬리는 개신교의 반율법주의자들의 온갖 가혹행위와 유혹에도 불구하고 처음부터 끝까지 오직 믿음으로 말미암는 칭의를 믿고 전파했다. … 그럼에도 불구하고, 그가 말했듯이 성결이 그의 핵심(point)이었던 것은 사실이다. 그에게 있어서 바울의 칭의 교리는 요한의 서신 및 사랑의 교리와 밀접하게 연결되어 있었다.[97]

---

96) Ibid.

97) *Principalities and Powers* (London: The Epworth Press, 1952), 82. 이 진술의 일부는 정밀 조사가 필요하다. 웨슬리의 성결 관념이 믿음으로 말미암는 칭의에 대해 그가 믿었던 것과 결부되어 있다는 Rupp의 주장은 칭의뿐만 아니라 성결도 믿음으

윌리암스(Colin Williams)는 루프(Rupp)의 판단(verdict)을 받아들이고 종합으로의 웨슬리의 신학에 대한 셀(Cell)의 설명에 동의하지 않는 사람들과 합류한다. 윌리암스에 따르면, "웨슬리는 완전이 공로의 사다리에서 제거되어야 하고, 오직 은혜로 인한 믿음을 통한 구원이라는 개혁주의 교리 아래에 있어야 하며, 그리고 모든 사람을 위한 약속으로 제시되어야 한다고 보았다."[98] 문제는 윌리암스(Williams)에 의해 다음과 같이 분석된다.

> 가톨릭의 완전의 목표는 인간을 공덕의 계급에 묶어두었고 상승의 사다리의 틀 안에 갇혀 있었지만, 우리는 또한 가톨릭의 목표가 전적으로 은총에 달려 있음을 기억해야 한다. 로마의 반−펠라기안주의가 개신교의 견해와 다른 것은 은혜에 의존하는 정도에 있지 않다. 차이점은 가톨릭 교리가 인간을 은혜로 말미암아 공로의 사다리를 오를 수 있고, 마침내 하나님의 은혜를 합당하게 사용하여 행위로 의롭게 되어 완전의 목표에 도달할 수 있다고 보는 사실에 있다.[99]

따라서 윌리엄스는 다음과 같이 결론을 내린다.

> … 성결에 대한 이러한 가톨릭의 견해는 은혜에 대한 개신교의 견해에 맞춰질 수 없다. 개신교의 견해에서는 은혜는 하나님의 거저 주시는 선물이다. 그래서 인간은 결코 그의 구원을 자기 공로로 받을 수가 없다. … 웨슬리가 가톨릭의 성결 윤리를 받아들인 것이 사실이라면 그가 가톨릭을 받아들이고 은혜에 대한 개신교의 견해를 버린 것이 사실이어야 한다.[100]

로 이루어졌다는 의미에서 정확하다. 그러나 웨슬리가 그리스도인의 완전을 추구한 것은 믿음으로 말미암는 칭의에 대한 진정한 프로테스탄트적 견해에 도달하기 이전에 있었다. Rupp가 웨슬리가 처음부터 끝까지 믿음으로만 칭의를 전파했다고 말할 때, 그 진술은 '시작'이 1725년이 아니라 1738년을 의미하는 경우에만 참이다.

98) *Wesley's Theology Today*, 174.
99) Ibid., 174.
100) Ibid., 175.

올벡(Allbeck)은 또한 윌리암스가 주장한 것과 거의 같은 이유로 웨슬리의 개신교-가톨릭의 종합이라는 개념을 거부하며 다음과 같이 말했다.

로마주의자들의 공로의 행위(works-of-merit) 개념과 은혜로 의롭게 되는 복음의 교리가 대립되는 만큼 복음주의와 로마 가톨릭의 견해들의 융합은 불가능하다. 이를 웨슬리는 분명히 이해했다. 그는 그러한 불화를 경멸했다.

그러므로 종합의 형태에서 웨슬리의 신학에 대한 연구가 결실을 맺을 수 있는지는 의심스럽다. … 웨슬리의 강조가 선행에서 활동하는 믿음에 있었다면, 이것은 종교개혁 신학의 매우 전형적인 것이어서 그것을 개신교와 가톨릭 입장의 종합이라고 지칭하는 것은 상황에 대한 기본적인 오해를 구성하는 것이다. … 이것은 로마주의자들이 그것들을 촉구하는 반면, 개혁자들은 행위를 경시한 것이다. 그 차이는 로마니즘이 행위에는 공로가 있고 선행은 서원, 성지 순례, 단식 등으로 이루어진다고 주장하는 데 있었다. 기독교의 사랑으로 이행된 다른 사람에 대한 봉사와 금요일에 금식하는 교회법적인 금욕 사이에는 종합이 있을 수 없다. 그리고 웨슬리는 그것을 시도하지 않았다.[101]

따라서 웨슬리의 일부 학생들[올벡(Allbeck), 윌리암스(Williams), 루프(Rupp), 부스(Booth)]은 다른 학생들[셀(Cell), 피터스(Peters), 샌더스(Sanders)]에 동의하지 않는다. 후자는 웨슬리의 신학, 특히 그리스도인의 완전 교리로 대표되는 신학이 개신교와 가톨릭의 강조의 종합이라고 긍정하고, 전자는 그것을 부정한다. 래튼뷰리는 웨슬리가 그러한 종합을 시도했다는 데는 동의하지만 그가 성공했다는 것은 부인한다. 다른 사람들도 이 주제에 대해 글을 썼지만 이러한 견본의 표현은 다양한 의견 차이가 있음

---

101) W. D. Allbeck, "Plenteous Grace with Thee is Found," *Religion in Life*, XXIX (Autumn, 1960), 503; Cf. Henry Bett, *The Spirit of Methodism*, 108.

을 보여준다.

그러나 이상하게도 이 모든 것이 하나의 기본적이고 단순한 문제를 간과하고 있다. 각자는 우리가 이 장에서 관심을 갖는 문제, 즉 성화에 있어서의 시간 요소의 문제의 중요성을 주목하지 못하고 있다. 가톨릭과 개신교, 성결과 은총, 행위와 신앙의 종합에 관한 모든 논의에서, 이 문제가 다른 문제와 결정적으로 그리고 통합적으로 관련되어 있다는 사실에도 불구하고, 점진적인 것과 순간적인 것의 종합의 문제를 다루려는 시도도 없고 거의 인정하지도 않고 있다.[102]

웨슬리의 교리가 가톨릭과 개신교의 요소를 적절히 종합한 것으로 여겨질 수 있는지에 대한 논쟁은 웨슬리의 점진적인 것과 순간적인 것을 종합하려는 시도에 관련된 것들(implications)을 먼저 조사하지 않고는 적절한 관점에서 볼 수 없다. 이 문제가 신앙과 행위 문제로 여겨질 때, 올백, 루프, 윌리엄스의 결론들이 설득력이 있다. 우리가 1장에서 보여주었듯이, 올더스게이트 이후 웨슬리는 믿음에 의한 칭의의 종교개혁 교리를 강하게 지지했고, 또한 성화도 믿음에 의한 것이라고 주장했다. 윌리엄스가 웨슬리가 성화를 공덕의 사다리에서 빼앗아 종교개혁의 은혜로 인하여 믿음으로 말미암는 구원의 원리로 가져왔다는 말은 옳다. "그는 그리스도와의 신앙 관계에 참석해야 할 변화를 개혁자들보다 더 강조했지만, 그는 여전히 개신교 범주에 머물러 있었다."[103]

하지만, 우리가 보았듯이, 웨슬리가 성화의 순간을 강조한 것은 이것의 논리적 결과이다. 그래서 웨슬리에게 있어서는 종교개혁의 교리의 수용은 순간적인 은총의 역사로서의 성화를 긍정하는 것을 요구했다. 만약 성화

---

102) Peters, 47-51; Williams, 183-185. 가톨릭-개신교의 종합뿐만 아니라 점진적-순간적 종합에 주목하고 있지만, 둘 다 전자의 고유한 불일치와 후자와의 관계를 적절하게 이해하지 못한다.
103) Williams, 175.

가 믿음에 의한 것이고, 또한 그것이 하나님의 선물이라면, 그것은 지금 기대되어야 한다. "지금 그것을 기대하라. 당신이 있는 그대로 그것을 기대하라. 그리고 지금 기대하라."[104] 이것은 종교개혁가들을 넘어서고 있었다. 후자는 지금 그리스도에 대한 믿음으로 의롭게 되는 칭의의 "현재-시제"를 믿었다. 그러나 웨슬리는 이 종교개혁의 원리를 한 걸음 더 나아가서, 그것을 칭의뿐만 아니라 온전한 성화에도 적용시켰다. 이것은 개혁주의자들이 하지 않았던 것이다. 그러므로 시간 요소에 있어서 개혁주의자의 성화의 교리는 웨슬리보다는 가톨릭 교리에 더 가깝다. 개혁자와 가톨릭의 견해는 점진적 성화의 견해이다. 웨슬리가 보기에 이것은 행위에 의한 성화를 의미했다.

이러한 관점에서 볼 때 웨슬리의 교리가 성결에 대한 가톨릭의 견해와 은혜에 대한 개신교의 견해를 종합한 것인지에 대한 논쟁은 부적절하다. 피터스(Peters)가 제안한 것처럼 "가톨릭 전통은 목표를 지시했다는 것"과 "프로테스탄트의 강조는 그것들을 역동적으로 만들었다"[105]는 의미에서의 그러한 종합의 견해에서는 타당한 요소가 있다. 왜냐하면 우리가 1장에서 보았듯이 1738년 이후에 웨슬리의 완전의 목표의 내용은 1725-27년에 테일러(Taylor)와 로(Law)로부터 받은 용어로 여전히 정의되었기 때문이다. 1738년 이후 그의 관점의 변화는 주로 이 목표를 달성하기 위한 방법에 집중되어 있었다. 그것은 행위에서 믿음으로의 전환이었다. 윌리암스(Colin Williams)는 목표의 내용과 달성 방법 사이의 이러한 구분을 적절하게 이해하지 못한 것이다.[106]

그러나 윌리암스가 완전에 대한 가톨릭의 견해를 공적 있는 행위(meritorious works)에 대한 교리와 불가분의 관계에 있으며, 결과적으로 은

---

104) Sermons, II, 460.
105) Peters, 21.
106) Williams, 174, 176.

혜에 대한 프로테스탄트의 견해에 따라 형성될 수 없다는 점을 지적한 것은 정확하다.[107] 그러나 여전히 그는 이것이 목표의 내용이 아니라 달성 방법과 관련된 문제라는 것을 인식하지 못하는 것 같다. 웨슬리가 가톨릭의 성결 윤리를 받아들였다는 것이 사실이라면 "그가 가톨릭을 받아들이고 은혜에 대한 프로테스탄트의 견해를 버린 것도 사실일 것이다"라는 그의 진술은 목표와 방법의 혼동을 나타낸다. 그것이 방법을 언급하는 한, 그것은 유효한 추론이다. 그러나 목표의 내용에 관해서는 오해하게 한다. 쿠시먼(Cushman)은 이러한 구별을 하는 데 있어서 피터스의 의견에 동의한다. 웨슬리가 1733년의 설교, "마음의 할례 (The Circumcision of the Heart)"에서 그리스도인의 완전의 본질에 대하여 설명한 방법은 그 후에도 계속해서 그대로 말하며 반복되었다.[108] "그가 이해한 그리스도인의 삶의 성격, 즉 그로 가는 길을 그는 (그때) 찾지 못하였다. 이것이 1738년에 그가 영국으로 돌아가는 조건이었다."[109]

그러므로 셀(Cell)이 웨슬리의 교리를 가톨릭과 개신교의 강조를 종합한 것으로서 기술한 것에 대한 가장 타당한 비판은 그것이 근본적으로 틀렸다는 것이 아니라 그것이 중요한 요점을 빗맞히고 있다는 것이다. 그러므로 시간문제의 관점에서 볼 때, 과제는 웨슬리를 가톨릭 진영에 둘 것인지, 개신교 진영에 둘지를 결정하는 것이 아니라, 그가 완전에 대한 로마와 개혁파의 관점을 모두 뛰어넘어 성화의 점진적인 과정이 하나님의 은총의 순간적인 역사에 의해 현생에서 완성될 수 있다고 주장하였다고 봐야 한다. 웨슬리의 교리는 종교개혁의 개혁이라고 부를 수 있는 것을 만들었다. 그는 완전이라는 개념을 가톨릭의 공로의 제도(order of merit)에서 옮겨내서 그것을 개신교의 범주에 둠으로써, 완전의 개념에 종교개혁의

---

107) Ibid., 174-75.
108) Robert E. Cushman, "Theological Landmarks in the Revival Under Wesley," *Religion in Life*, XXVII (Winter, 1957-1958), 111.
109) Ibid., 112.

원리, 곧 오직 은혜(sola gratia), 오직 믿음(sola fide)의 원리를 적용한 것이다.

그리고 웨슬리에게 있어서, 이것은 온전한 성화를 지금 받을 수 있고, 이는 순간적으로 즉시 이루어지며, 그리고 은사를 받는 것이 공로를 얻는 데 걸리는 시간에 좌우되지 않는다는 것을 의미했다.

그러나 여기서 우리는 난관에 봉착한다. 웨슬리는 자신의 "개혁"을 충분히 수행하지 않았다. 그는 자신의 전제를 극단적으로 따르지 않았다. 이것은 우리가 시간문제에 관한 그의 사상의 주요 가닥을 모을 때 알 수 있다. 그는 "성화는 믿음으로 말미암는 것이기 때문에 순간적"이라고 말한다. 일관성이 있으려면 그는 반대로 "성화는 행위로 말미암지 아니하므로 성화는 점진적인 것이 아니라"고 말했어야 했다. 그러나 그는 이것을 말하지 않는다.[110] 대신에 그는 "성화는 순간적이고 점진적인 것"이라고 말한다.

이것은 웨슬리의 점진적인 것과 순간적인 것의 종합에서 본질적인 구조적 불일치를 구성하는 것처럼 보일 것이다. 왜냐하면 성화를 믿음으로만 이루어지는 것으로 정의할 때, 그 결과는 순간적이라고 주장하기 때문이다. 그러나 이 생각을 결론에 이르게 하는 대신에 그는 뒤로 가져오고, 말하자면 그가 앞에서 던진 것, 즉 점진적이라는 개념을 유지하고 있다. 그러므로 개신교 신앙 개념의 관점에서 볼 때 웨슬리의 견해에는 특히 1760년 이후부터 평행하지만 상반되는 두 경향이 존재한다. 개혁을 향한 움직임과 함께 종합을 향한 움직임이 있는 것이다.[111]

우리는 문제가 생기기에 종합을 더 검토해야 한다. 웨슬리가 점진적 성화를 행위에 의한 성화를 의미한다고 말할 때, 그는 "행위"를 어떻게 정의

---

110) 그러나 그는 행위에 의한 점진적 성화 이론이 점진적 성화를 내포한다는 것을 인정한다. 참조. (Supra), 99-100.

111) 종합은 믿음의 교리와 행위의 교리를 결합하려는 노력을 의미한다. 순수한 형태로 신앙의 교리를 제시하려는 경향을 의미하는 개혁을 의미한다. 다른 맥락에서 이러한 용어의 유사한 사용에 대해서는 Anders Nygren, *Agape and Eros*, trans, Philip S, Watson(Philadelphia: The Westminster Press, 1953), 240-41을 보라.

하고 있는가? 그리고 종합에 따르면 성화가 점진적(행위에 의하여)일 뿐만 아니라 순간적(믿음에 의하여)이라면 어떤 의미에서 행위가 필요한가?

> 아마도 그 차이는 … 주로 말에 있을 것이다. 거룩해지기를 기대하는 사람은 모두 믿음으로 거룩해지기를 기대한다. 그러나 그동안에 믿음은 순종하는 자들에게만 주어질 것이라는 것을 알고 있다. 그러므로 비록 당장은 단순한 믿음에 달려 있지만, 멀리서 보면 축복은 우리의 행위에 달려 있는 것이다.[112]

웨슬리는 공로로서의 행위와 조건으로서의 행위를 주의 깊게 구별한다.[113] 그의 견해를 가톨릭의 견해에서 분리하고 종교 개혁자들과 확고하게 결부시키는 것은 바로 이러한 구별이다. 성화의 유일한 공로적인 근거는 칭의에서 그랬듯이 그리스도의 속죄의 역사와 그리스도의 의이다. 웨슬리가 모든 선을 하나님의 값없이 주시는 은혜에 돌리고, 모든 자연적 자유 의지와 은혜 전에 존재하는 모든 능력을 부인하고, 인간에게서 모든 공로를 배제함으로써 "칼빈주의의 측면"에 도달했다.[114] 그러나 믿음이 선행의 필요성을 제거하지 않는다. 오히려 선행은 믿음의 결과이지 원인이 아니다.[115]

> 하나님의 은혜 또는 사랑은 … 그것이 주어진 모든 사람에게 값없이 주신 것이다. 그것은 사람의 능력이나 공로에 의존하지 않는다. 아니, 어느 정도도 아니고 전체적으로도 부분적으로도 아니다. 그것은 선한 행위나 받는 사람의 의로움에 전혀 의존하지 않는다. 그가 한 일이나 그가 무

---

112) Letters, IV, 71.
113) Works, VIII, 337.
114) Ibid., 285.
115) Ibid.

엇이든 그에 의존하지 않는다. 그의 노력에 달려 있지도 않다. 그것은 그의 기질이나 선한 욕망, 선한 목적과 의도에 달려 있지 않다. 이 모든 것은 하나님의 값없이 주시는 은혜에서 흘러나오는 것이다; 그것들은 수원(fountain)이 아니라 흐름(streams)일 뿐이다. 그것들은 값없이 주시는 은혜의 열매이지 뿌리가 아니다. 그것들은 원인이 아니라 그것의 결과이다.[116]

이와 같은 진술은 종교개혁을 향한 웨슬리의 경향, 즉 오직 믿음으로 말미암는 성화의 교리와 분명히 일치한다. 그러나 또한 종합의 경향도 있다. 같은 설교에서 그는 "믿음은 성화의 조건, 유일한 조건"[117]이라고 분명히 선언했다. 그는 계속해서 말한다.

칭의에 앞서 회개가 있을 뿐 아니라 그 후에도 회개가 있다. 선한 일에 열심을 내는 것은 의롭다함을 받은 모든 사람의 의무이다. 그리고 사람이 자진해서 그것들을 소홀히 한다면 합리적으로 자기가 거룩하게 될 것이라고 기대할 수 없다는 것은 너무나도 당연하다.[118]

이것에서 추론할 수 있는 것은 "올바로 이해된 회개와 모든 선행의 실천, 즉 경건의 행위와 자비의 행위(이는 믿음에서 나오는 것이기 때문에 지금 합당하게 그렇게 칭함)는 어떤 의미에서 보면 성화에 필요한 것이다."[119]

그러나 성화에 필요하다고 당신이 확언하는 선행은 무엇인가? 첫째는, 공적 기도, 가족 기도, 골방 기도와 같은 모든 경건의 행위이다. 주의 만

---

116) Works, VII, 373-74.
117) Sermons, II, 453.
118) Sermons, II, 453-54.
119) Ibid., 454.

찬을 받는 일. 듣고, 읽으며, 명상하며 성경을 상고하는 일. 그리고 우리의 몸의 건강이 허용하는 한 금식 또는 금욕의 수단들을 사용하는 일이다. 둘째는, 모든 자비의 행위이다; 인간의 육체나 영혼과 관련이 있는 것들 곧 굶주린 자들에 먹을 것을 주며, 감옥에 갇힌 사람이나 병든 사람이나 여러 가지 고통을 겪는 사람을 방문하는 것과 같은 일. 무지한 사람을 가르치고, 어리석은 죄인을 깨우치고, 미지근한 사람을 깨우고, 주저하는 자를 격려하고, 마음이 약한 사람을 위로하고, 시험을 받는 사람을 돕거나, 어떤 식으로든 죽음에서 영혼을 구원하는 데 기여하려는 노력과 같은 것이다. 이것이 회개이며 온전한 성화에 필요한 "회개에 합당한 열매"이다.[120]

1765년에 처음 출판된 이런 말들은[121] 올더스게이트 이전의 웨슬리 즉 옥스퍼드와 조지아의 웨슬리의 말들과 매우 유사하게 들린다는 것을 쉽게 관찰할 수 있다.[122] 그러나 차이점이 있다. 웨슬리는 여기에서 행위를 공로가 아니라 조건으로 설명하고 있는 것이다.

이 회개와 그 열매가 완전한 구원에 필요하다는 것은 허용되지만, 그것들은 믿음과 같은 의미에서 또는 같은 정도로 필요하지는 않다. 같은 정도로는 아니다. 이러한 열매들은 시간과 기회가 있는 경우에 조건부로 필요하다. 그렇지 않으면 사람이 그것들 없이 거룩하게 될 수 있다. 그러나 믿음이 없이는 거룩해질 수 없다. … 같은 의미가 아니다. 왜냐하면 믿음은

---

120) Sermons, II, 455-56l.

121) Sugden's note, Ibid., 442.

122) 1745년 웨슬리는 존 세커(Bishop Thomas Secker)에게 편지를 썼다. "나는 20년 동안 '선한 행위'로서 뿐만 아니라 (실제로 이것을 공언하지는 않았지만) 내면의 거룩함 대신에 외적인 일을 교대로 사용한 사람이다. 나는 내가 거룩하지 않다는 것을 알았다. 그러나 내가 이런저런 외적인 일을 행하여 양심을 평정하였다. 그러므로 나는 내적인 거룩함이 없어도 하늘로 가기를 희망하였다. 나는 힘이 없는 경건함을 가진 사람에게 가까이 말하지 않았지만, 그가 같은 근원에서 갈라졌다는 것을 알았다." Letters, II. 59.

성화에 순간적이고 직접적으로 필요하지만, 이 회개와 이 열매들은 아주 간접적으로 필요하기 때문이다. 즉 그의 믿음의 지속과 성장을 위해서 필요하다.[123)

그러나 이것이 정말로 중요한 차이인가? 행위가 공로가 아니라 조건으로 여겨진다 할지라도 믿음으로 말미암는 성화와 행함으로 말미암는 성화의 종합이 있을 수 있겠는가? 만약에 성결케 하는 믿음이 작용할 수 있는 조건을 배양하기 위해 어떤 일을 함으로써 믿음이 계속할 수 있고 증가할 수 있다면, 여전히 행위가 선행이고 우리의 성화의 원인이 되는 것이다. 다시 말하지만 믿음은 우리가 좋은 행위를 할 때에만 지속되고 증가할 수 있다면, 행위는, 단지 간접적이지만, 여전히 인과관계가 있게 된다. 더욱이 칭의와 온전한 성화 사이에는 대개 상당한 기간이 있지만, 반드시 그럴 것은 아니다.[124) 시간 지연의 원인은 전적으로 사람에게 있다. 신자가 온전한 성화를 위해 얼마를 기다려야 하는가에 대한 유일한 이유는 그것을 기대하고, 기도하지 않고, 더 빨리 믿음을 갖지 않기 때문이다.[125) 우리는 다시 칭의 이후에 성화를 위해 필요한 행위에 대한 웨슬리의 진술을 살펴보자:

이러한 열매는 그를 위한 시간과 기회가 있을 때에 조건부로 필요한 것이다. 그렇지 않으면 사람이 그것들 없이도 거룩하여질 것이다. 그러나 믿음 없이는 거룩하여질 수 없다. … 사람이 … 그렇게 많은 선행을 가지고 있다고 하되, 이 모든 것이 도무지 소용이 없다. 그는 믿기 전에는 거룩해질 수 없다. 그러나 그가 믿는 순간, 열매가 있든 없든 … 그는 거룩해진

---

123) Sermons, II, 456-57, Cf. Letters. III, 109.

124) Works, VIII, 285; XI, 446.

125) Works, VIII, 285.

다.[126]

    여기에 웨슬리의 점진적이고 순간적인 성화의 종합에 아킬레스건(약한 부분)이 있다. 성화가 칭의 다음에 오고, 어떤 의미에서는 성화에 필요한 이런 선행을 위한 시간과 기회가 있는 유일한 이유는, 신자가 우리가 거룩하게 되는 믿음, 즉 죄에서 구원받고 사랑에서 완전해지는 믿음을 갖지 못하기 때문이다.[127] (그러지 않으면 저들은 칭의 후에 곧 거룩해질 수 있을 것이다-역주) 그러나 이런 선행을 위하여 그와 같은 시간과 기회가 있는 것은, 전적으로 사람이 믿지 못함으로 인하여 있게 되는 것이다.

    그러므로 우리는 웨슬리의 순간적인 것과 점진적인 것의 종합은 구조적으로 일관성이 없기 때문에 본질적으로 문제가 있다는 결론을 내린다. 성화는 믿음으로 말미암은 것이며 따라서 성화는 순간적임(그리고 행위에 의한 성화의 이론은 점진적인 성화를 함축된다)을 강조하면서, 그럼에도 불구하고 성화는 순간적이면서 점진적이라고 말하는 것을 고집한다. 믿음과 행위의 함축적 의미에 대한 자신의 이해에 기초하여, 이것은 종합에서 심각한 구조적 결함을 구성한다. 그러므로 이 결론은 피할 수 없는 것처럼 보인다. 웨슬리의 그리스도인의 완전에 관한 교리에서 시도된 순간적인 것과 점진적인 것의 종합은 양립할 수 없는 두 관념의 옳지 않은 결합(illicit union)을 나타낸다. 즉 분리가 요구된다. 개혁을 향한 움직임은 진정한 웨슬리와 개신교의 방향으로 따라서야 한다. 종합을 향한 운동은 웨슬리의 올더스게이트 이전의 개념에서 이어진 잘못된 이행으로, 그리고 1738년에 경험적으로 그가 갖게 된 종교개혁 신앙 개념을 신학적으로 완전히 따르지 않는 실패로 거부되어야 한다.

    필요한 것은 시간 요소의 시점에서 웨슬리의 교리를 근본적으로 수정하

---

126) Sermons, II, 456-57.
127) Ibid., 457.

는 것이다. 즉, 어떤 외부 기준에 따른 수정이 아니라, 웨슬리 자신의 사상의 지배적 모티브, 즉 순간적인 방향으로의 수정이다. 그러한 개정의 가능성과 절차는 다음 장에서 다룰 것이다.

3장
제시된 해결책

1장에서 우리는 실제 인간 삶의 역사에서 그리스도인의 완전 가능성에 관해 웨슬리와 현대 신학 사이에 존재하는 근본적인 대립에 주목했다. 전자는 은혜에 의하여 믿음으로 말미암아 완전을 얻을 수 있다고 생각하며, 후자는 완전은 불가능한 이상으로 간주한다. 마틴 부버의 대화적 또는 "나-당신(I-Thou)" 철학(현대 신학에서 가장 널리 퍼진 통찰력 중 하나인 철학)은, 웨슬리의 교리와 나-당신(I-Thou)의 개념 사이에 본질적인 조화(correspondence)가 발견될 수 있다면, 이 대립을 초월할 수 있는 가능한 다리를 구성하는 것으로 가정되었다. 그러나 가능성의 문제에 대한 해결책은 시간 요소의 문제에 대한 해결책에 달려 있다는 것에 주목하면서, 우리는 제2장에서 웨슬리의 교리의 순간적이고 점진적인 측면과 그가 이러한 대립적인 요소들을 조화시키려고 시도한 종합에 대한 고찰로 진행했다. 웨슬리의 사상에서 지배적이고 가장 확실한 주제는 순간적인 것이고, 이것은 성화가 행위에 의한 것이 아니라 믿음에 의한 것이라는 사실의 직접적인 결과인 것으로 나타났다.

이제 우리는 제1장의 문제, 즉 그리스도인의 완전이 현생에서 달성 가능한 것인지 아닌지의 문제로 돌아가야 한다. 이 문제에 대한 해결책에 도달하려고 하면 두 가지 질문, 즉 (1) 웨슬리의 교리에 있어 순간적인 요소가 얼마나 기본적인가? (2) 이 순간성은 어떻게 가장 타당하게 해석될 수 있는가?라는 질문이 제기되어야 한다.

3.1. 완전 교리의 핵심

웨슬리의 완전의 교리에서 순간적인 요소는 지배적인 모티프를 구성했을 뿐만 아니라, 이는 또한 아군과 적군 모두에게 교리의 구별되는 특징으로 인식되고 있다. 웨슬리에게 동정심이 많은 학생인 생스터(W. E. Sangster)는 웨슬리의 가르침의 본질은 "하나님의 은혜의 순간적인 전달(impartation)에 의한 성화"라고 묘사했다.[1] 또한 생스터의 웨슬리에 대한 동경을 공유하지 않는 워필드(Benjamin B. Warfield)는 "존 웨슬리는 현대 개신교 세계를 '순간적인 성화'라는 개념으로 오염시킨 사람"[2]이라고 말하였다.

웨슬리는 그리스도인의 완전의 내용을 "죄를 배제하는 사랑(love excluding sin)"으로 정의했다. 성취의 방법은 행위에 의해서가 아니라 본질적으로 믿음으로 말미암는다고 명시하였다. 완전은 믿음에 대한 응답으로 하나님의 행위로 말미암아 영혼 안에서 이루어졌다. 그리고 그것은 한 순간에 이루어졌다.[3] 우리는 웨슬리가 윌리엄 로와 실제적 신비주의의 영향 아래 구원을 목적론적으로, 즉 구원이 완전의 목표를 향해 성장하는 과정에서 연속적인 단계의 연속(series)으로 이루어지는 것으로 보이게 하려는(visualize) 경향이 있는 것을 보았다. 이 단계는 때때로 웨슬리의 묘사에서 그 특정한 순간에 대한 강조에 따라 다르지만,[4] 기본적으로 그가 생각한 대로 그리스도인의 구원의 경험에는 뚜렷한 두 개의 단계가 있다. 첫째는 칭의와 신생(성화의 시작)으로 이루어져 있고, 둘째는 온전히 이루어

---

1) *The Pure in Heart* (New York; Abingdon Press, 1954), 186.

2) *Perfectionism* (New York; Oxford University Press, 1931), II, 562.

3) Works, XI, 446.

4) Supra, 5-26.

진 성화의 단계이다. 성화의 첫 번째 단계에서 신자는 하나님을 사랑하고 그분을 기쁘시게 하려고 노력하며, 비록 죄의 기질과 성품이 남아 있어 영혼에서의 끊임없는 전쟁이 있을지라도, 그는 어떤 일에 있어서 기꺼이 죄를 짓지 않는다. [5] 성화의 두 번째 단계에서, 하나님은 마음을 죄에서 완전히 정결케 하시고, 그리스도인은 마음을 다하고 뜻을 다하고 목숨을 다하고 힘을 다하여 하나님을 사랑하고 이웃을 자기 몸과 같이 사랑하는 체험에 들어간다. 그는 항상 기뻐하고 쉬지 않고 기도하며 범사에 감사한다. 생스터는 웨슬리의 사상에서 이 경험에 대한 설명에서 그것을 "하늘의 작은 방(very ante-chamber of heaven)"이라고 불렀다. [6] 성화의 두 번째 단계, 즉 그리스도인의 완전은 신자의 믿음에 응답하시는 하나님의 순간적인 행동에 의해 이루어진다. 그러나

> … 순간적인 행위를 강조하면서 그는 그 전과 후에 성장이 있음을 인정한다. 그는 출생과 죽음의 유추를 들어서 이 논점들을 명확히 하였다. 즉 아이가 태어나기 전에 자궁에서 성장이 있었다. 그리고 태어난 후에 오래 계속되는 성장이 있다. 그러나 출생한 날짜와 시간은 모두 다 알 수 있다. 사람은 몇 달 동안 죽어가고 있을 수도 있다. 하지만 그가 마지막 숨을 쉴 때는 한 순식간에 숨을 쉰다. [7]

린드스트롬(Lindstrom)이 말했듯이, 웨슬리는 1738년 이후에도 여전히 성화에 대한 올더스게이트 이전의 목적론적 견해를 유지하고 있었다. [8] 그러나 이 견해와 함께 1738년 이후, 특히 1760년 이후에는 믿음으로 말미암는 순각적인 성화에 대한 유사한 견해도 있었다. 우리는 웨슬리가 온

---

5) Cf. 설교, "On sin in Believers," Sermons, II, 360 ff.
6) *The Pure in Heart*, 187.
7) Ibid.
8) Wesley and Sanctification, 121-125.

전한 성화의 순간적인 순간을 점진적인 성화 과정에서의 확실한 지점으로 보이게 하는 실질적 종합을 구성함으로써 이러한 견해의 균형을 어떻게 맞추려고 시도했는지를 보았다. 온전한 성화에 대한 이 순간적인 추가는 신자를 새로운 차원, 즉 그리스도인의 완전의 차원으로 끌어올렸다. 그러나 은혜 안에서의 성장은 이 위기 사건 이후에도 계속될 수 있고 계속되어야 한다.

시간 요소와 관련하여 웨슬리에게 주어진 질문은 바로 이 순간적인 경험적 단계를 신학적으로 어디에 위치시킬 것인가, 즉 기독교인의 순례 여정의 어느 시점에 위치시킬 것인가 하는 것이었다. 1738년 이전에는 이것은 죽음과 동시에 발생하는 것으로 생각되었다.[9] 올더스게이트 경험 전/후 짧은 기간 동안은 뵐러(Bohler)의 영향으로 그는 그것이 칭의와 동시에 발생한다고 생각했다.[10] 1745-47년까지의 시계의 추(pendulum)는 거의 다른 극단으로 되돌아 가, 웨슬리는 온전한 성화의 순간이 보통 "죽기 조금 전"에 있다고 말하고 있었다.[11] 그러나 10년 후 그는 그러한 경우는 드물고 완전한 사랑은 죽기 오래전에 받을 수도 있다고 주장했다.[12] 1762년에 그는 죽을 때 그것을 기대하는 것은 전혀 기대하지 않는 것과 같다고 단언했다.[13] 이때부터는 웨슬리는 이 완전이 항상 단순한 믿음의 행위에 의해 즉시 이루어지며, 죽기 몇 년 전에, 칭의 후에도 이제 곧 기대될 수 있다는 것을 확고히 확신했다.[14] 그러나 시간 요소의 문제는 여전히 골치 아픈 질문이었다. 그는 이 온전한 성화의 순간적인 사건을 어느 때에 정해야 할지 여전히 당황했다. 1767년에 다음과 같이 기록했다.

---

9) Works, VII, 366, 370.

10) Supra, 81.

11) Works, VIII, 285-294.

12) Letters, III, 221.

13) Journal, IV, 529.

14) Works, XI, 446,

칭의 후 몇 년이 지나야 한다면 몇 년인지 알고 싶다. … 그리고 사람이 완전함과 죽음 사이에 몇 일. 몇 달. 심지어 몇 년을 허용할 수 있겠는가? 칭의에서 얼마나 멀리 떨어져 있어야 하며, 얼마나 죽음에 가까이 있어야 하나?[15]

그래도 역시, 그는 "칭의와 죽음 사이에 있는 순간적인 성화"의 타당성을 확신했다.[16]

이것이 바로 웨슬리의 완전에 대한 견해를 이전의 다른 이론들과 구별하는 것이다.[17] 그리고 이것이 완전을 "불가능한 가능성"으로 간주하는 현대 신학과 구별하는 것이기도 하다. 이 순간적인 경험, 이 순간적인 사건은 웨슬리 교리의 필수 조건(sine qua non)이다. 간략히 말해서 이 교리의 독특한 특징은, 웨슬리가 신앙인의 삶에서 실현 가능하고 구체적인 가능성으로 제시한 순간이다.

웨슬리에 따르면 그리스도인의 완전의 내용은 사랑, 즉 "죄를 배제하는 사랑"임을 우리는 보았다. 이 사랑을 받는 방법은 믿음이다. 이는 행함이 아니라 믿음으로 받는 것이기 때문에, 그를 받는 시간은 지금이다. 이것들을 간단하고 포괄적인 설명으로 종합하면 "이 교리의 핵심"을 다음과 같이 정의할 수 있다. 즉 하나님의 은총의 주도(initiative)에 대한 믿음의 전적인 응답을 통해 사람이, 주어진 한순간에 하나님과 이웃을 완전하게 사랑할 수 있게 된다. 그리고 이 순간 죄는 배제되고, 제압되고, 무효된다고 정의할 수 있다.

이 단순하고 본질적인 통찰력에 웨슬리와 그의 추종자들이 많은 것을 추가했다. 그러나 이것은 웨슬리 교리의 필수의 특징이자 축소할 수 없는 최소값이다. 그는 이 순간을 자신의 목적론적 틀에 어디에, 어떻게 맞춰야

---

15) Works, XI, 446; Cf. Letters, V, 39.
16) Letters, V, 41.
17) Flew, *The Idea of Perfection in Christian Theology*, 330.

할지 항상 확신하지 못했지만, 그는 그것이 칭의와 죽음 사이 어딘가에 있을 가능성이 있다고 확신했다. 그는 하나님의 은혜의 순간적인 역사로 신자가 사랑으로 충만해지고 그 순간에 죄에서 벗어날 수 있다고 확신했다. 우리가 나중에 보게 되겠지만, 웨슬리는 처음에 이 사랑의 경험은 한 번 소유하게 되면 잃어버릴 수 없다고 생각했다. 그러나 그는 나중에 이 견해를 버렸다. 그 자신의 종교 경험과 그의 추종자들의 경험은 이 순간 적인 경험과 그에 따른 결과에 대한 적절한 해석에 관해 그의 마음속에 수많은 질문을 제기했다. 그러나 그는 순간적인 경험이 하나님 아래 있 는 신자에게는 가능하다는 생각을 결코 포기하지 않았는데, 이런 순간적 인 믿음에 대한 통찰력을 처음 얻은 것은 뵐러(Peter Bohler)로부터였다.[18] 그리고 이 초기 통찰력은 계속 수정되었지만 결코 잃어버리지 않았다. 우 리는 이것이 그가 성화의 시간 요소에 대한 이해에서 지배적인 주제가 될 때까지 그가 그것을 성화와 칭의에 어떻게 적용했는지 보았다. 이것이 그 의 그리스도인의 완전에 대한 그의 교리의 필수 요건이요, 근본 원리였다.

그는 종종 "완전한 그리스도인"에 대해 말했지만, 그들이 어떤 의미에 서 완전하지 않았는지를 설명해야 하는 필요성에 끊임없이 괴로워했다. 그는 어제나 지난주, 또는 지난달에 완전한 사랑을 누렸던 것처럼 보였 던 많은 사람이 오늘 그것을 갖고 있지 않다는 냉철한 사실과 거듭거듭 직면했다. 그는 종종 완전의 "상태들(states)"에 대해 이야기했지만, 그가 깊이 생각하는 순간에, 이것이 오해의 소지가 있는 용어이며 그러한 "상 태"가 자동으로 영속되지 않는다는 것을 깨달았다.[19] 그러나 그는 완전 의 "순간"이라는 개념을 포기하지 않았다. 그의 사상의 모든 수정과 재조 정을 하는 동안 내내, 그의 이론에 한결같이 남아 있는 한 가지는 믿음으 로 말미암는 순간적 성화의 관념이다. 비록 이것이 선행되고 뒤이어 점진

---

18) Journal, I, 454.
19) Works, VIII, 338.

적인 은혜의 역사가 뒤따를지라도[20], 그리고 죄가 끝나는 정확한 순간이 항상 의식적으로 지각되는 것은 아닐지 모르지만,[21] 이것이 가장 독특하고 가장 구별되는 완전을 구성하는 완전의 이 "순간" 또는 "찰나(instant)"이다. 가장 기본적인 것만 남기고 빼면, 이 정도밖에 남지 않는다. 교리의 모든 측면과 세분화에서 이것은 가장 낮은 공통분모이다. 결단과 헌신, 헌신과 순복이 주어진 순간에 마음을 다해 하나님을 사랑하고 이웃을 자기 몸과 같이 사랑할 수 있다. 그리고 그러한 사랑으로 의해서 죄는 쫓겨나간다.

따라서 이것은 이 장(chapter)의 시작 부분에서 제기된 첫 번째 질문에 대한 답변이다. 순간성의 요소가 웨슬리의 교리에 얼마나 기초적인가? 2장에서 웨슬리의 종합에 대한 우리의 비판에서, 이 요소가 성화에 대한 그의 관점에서 지배적인 주제임을 보았다. 우리는 믿음으로 말미암는 순간적인 성화의 요소가 개신교의 교리의 진정한 주제로 간주되어야 하며, 행위에 의한 점진적 성화에 대한 웨슬리의 올더스게이트 이전 관념의 흔적에서 제거되어야 한다고 결론지었다. 이처럼 "완전의 순간"의 교리가 어느 것에도 환원될 수 없는 핵심의 교리라고 보는 우리의 현재의 연구가 타당하다는 것이 증명될 것으로 보인다.

그러나 이제 두 번째 질문이 제기된다. 성화의 순간적 요소가 어떻게 더 유효하고 일관되게 해석될 수 있을까? 교리의 환원할 수 없는 핵심을 분리하면, 우리는 그것이 그리스도인의 완전에 대한 우리의 완전한 이해에서 어떤 역할을 하도록 허용해야 할까?

---

20) Works, XI, 423.
21) Works, XI, 442.

3.2. 두 가지 가능한 해석

이쯤이면 시간 요소의 문제에 대한 적절한 해결책이 그리스도인의 완전 교리를 적절하게 이해하는데 있어서, 결정적으로 중요하다는 것을 분명히 해야겠다. 그런데 이 사실을 대부분의 현대 웨슬리 해석자들이 간과하고 있다. 이 해결책은 웨슬리가 그의 이론에서 순간적인 것을 사용한 것에 대한 조사와 그러한 사용의 타당성에 관한 판단을 포함할 것이다. 또한 진실로 가능하다면 우리는 웨슬리의 교리를 현재에 이해하기 쉽게 만드는 데 있어서, 다르게 바꿀 수 없는 핵심에 대해 어떤 해석을 할 것인지 결정해야 한다.

"모순된 일들(inconsistencies)과 어려움이" 그것이 유동적이고 복잡하며 단순한 정의인 종교 의식의 내용을 신학적인 용어로 설정하려는 시도이기 때문에, "메소디스트의 교리에 내재되어 있다"고 다이몬드(Sydney G. Dimond)는 지적했다.[22] 이것은 틀림없는 사실이다. 그러나 이러한 불일치와 어려움은 아닐지라도 많은 것이 웨슬리 교리의 다르게 바꿀 수 없는 핵심에 대한 적절한 해석에 의해 해결될 수 있다는 것이 우리의 주장이다.

다른 해석들이 가능하다. 이러한 각각의 해석은 어느 정도 웨슬리 자신의 생각에서 발견된다. 그리고 그가 그것들을 구별하지 못한 실패는 교리에 내재된 많은 불일치의 근원이며 그것을 이해하는 데 웨슬리의 시대와 우리 시대에 많은 어려움을 야기했다. 이러한 해석 중 첫 번째는 "완전을 개인 소유"로 명시하는 것이다. 두 번째는 "완전을 대화적 관계로 (perfection as Dialogical Relation)" 이해하는 것이다. 첫 번째 해석은 웨슬리의 사상에서 가장 일반화된 것이다. 그러나 우리는 그것이 교리의 내적 전제에 비추어 볼 때, 그리고 현대 신학의 대세에 있는 최선의 통찰력에 비추어

---

22) *Heart and Mind: Studies in the Philosophy of Christian Experience* (London: The Epworth Press, 1945), 168.

볼 때, 타당하지 않다고 믿는다. 우리의 테제는 두 번째 해석이 전체로서 웨슬리 신학의 다양한 요소들을 통합하고 그리스도인의 완전 교리의 적절하고 이해하기 쉬운 동시대의 표현을 향한 열쇠를 제공한다고 생각하는 것이다. 이제 이 두 가지 해석을 각각 검토해야겠다.

3.2.1. 개인 소유로서의 완전

첫 번째 해석에서는, 완전이 개인의 속성이며, 단정할 수 있는 어떤 물건으로 보는 것, 즉 개인이 소유하는 어떤 것으로 간주되었다. 그러나 그것(완전)은 자생의 소유물이 아니라 이어받은 것이다. 이것에 대해서는 의문의 여지가 없다. 웨슬리는 완전은 하나님의 선물이라고 분명히 주장했다.[23] 그러나 그것은 사람[24]에게 주어진 선물이었고 그 이후로는 개인 소유였다. 웨슬리가 이런 방식으로 완전을 생각하는 경향이 있다는 사실은 그가 그것을 설명하기 위해 사용한 용어에 의해 입증된다. 받는 것은 '상품'이었다.[25] 이것은 '받아들인 어떤 것'이었다.[26] 받은 후에는 이것은 "잃어버릴 수"도 있고[27] '회복'될 수 있었다.[28] 또한, 일단 소유하면 그것은 "증가(increae)"될 수도 있었다.[29] 웨슬리는 "이것의 일천번의 변화를 허용한다"[30]고 말했다. 그는 "그리스도인의 완전"에 관한 설교에서 이렇게 말했다.

---

23) Letters, V, 337-38.
24) Letters, III, 221.
25) Letters, V, 318; VI, 136, 153; VII, 109.
26) Letters, V, 56, 315; VI, 145; VII, 102-103, 317.
27) Works, XI, 442; Letters, III, 212; V, 188-89.
28) Letters, V, 138, 175.
29) Works, XI, 442.
30) Letters, V, 238.

"완숙한 완전(perfection of degrees)"이란 없다. 즉 계속적인 성장을 허용할 여지가 없는 그런 완전이란 있을 수 없다는 말이다. 그런 까닭에 설사 누군가가 어느 정도만큼 도달했든지 혹은 어느 정도 완전해졌든지 간에 그는 아직도 "은혜 안에서 성장해야" 하고, 매일 매일 구주이신 하나님의 지식과 사랑 안에서 전진할 필요가 여전히 있다.[31]

여기서 완전은 개인에게 귀속되는 어떤 것이다. 즉 "그는 완전하다"가 된다.[32] 웨슬리에게 있어, 성화의 의미는 개인의 도덕적 변화였다. 칭의가 인간의 상대적 변화(하나님과의 관계에서의 변화)였던 반면, 성화는 진정한 변화(그의 도덕적, 정신적 상태의 변화)였다.[33] 전자는 하나님에 대한 우리의 외적인 관계를 변화시켜서, 원수의 관계에 있던 우리가 그의 자녀가 되게 한다. 후자에 의하여서는 우리의 내면의 영혼이 변화되어 죄인이었던 우리가 성자가 되게 한다."[34] 하나는 객관적이고 다른 하나는 주관적이다. 성화는 실제로 지당하고 정의로운 것을 의미했다.[35] 그리하여 그는 "완전한 그리스도인"이라고 말할 수 있었다."[36] 물론 그는 인간의 모든 완전함은 파생적이라는 것을 인식했다. 성결은 하나님의 선물이며 그 유지 여부는 하나님의 지속적인 자비와 박애(benevolence)에 달려 있다.

우리는 그리스도의 권능이 매 순간 우리 위에 놓여 있음을 느낀다. 우리가 오늘의 우리가 됨도 오직 이 믿음에 의한 것이다. 이 믿음에 의해 우리는 영적 생활을 계속할 수 있다. 그리고 이 믿음 없이는 지금은 우리가 모

---

31) Sermons, II, 156.
32) Ibid.
33) Sermons, I, 299; II, 227.
34) Sermons, I, 299.
35) Ibid., 119.
36) Sermons, II, 157.

두 거룩하다고 할지라도 다음 순간에는 악마가 될 것이다.[37]

하지만 여기서도 웨슬리는 이 성결을 "우리의 성결"로 말할 수 있다. 그것은 단순히 인간에게 전가된(imputed) 것이 아니라 실제로 그에게 전해진(imparted) 것이다. 이것을 웨슬리의 성령 개념에서 볼 수 있다.

하나님의 영에 붙이는 '성결(holiness)'이라는 호칭은, 하나님의 본성이 거룩함을 나타낼 뿐만 아니라, 또한 그분이 우리를 거룩하게 만드시는 분이라는 것을 의미한다; 그분은 그의 교회를 거룩하게 하시는 큰 샘이심을 뜻한다. 성령으로부터 모든 은혜와 미덕이 흘러나오고, 그에 의하여 죄책의 오염들(stains)이 씻어진다. 그리고 우리는 모든 거룩한 성질(disposition)로 새로워지고, 다시 우리 창조주의 형상을 갖추게 된다.[38]

이러한 방식으로 웨슬리는 완전 즉 성결이 하나님의 은총에 의해 그리스도인에게 주어진 한 개인의 소유물로 설명했다. 이것이 그가 의미하는 "본질적인 의(inherent righteousness)"이다.[39] 스타키가 말하듯이[40] 이 내재된 의(義) 또는 "경험적 의"는 우리가 하나님께 받아들여지는 근거가 아니라 그의 열매이다. 그것은 전가된 의에 대한 대체가 아니라 그에 따른 결과이다.[41]

나는 하나님께서 의를 전가하신(imputed) 모든 사람에게 의를 주신다(implant)고 믿는다. 나는 예수 그리스도가 우리의 의와 성결을 위하여 하나님으로부터 지음 받았음을 믿는다. 또한, 하나님은 그를 믿는 모든 사

---

37) Ibid., 393.
38) Works, VII, 486.
39) *The Works of the Holy Spirit*, 109ff.
40) Sermons, II, 433.
41) Sermons, II, 434.

람을 의롭게 하고 성결케 하신다고 믿는다. 그리스도의 의의 전가를 받은 그들은 그리스도의 영에 의하여 의롭게 된다. 그들은 하나님의 형상대로, 그들이 창조된 모습대로, 의롭고 참된 거룩함으로 새롭게 된다.[42]

고유의 완전(inherent perfection)에 대한 웨슬리의 믿음은 1741년 9월 3일에 그레이스 인 가든에서 진센도르프 백작과 나눈 대화에 뚜렷하게 나타나 있다.[43] 이 대화의 한 부분은 다음과 같다.

Z. 나는 고유의 완전은 없다고 인정한다. 그리스도가 우리의 유일한 완전이다.

W. 나는 그리스도의 영이 참된 그리스도인 안에서 그리스도인의 완전을 이루신다고 믿는다.

Z. 결코 아니다. 우리의 모든 완전은 그리스도 안에 있다. 그리스도의 피를 믿는 믿음이 유일한 그리스도인의 완전이다. 모든 그리스도인의 완전은 전가된 것이지 내재된(inherent) 것이 아니다. 우리는 그리스도 안에서 완전하다. 우리는 우리 자신으로서는 결코 완전하지 않다.

W. 그러면 모든 참 신자가 거룩하지 않다는 것인가?

Z. 확실히 거룩하다. 그러나 그는 자신이 아니라 그리스도 안에서 거룩하다.

W. 그러나 그의 마음과 생명이 거룩하지 않는가?

Z. 결코 그렇지 않다.

W. 그는 결과적으로 그 자신이 거룩하지 않는가?

Z. 아니다. 오직 그리스도 안에서만 거룩하다. 그는 그 자체로서는 거룩하지 않다. 그 자신 안에는 거룩함이 전혀 없다.

W. 그는 그의 마음에 하나님과 그의 이웃에 대한 사랑, 하나님의 형상을

---

42) Ibid.
43) Journal, II, 488-490.

하고 있지 않는가?

Z. 그는 가지고 있다. 그러나 이것은 복음적-성결(Gospel-Holiness)이 아니다. 믿음이 복음적-성결이다.

W. 당신은 내가 확인하는 만큼만 인정하고 있다. 당신의 온 마음과 신자의 전 생애는 거룩하다. 그리고 당신은 마음을 다하여 하나님을 사랑하고 온 힘을 다해 하나님을 섬기는 사람이다. 나는 더 이상 바랄 것이 없다. 이것이 내가 말하는 완전이요, 그리스도인의 성결이다.

Z. 그러나 이것은 성결이 아니다. 그리스도인은 이 사랑을 더 많이 가질 때 더 거룩하지 않고, 덜 가질 때 덜 거룩하지도 않다.

W. 어떻게! 신자가 사랑에서 성장하면, 성결에서도 성장하는 것이 아닌가?

Z. 결코. 사람이 의롭다함을 받는 순간, 그는 완전히 거룩해진다. 그리고 그는, 그 순간부터 죽을 때까지, 더하거나 덜하거나 하지 않고 그대로 거룩하다.

W. 그러면 그리스도 안에 있는 아버지가 새로 태어난 어린이보다 더 거룩하지 않다는 것인가?

Z. 아니다. 완전한 성화와 완전한 칭의는 하나의 동일한 순간에 있다. 그리고 그것들의 어느 것도 증가하거나 또는 감소되는 일은 없다.

W. 그러나 신자는 하나님의 사랑 안에서 증가(또는 성장)하지 않는가? 그는 의롭다함을 받자마자 곧 사랑에서 완전해지는가?

Z. 그는 그렇다. 그는 결코 하나님의 사랑에서 증가하지 않는다. 그는 온전히 성화되는 그 순간에 하나님을 전적으로 사랑한다.[44]

---

44) Lindstrom, 137-38. 전체 대화는 저널, 라틴어 원본 II, 488-490으로 번역되었다. Lindstrom은 웨슬리의 견해를 명확하게 제시하면서 이 대화가 진젠도르프의 견해를 정확하게 반영하지 못한다는 점을 지적한다. 그러나 또한 린드스트롬은 그것이 둘 사이의 본질적인 차이를 표현한다고 인정한다. 138. Cf. *Sangster's view*, Journal, II. 451-52.

여기에서 웨슬리는 개혁자들과 의견을 동의하지 않는다. 후자의 경우는 완전은 믿음에서의 완전이었지만, 웨슬리에게 있어서는 완전은 사랑과 순종에 있어서의 본질적인 윤리적 완전이었다.[45] 우리가 보았듯이 웨슬리는 믿음만으로 의롭게 된다는 교리와 은총의 우선순위를 강조함에 있어서는 종교 개혁자들과 충실하게 같은 입장을 취했지만, 그는 믿음이 도덕적, 윤리적 변화를 가져온다고 주장함에 있어서는 그들을 능가했다. 그는 개인적인 변화에 대한 상응하는 강조 없이, 전가된 그리스도의 의에 대한 강조는 사람이 "그리스도의 의"라는 문구를 그들의 불의에 대한 덮개로 사용하게 하는 것을 두려워했다.[46] 그는 "근본에 있어서의 일격(A Blow at the Root)"이라는 그의 논문에서 이러한 반율법적인 유형의 가르침을 개탄했다. 이는 다음과 같은 것을 의미하기 때문에 그랬다.

> … 그의 의가 우리에게 전가되었으므로 우리는 우리 자신의 의가 필요하지 않다. 그분 안에는 의와 거룩함이 너무도 많으니 우리 안에는 아무것도 필요하지 않다. 우리가 무엇을 가지고 있다고 생각하거나 원하는 것이나 추구하는 것은 그리스도를 거부하는 것이 된다. 구원의 처음부터 끝까지의 모든 것이 그리스도 안에 있고, 사람 안에는 아무것도 있지 않다. … 이것이야말로 "근본에 있어서의 일격"이다. 즉 모든 성결, 모든 참된 종교의 근본에서의 일격이다. 이 결과로써 그리스도는 "친구들의 집에서 찔림을 받으셨다." … 이 교리를 호의적으로 받아들이는 곳에는 성결을 위한 자리는 없게 된다.[47]

이는 스타키(Starkey)가 우리에게 상기시켜 주듯이, "거의 모든 질문에 대해 루터를 인용할 수 있다." 그리고 루터가 성화의 진보에 대해 말하는 것

---

45) Lindstrom, 136.
46) Sermons, II, 438.
47) Works, X, 366.

은 "칼 홀(Karl Holl)과 라인홀트 시버그(Reinhold Seeberg)와 같은 학자들이 그를 웨슬리의 성령의 역사에 의한 신자의 삶의 진정한 변화에 대한 강조와 매우 일치할 정도의 경건한 용어로 해석할 수 있게 한다."[48] 그러나 다른 편으로는,

> ⋯ 빌링(Billing), 소더블로우(Soderblow), 니그란(Nygran), 아우렌(Aulen), 프렌터(Prenter)를 포함한 스칸디나비아 루터 학파는 최근에 개혁자에 대한 파의 묘사를 부인했다. ⋯ 그들은 칭의와 전가된 이질적인 의(righteousness)의 교리를 루터의 인간 교리: 즉 인간은 의로우며 동시에 죄인이다(simul justus et peccator)라는 교리와 일치하는 주요 범주로 본다.[49]

루터에 대한 이러한 해석에 따르면 성화는 신자가 고유의 또는 경험적 신앙심을 가지고 있음을 의미하지 않는다. 그것은 오히려 이질적인 의, 곧 신자가 소유하지 않고 믿음으로 자기 것이 되는 그리스도의 의의 변함없는 돌아옴을 의미한다. 그러나 웨슬리는 "그리스도의 영이 이생에서 완전해질 수 있는 지점까지 신실하고 순종적으로 협력하는 자들에게는 경험적 의를 주신다[50]고 주장한다. 이 경험적 의는 행위의 의가 아니다. 그것은 그리스도와 성령의 역사를 통하여 하나님 자신의 값없이 주시는 선물이다.[51] 그것은 사람의 어떤 공로에 의존하지 않는다. 그러나 그것은 단순히 전가된다는 의미에서 "이질적인" 의가 아니다. 그것은 개인에게 수여되어 그의 소유가 된다는 의미에서 "실제적인" 의이다.[52]

그리스도인의 완전을 개인인 소유로 해석하는 웨슬리의 경향은 구원을

---

48) *The Work of the Holy Spirit*, 111-12.
49) Ibid., 112.
50) *The Work of the Holy Spirit*, 113.
51) Sermons, I, 507.
52) Ibid., 119.

그리스도인의 순례에 있어 연속적인 단계의 연속으로 이해하는 그의 목적론적 구원의 개념과 밀접하게 연결되어 있다. 이것은 기독교 사상의 여러 시대에서 되풀이되는 개념이었다.[53] 플루(Flew)는 "온전한 성화" 또는 "완전한 사랑"에 대한 설교가 종교 생활에 대한 특정한 도식화의 일부였으며, 이는 신비주의자들의 교리와 많이 평행을 이룬다고 말하였다.[54] 웨슬리는 신비주의가 은총의 수단에 대한 필요성을 무효로 하는 경향이 있는 한에 있어서는 신비주의를 단호하게 거부했지만,[55] 그가 제러미 테일러(Jeremy Taylor)와 윌리엄 로(William Law)가 예시한 보다 실용적인 유형의 신비주의로부터 부분적으로 도출한 개념, 즉 구원에 있어서의 "정도(degrees)"와 "단계(stages)의 목적론적 개념을 결코 그의 마음에서 떨쳐버리지 않았다. 1738년에 이 개념이 그가 뵐러에게서 받은 순간적인 믿음으로 거의 대체되었을 때, 그것은 성경 읽기[56]와 그가 헤른후르트를 방문했을 때 만난 모라비아인들과의 대화를 통해 곧 회복되었다.[57] 그러나 테일러(Taylor)와 로(Law)에서 파생된 것과는 달리 "단계"와 "정도"라는 이 새로운 개념은 행위에서가 아니라 믿음의 맥락에서 설정되었다는 것을 주목해야 한다. 그럼에도 불구하고 그것은 여전히 "목적론적" 개념이었다. 즉 구원은 여러 단계로 구성된 과정이었고, 완전은 그의 과정의 목표이고, 절정의 단계였다. 그가 다음과 같이 말한 스타키(Starkey)의 말은 정확하다.

---

53) Cf. *John Bunyan's Pilgrim's Process* (웨슬리보다 한 세기 전에 있었던 것), 그리고 *Kierkegaard's Stages on Life's Way* (웨슬리보다 한 세기 후에 있었던 것).

54) *The Idea of Perfection*, 316.

55) 그는 그의 형 사무엘에게 이렇게 썼다. "내가 가장 가까이에서 신앙을 파괴한 바위는 신비주의자들의 글이라고 생각한다. 그들의 글에서, 나는 그들의 모든 것을 이해하고 있으며, 그들은 은혜의 어떤 수단도 무시하는 사람들이다. Letters, I, 207. 그는 신비주의자들은 … 기독교의 적들 중 가장 위험한 존재라고 확신했다. Journal, I, 420. *Theologia Germanica*, Journal, II, 515에 대한 그의 추정과 1738년 5월 14일과 5월 20일에 William Law에게 보낸 편지는, Letters, I, 239-41을 참조하라.

56) Journal, I, 482.

57) Journal, II, 28-49.

개신교 신학의 많은 부분이 구원의 질서 있는 단계에서 추상적 연대순을 확립하려는 시도에 의해 초래되는 혼란과 무모함이 웨슬리에서도 발견된다. 한 단계가 다른 단계보다 선행된다는 것은 인간의 실제 종교적 경험을 준수하기보다 추상적 신학 체계에 대한 충성심(loyalty)에서 더 강조되는 경우가 많다.[58]

웨슬리의 마음은 종교적 경험의 경험적 데이터에 대한 합리적이고 질서 있는 설명을 요구했다. 따라서 이러한 아이디어는 순간적으로 그가 경험적으로 타당하다고 생각한(그리고 성경적으로도 타당하다고 본[59]) 순간적 회심, 순간적인 칭의, 순간적인 성화 등은 목적론적 과정의 틀에 맞춰지게 된 것이다. 따라서 순간적인 위기는 기독교인이 믿음과 경건의 정도(degrees)와 단계를 더 높은 단계로 들어 올리는 것으로 간주되었다.

이런 언급의 구조에서 웨슬리는 성화의 "상태"에 대해 말할 수 있었다.[60] 이 상태에는 "우리가 정확히 정의할 수 있는 것보다 더 많은 정도(degrees)가 셀 수 없이 많다."[61] 신생에서 시작하는 성화는 "완전한 날에 이르기까지 계속해서 더 성장할 것이다."[62] "죄인이 의롭다함을 받는 순간 그의 마음은 낮은 정도로(in a low degree) 깨끗해진다. 그러나 그는 사랑 안에서 온전하게 될 때까지 온전하고 합당한 의미에서의 깨끗한 마음을 가지고 있지 않다."[63] 따라서 "우리 앞에 있는 경주"를 달리는 그리스도인의 행로에는 여러 단계가 있다.[64] 웨슬리는 이 개념에 대한 성경적 지지를 "어린

58) *The Work of the Holy Spirit*, 52, n. 70.
59) Journal, I, 471.
60) Letters, VI. 68.
61) Letters, V, 81.
62) Works, VII, 205.
63) Letters, II, 202.
64) Sermons, II, 380.

아이들", "청년들", "아버지들"로 구분하고 있는 요한일서 2장 12-14절에서 찾았다.[65] 성화는 하나님께로부터 난 사람들에게서 시작된다. 그러나 "완전한 그리스도인"은 "아버지"뿐이다.[66]

> 우리 교회(그리고 고린도 교회, 에베소 교회, 그리고 사도 시대에도)에 있는 신자들의 다수(generality)는 확실히 그리스도 안에 있는 아기들에 불과했다. 젊은이들은 적었고, 아버지들은 훨씬 적었다. 그러나 우리에게는 어느 정도(some) 있음을 볼 수 있다. 그러므로 우리는 우리의 오순절이 온전히 오기를 기도하고 기대해야 한다.[67]

따라서 시간 요소는 완전을 소유로 보는 웨슬리의 견해와 불가분의 관계가 있다. 성화는 진보가 있는 "상태"로 시각화된다. 그리고 완전은 이 성장의 가장 높은 단계에 도달했을 때 받는 소유물이다. 그러면 그는 "완전히" 성화된다. 이것은 웨슬리가 달란트의 비유를 사용한 경우에서도 볼 수 있다.

> 하나님께서 사람의 자녀들을 다루실 때 지키시는 한 가지 불변의 법칙이 있다. "가진 자는 그 있는 것을 쓸 것이요 또 더 많이 얻게 되리라. 우리가 의롭다함을 받을 때 그분은 우리에게 한 달란트를 주신다. 이것을 사용하는 자에게는 더 주신다. 우리가 거룩해졌을 때, 있는 그대로 다섯 달란트를 주신다. 당신이 그 때 주어진 큰 능력을 사용하면 그분은 그 능력을 계속 주실 뿐만 아니라 그 능력을 날로날로 증가시킬 것이다.[68]

---

65) Ibid., 156-57; Letters, V, 90; VI, 89, 221.
66) Sermons, II, 157; Letters, V, 90.
67) Letters, VI, 221.
68) Letters, V, 89.

그리스도인의 완전을 웨슬리가 가장 좋아하는 묘사의 방법인 사랑이라는 말로 묘사할 때조차 그것은 여전히 소유하고 있는 어떤 것으로 언급되고 있다. 즉 이것은 "마음을 채우는"[69] 순수한 사랑이라고 말한다. 사랑이신 하나님은 그가 "사랑으로 충만"할 때까지 신자를 자기의 형상과 본받게 하신다.[70] 그리고 이 소유는 개인의 소유이다. 물론 웨슬리는 "기독교는 본질적으로 사회적 종교라고 믿었다; 그래서 기독교를 혼자의 종교로 만드는 것은 기독교를 파괴하는 것이라고 믿었다."[71] 사랑 자체는 사회적 용어였다. 그것은 우리 이웃을 향한 사랑이었다.[72] 그렇지만 이 사랑은 개인으로부터 주어졌다. 완전을 개인적인 소유로 묘사하는 경향은 웨슬리 교리의 주관적인 표현(strain)이다. 완전은 "내적인 것, 즉 사람의 영혼 안에 있는 하나님의 생명, 하나님의 본성의 참여, 그리스도 안에 있었던 생각, 또는 우리를 창조하신 하나님의 형상을 따라 우리 마음이 새롭게 되는 것"이다.[73]

웨슬리의 이러한 표현법의 또 다른 증거는 그의 클래스 모임과 밴드 모임(Band Societies)의 조직에서 함축적으로 발견된다. 최초의 메소디스트의 정치형태에서는 개인은 자신의 경건의 자질에 대해서 스스로 판단하도록 내버려 두지 않았다. 이러한 모임들에서는 그 그룹의 집단적 판단이 그의 종교 생활에 영향을 미쳤다. 고백, 기도, 상호 격려를 통해 성도들은 거룩함을 추구하는 일에 양육을 받았다. 그럼에도 불구하고 그의 강조는 개인이 거룩함을 증진하는 데 있었다.[74]

개인 소유로서의 그리스도인의 완전, 이것이 그 교리를 해석할 수 있는

---

69) Works, XI, 401.
70) Letters, II, 376.
71) Works, V, 296.
72) Letters, II, 377.
73) Journal, II, 275,
74) Works, VIII, 272-73.

한 가지 방법이다. 실제로 그것이 웨슬리 자신의 생각에서 가장 행해진 해석이며, 웨슬리가 완전을 설명하는 데 많이 사용한 용어이다. 이 용어가 성경에서 많이 사용되었다는 것도 부인할 수 없다. 그러한 해석이 적어도 어떤 면에서는 교리를 이해하는 데 도움이 된다는 것도 부인할 수 없다. 그러나 … 그러한 해석은 부적절하고 오해의 소지가 있다고 우리는 믿는다. 선행을 통한 점진적인 완전이라는 올더스게이트 이전의 개념과 밀접하게 관련되어 있기 때문에 그것은 이러한 유형의 표현으로 쉽게 다시 퇴보할 수 있다. 즉 이러한 경향이 믿음에 대한 강조에 의해, 심지어 웨슬리 자신이 저항했던 것처럼, 아주 강하게 저항할 수 있는지에 관계없이 퇴보될 수 있다. 따라서 그리스도인의 완전의 경험이 "그리스도를 본받는 것"으로 퇴화될 수 있다. "완전의 순간"을 과정의 독특한 단계로 해석하고 이 순간을 그리스도인의 순례의 특정 지점에 위치시키려고 시도함으로써 웨슬리는 실상을 왜곡하고 그의 가장 독특한 통찰력의 본질적인 관련성과 타당성을 모호하게 했다.

제1장에서 우리는 웨슬리의 교리에 대한 유효한 현대적 해석의 기회를 마르틴 부버의 대화 철학에서 찾을 수 있을 것이라는 가설을 발전시켰다. 후자의 관점에서 개인의 소유물로 해석되는 그리스도인의 완전은 나와 그것(I-It)의 범주에 속할 경향이 있다. 부버(Buber)에 따르면, 나와 그것(I-It)의 세계는 경험하고 사용하는 세계이다. 이는 전형적인 주체-객체 관계이다. 이것은 인간 안에서 일어난다. 그것은 전적으로 주관적이고 상호성이 결여되어 있다.[75] 나와 그것(I-It)의 세계에서는 주관적인 경험, 사용, 향유, 적절함 등이 하나의 "객체(object)"를 소유한다. 이러한 관점에서 보면, 그리스도인의 완전은 하나의 객체(object), 즉 경험해야 하고 소유해아 할 "물건"이 된다. "나는 무엇인가를 경험한다. 즉 만약 우리가 '외부'

---

75) *I and Thou*, 37ff.

경험에 '내적' 경험을 첨가할지라도 그 상황에서 변하는 것은 없다. … 내적 사물이든 외적 사물이든, 남는 것은 무엇인가. 그들은 그저 물건과 문건이다."[76] "경험하는 사람은 세상에 관여하지 않는다. 왜냐하면 그 경험은 그 사람과 세상 사이에 있는 것이 아니라 그 사람 안에 있기 때문이다."[77] "모든 진정한 삶은 만남이다"라고 부버는 말한다.[78] 그러나 그리스도인의 완전이 개인의 소유물로 해석된다면 그것은 "만남"이나 "관계"가 아니라 한 상태(a state of being)가 된다.

요약하자면, 그리스도인의 완전을 하나의 개인 소유로 보는 웨슬리의 경향은 교리의 환원 불가능한 핵심으로 고립된 완전의 순간을 잘못 적용했음을 나타낸다. 이 완전의 순간과 순간적인 성화에 대한 견해는, 성경적으로나 경험적으로나 유효하다고 웨슬리는 느꼈다. 그러나 그는 그것에 대한 그의 신학적 묘사에서는 잘못을 범했다. 그는 그것을 구원의 목적론적 견해의 틀에 맞추려고 시도했다. 즉 우리가 보았듯이, 그는 구원의 과정은 점차적으로 더 높은 단계들로 향하는 단계들로 이뤄진다는 견해에 맞추려고 시도했다. 따라서 교리의 "환원 불가능한 핵심", 곧 교리의 필수적인 것은 사람이 완전한 상태에 도달하는 위기 사건으로 이해된 것이다. 그때에, 신앙인은 "완전한 그리스도인"이 된다. 즉 사랑, 의도의 순수성, 그리스도의 마음, 그리고 죄로부터의 자유가 그의 소유가 되었다.

우리는 앞서 웨슬리가 완전을 가톨릭의 공로의 사상에서 빼내어 개신교 범주에 넣었다고 지적했다. 그러나 그는 이 과정을 완성하는 데 실패했다. 즉 가톨릭 개념의 흔적은 여전히 그의 교리에 남아 있다. 개혁을 향한 운동을 철저히 따르는 대신(그의 교리에서 진실하고 지배적인 특징) 그는 믿음에

---

76) Ibid., 5.
77) Ibid.
78) Ibid., 11.

의한 순간적인 성화와 행위에 의한 점진적인 성화가 결합되는 종합을 향한 평행하지만 상충되는 운동을 수행했다. 우리의 주장(thesis)은 개혁을 향한 운동이 반드시 관철되어야 하며, 그 교리는 웨슬리 자신의 생각에서 중요한 모티브의 방향으로 수정되어야 한다는 것이었다. 그러나 그리스도인의 완전이 개인의 소유로만 해석된다면 그러한 수정은 불가능하다. 왜냐하면 이 관점은 종합의 경향에 너무 확고하게 고정되어 있기 때문이다. 우리는 이제 그 교리의 환원 불가능한 핵심에 대한 두 번째 가능한 해석을 검토해야 한다.

3.2.2. 대화적 관계로 본 완전

첫 번째 해석이 웨슬리의 표현에서 가장 널리 사용되었지만, 웨슬리가 이 해석의 부적절함을 인식하고 더 나은 표현 양식을 모색했다는 증거가 있다. 첫 번째 해석에 따르면, 그리스도인의 완전은 칭의와 죽음 사이에 있는 순간적인 위기 사건에서 받은 개인의 소유물로 간주되고 있다. 비록 성장이 이 상태 내에서 여전히 가능하고 필요하지만 이 위기 사건은 신자를 더 높은 위치, 완전한 "상태"로 들어 올린다. 완전 또는 성결이 파생된다. 이는 하나님의 선물이다. 그러나 선물로서 그것은 그 개인에게 귀속되고 그 개인의 속성이 된다. 이 견해는 기독교인을 두 부류로 나누는 경향이 있다. 즉 완전한 사람들("아버지")과 불완전한 사람들("그리스도 안에 있는 어린이들")로 나누는 경향이 있다. 이러한 견해는 경직되고, 정적이고, 개인주의적이다.

두 번째 해석에 따르면 여기에서 웨슬리의 교리에 대한 보다 적절한 이해를 위한 가능성이 제시되고 있다. 즉 그리스도인의 완전은 단지 개인적인 소유가 아니라 대화적 관계(dialogical relation)라는 것이다. 우리는 1장에서 마틴 부버(Martin Buber)의 나와 당신(I-Thou relation)의 관계 개념이, 이 둘 사이에 어떤 본질적인 조화가 발견될 수 있게 하면서, 웨슬리의 교리에 대한 적절한 해석의 열쇠를 제공할 수 있다고 제안했다. 그리고 2장에서는 시간 요소의 문제가 웨슬리의 교리에서 매우 중요하였고, 그의 공식이 혼란스럽고 일관성이 없는 것은 이 문제와 관련이 있다고 지적하였다. 이 장에서는 우리는 교리의 환원할 수 없는 핵심과 독특한 측면이 웨슬리 교리의 공식화에서 중추적인 순간적인 "완전의 순간성"임을 보았다. 그러나 이 통찰력을 단계로 구성된 과정으로 구원에 대한 그의 선입견에 고정시키며, 그리고 거기에 완전을 개인의 소유로 묘사함으로써, 웨슬리는 그의 교리에 내재된 불일치와 어려움이 있을 수 있게 하였다.

웨슬리의 교리와 부버(Buber)의 개념과의 유사점을 발견하기 위해 후자는 이와 동일한 중요한 문제, 즉 시간 요소의 문제와 관련하여 검토되어야 한다. 이 점에 있어 부버는 아주 분명하다. 나와 당신(I-Thou)의 관계는 어떤 사람의 삶에 있어서도 우연적이지 않고 방해받지 않는다. 하지만 그것은 항상 열려 있는 가능성이다. 그것은 개인적인 반응의 주어진 순간에 실현 가능하다. 나와 당신(I-Thou)와 나와 그것(I-It)은 번갈아 바뀐다. "It는 영원한 번데기이고, Thou는 영원한 나비이다. 상황이 항상 명확하게 연속적으로 이어지지는 않지만 종종 혼란스럽게 얽힌 심오한 이중적 사건(happening)이 있다는 점을 제외하고는 그렇다."[79]

> 한때는 I-Thou 관계의 Thou가 다음 순간에 하나의 It가 될 수 있고, 실제로 계속 그렇게 돼야 한다는 것이다. It는 다시 Thou가 될 수도 있지만, 그것은 Thou로 남을 수는 없을 것이다. 그리고 그것이 Thou가 될 필요는 전혀 없다. … I-Thou는 계속 I-It가 되지만, 그것은 만남의 순간 동안 직접적이고 직접적인 현재로 존재한다.[80]

---

79) Buber, *I and Thou*, 17-18.
80) Maurice S. Friedman, *Martin Buber: The Life of Dialogue* (Chicago: the University of Chicago Press, 1955), 58.

대화 철학의 핵심인 부버의 "만남의 순간"은 우리가 그의 교리의 환원할 수 없는 핵심으로 분리한 웨슬리의 "완전의 순간"과 매우 흡사하다. 그 내용에 있어서 부버의 하나님과 사람, 사람과 사람의 관계에서의 I-Thou 관계는 웨슬리의 "마음의 할례" 즉 마음을 다하여 하나님을 사랑하고 이웃을 자기 몸과 같이 사랑하는 것과 동일하다.

　　웨슬리는 체계적인 사상가가 아니었고 부버(Buber)에서 볼 수 있는 것과 같은 철학적인 정신을 공유하지 않았지만, 2세기나 떨어져 산 두 사람 사이에는 놀라운 유사점이 있다. 두 사람은 다 고전적인 신비주의에 관심이 있었고 그것에 대해 잘 알고 있었다. 그러나 둘 다 사람과 하나님 사이의 "결합" 또는 "융합"을 초래한다고 주장하는 극단적인 유형의 가르침에는 등을 돌렸다. 반면에 웨슬리와 부버(Buber)는 더 활동적이고 자연적이며 실용적인 유형의 신비주의를 받아들였다.[81] 웨슬리의 영국교회 내의 영적 세력으로서의 메소디스트 단체에 대한 관심과 부버의 유대교 내의 영적 세력인 하시딤(Hasidic) 공동체에 대한 관심 사이에는 일치가 있다. 하시디즘과 메소디즘은 모두 18세기에 시작되었다. 그리고 전자는 "피상적인 형태로 얼어붙은 법주의에 대해 항의"하였고, 후자는 그 시대의 합리주의에 반대하였다.[82] 둘 다 보통 사람들 사이에서의 대중적인 부흥 운동이었다.[83] 웨슬리와 부버(Buber)는 모두 종교적 진리의 기준으로의 이성에 대한 교정으로서의 인간 경험에 관심이 있었다.

　　부버의 "만남의 순간"과 웨슬리의 완전의 순간 사이에는, 그 의미에 있어, 밀접한 일치가 있지만, 그들의 시간 요소의 문제를 다루는 방식에서 불일치가 발생한다. 웨슬리의 지배적인 경향은 완전의 순간을 독특한 위기의 순간, 신자의 삶에서 그가 완전의 상태에 이르게 되는 단 한 번의 사

---

81) Cf. Letters, I, 207, 239-41; Journal, I, 420; II, 515; Paul E. Pfueton, "Martin Buber and Jewish Mysticism," *Religion in Life*, XVI (Autumn, 1947), 559-60.

82) Pfueton, 555.

83) Ibid., 554.

건으로 보는 것이었다. 반면에 부버는 만남의 순간, 즉 '당신(Thou)'이라는 단어가 나오는 순간을 반복 가능한 순간으로 본다. 부버에게 있어서는 실생활은 한순간에 생겨나고 그 순간부터 계속되는 '상태(state of being)'에서 발견되는 것이 아니라, 오히려 몇 번이고 반복될 수 있는 관계의 순간에서 발견된다. "모든 실생활은 만남이다."[84] 관계 속으로 들어가는 것은 전체 존재의 행위이다. 사실 이것이 우리가 인간으로서 우리 자신을 구성하는 행위이다. 그리고 이것은 "항상 새로운 상황에서 다시 반복되어야 하는 행위이다."[85] 인간은 그가 효과적인 현실 속으로 살고 있는 I-It의 세계를 극복할 수 있다. 그리고 이 현실은 그가 자신을 바친다면 지금 인생의 이 시간에 성취하고 받거나, 얻을 수 있는 사소한 것(quantum satis), 또는 충분한 양(sufficient amount)이다."[86]

웨슬리가 완전의 순간적인 성취가 가능하다고 설교했고, 그가 그리스도인의 완전, 온전한 성화, 완전한 사랑으로 묘사한 삶의 자질은 그가 나와 당신의 관계(I-Thou relation)로 묘사한 삶의 자질과 같다고 단언하는 부버의 주장과 이치에 맞는 것으로 보인다. 그러나 웨슬리는 일반적으로 삶의 자질을 개인의 소유물로 생각했지만 부버(Buber)는 그것을 대화적 관계로 말한다. 웨슬리는 그의 교리를 사랑의 용어로 정의하고 인간의 마음 안에서 이 사랑을 기다린다. 그리고 그것은 "인간의 영혼 안에 있는 하나님의 생명"으로 묘사된다.[87] 반면에 부버는 실재를 관계의 "주체(subjects)"에서가 아니라 관계 자체에서, 즉 "사이(between)"의 영역에서 발견한다. 인간의 본질은 개인에서 시작하는 것이 아니라 인간과 인간, 인간과 하나님 사이의 상호관계의 실재에서 시작되어야 비로소 파악될 수 있다.[88]

---

84) *I and Thou*, 11.
85) Friedman, *Martin Buber*, 83.
86) Ibid., 88.
87) Journal, II, 275, 이 단어는 웨슬리가 조지아에 있는 동안 읽었던 Scotch 신비주의자 Scougal의 책 제목이다. Cf. Journal, I, 167.
88) Cf. Martin Buber, Between man and man, trans., Ronal Gregor Smith (Boston:

부버에게 있어서, 의미 있는 삶은 I-It의 세계가 I-Thou의 세계로 스며드는 것이다. 인간은 사물의 세계에 의해 제한되어 있기 때문에, 인간은 "Thou"를 지속적으로 말하지도 못하고 말할 수도 없다. 오직 하나님만이 항상 "Thou"를 말씀하신다.[89] 그러나 I-It의 세계는 그 자체가 악하지 않다. 모든 관계를 차단하고 지배할 수 있도록 허용될 때만이 악이다. 반면에 I-Thou 관계가 무조건 좋은 것은 아니다. I-It와 I-Thou는 둘 다 필요하다. 전자는 삶에 연속성을 부여하고, 후자는 의미를 부여한다. "당신(Thou)의 순간"은 서로 연결되어 있지는 않지만, 삶에 현실과 현재를 가져온다. "인간이 I-It와 I-Thou 사이를 교대할 수 있다면 보편적인 인과관계의 운명은 인간이 자유로워지는 것을 방해하지 않는다."[90] 부버가 선이라고 정의한 것은 I-It와 I-Thou 사이의 교대이다. 악은 I-Thou의 완전한 배제이다.

우리 연구의 이 지점에서 웨슬리가 부버(Buber)의 "관계의 순간"을 해석하는 것과 같은 방식으로(시간 요소와 관련하여) 그의 "완전의 순간"을 해석했다면, 교리에 있어서의 몇 가지 어려움을 피할 수 있었음이 점점 더 분명해지고 있다. 만약에 그가 완전한 성화의 순간적인 순간을 단 한 번뿐인 경험이 아니라 무한히 반복될 수 있는 순수한 관계의 순간으로 보았다면, 그것이 그의 교리를 특히 우리 시대에 더욱 지속적으로 적절하고 이해하기 쉬운 것으로 만들었을 것이다. 실제로, 그러한 해석은 완전의 가능성에 대한 문제를 해결하는 데 도움이 되었을 것이며 완전을 "불가능한 가능성"이라고 보는 오늘날의 비판을 무효화했을 것이다. 1장에서 제기된 웨슬리의 교리와 현대 신학 사이의 대립도 초월되었을 것이다. 우리가 보았듯이 이 문제는 주로 그리스도인의 완전을 개인의 소유로 해석하고 그

Beason Press, 1947), vii.
89) Arthur A. Gohen, Martin Buber (London: Bowes and Bowes, 1957), 54-55.
90) Friedman, *Martin Buber*, 60, 62.

것을 목적론적인 구원의 관점과 결부시키는 경향에 주로 그 원인이 있다.

그러나 이 다소 엄격한 견해가 그 주제에 대한 웨슬리의 모든 생각을 소진시키지 않는다. 그리고 그러한 해석이 웨슬리가 만든 그리스도인의 완전의 초상을 완성하지 못한다는 것은 우리가 그가 표현한 다른 말(그리고 또한 그가 말하지 않은 일부)을 검토하면 알 수 있다. 웨슬리 자신도 그러한 해석이 부적절하다고 느꼈고, 그리스도인의 완전은 대화적 관계라는 개념을(비록 그런 용어를 사용하지 않았지만) 어렴풋이 얼핏 보았다는 증거가 있다.

예를 들어, "속박과 입양의 정신"이라는 설교에서 웨슬리는 구원에 대한 그의 특징적인 목적론적 견해를 발전시키고 있다. 그는 세 가지 잘 분화된 상태, 즉 자연적, 율법적, 복음적 상태를 묘사한다. 육에 속한 사람은 죄 아래 있는 사람이고, 율법 아래 있는 사람은 자기 죄를 깨달은 사람이고, 복음적인 사람은 은혜 아래 있는 사람이다.[91] 복음적 상태에서 한편으로는 신생과 칭의를, 다른 한편으로는 온전한 성화를 구분하지 않는 것이 사실이다. 그들은 복음적 상태라는 하나의 표제 아래 함께 집약된다. 그러나 우리의 현재 연구에서 중요한 것은 설교의 마지막 부분에서 웨슬리가 양보한 것을 주목하는 것이 중요하다. 그는 이 세 가지 상태를 명확하게 구분한 후 다음과 같이 말했다.

> 많은 사람이 생각해야 할 것보다 자신을 더 높이 생각하고, 자신이 어떤 상태에 있는지를 분별하지 못하는 한 가지 이유는 아마도 이러한 여러 영혼 상태가 종종 함께 섞여 있고, 또 어느 정도는 하나의 같은 사람에서 만나기 때문일 것이다.[92]

웨슬리에 따르면 율법 아래 있는 상태는 종종 자연적 상태와 혼합된

---

91) Sermons, I, 179ff.
92) Ibid., 196.

다. 마찬가지로, 복음적 상태 또는 사랑의 단계는 종종 율법적 상태와 혼합된다. 그러므로 이러한 상태들 사이의 구분은 단지 이론적인 구분일 뿐이다; 실제 인간의 경험에서 웨슬리가 알고 있었던 것처럼 구별은 그렇게 올바로 그려질 수 없다. 서그덴(Sugden)은 웨슬리에 의한 양보를 다음과 같이 말했다.

> ··· 그렇지 않으면, 전체 설교는 비현실적으로 보일 것이고, 경험에서 멀리 떨어져 보일 것이다. 그러나 웨슬리에 의한 인정(concession)이 이 설교를 그런 과오에서 구했다. 자연적, 율법적, 복음적 상태에 대한 설명은 인간에 대한 설명이 아니라, 그들의 순결에서 거의 또는 전혀 발견되지 않는 경험의 국면에 대한 설명이다. ··· 웨슬리의 명백한 불일치에 대한 해결의 열쇠(key)는 이것이다. 즉 그는 먼저 성경에서 엄격한 논리적 추론을 통해 자신의 신학을 성취했다. 그런 다음 실제 경험의 검토를 통해 자신의 결론을 수정한 것이다.[93]

그러므로 이 비교적 이른 설교에서 I-It와 I-Thou의 교대에 대한 부버(Buber)의 개념과 유사한 용어로 "사랑의 상태"에 대한 해석을 향한 문이 매우 약간 열려 있었다.

이에 대한 더 중요한 증거는 대 회의록에서 더 찾을 수 있다. 웨슬리의 가장 성숙한 견해를 반영하는 이 회의록의 마지막 단락은 다음과 같다.

> 적절한 주의 없이 의롭게 된 상태나 거룩하게 된 상태에 대해 말하지 않는 것은 사람들을 오도하는 경향이 있다. 거의 자연스럽게 그들이 한순간에 이루어진 일을 믿게 하는가? 우리는 매 순간 우리의 일을 따라 하나님을 기쁘시게 하거나 기쁘게 아니 하는 것은, 현재 내적 기질과 외적 행동

---

93) Sermons, I, n. 2.

의 전체에 달려있다.94)

　이것은 웨슬리가 그리스도인의 완전과 칭의가 과거에 시작되어 현재
와 미래까지 계속되는 경험으로만 기술될 수 없다는 진리를 최소한 일견
했다는 것을 보여준다. 질문은 간단하다. '우리는 지금 이 순간을 하나
님을 기쁘게 하고 있는가?'이다. 궁극적으로 중요한 것은 과거나 목적론
적 과정이 아니라 실존적인 지금이다! "완전한" 사람은 과거의 순간을 신
뢰하는 사람이 아니라 그의 신뢰가 현재 순간에 완전한 사람이다. 1778
년에 웨슬리는 다음과 같이 충고했다. "당신은 그 점을 너무 많이 강력히
주장할 수 없다. … 즉 우리의 과거 경험이 무엇이든 간에, 현재 순간을
어느 정도 개선함에 따라 이제 우리는 어느 정도 하나님께 받아들여질 수
있는가를 강력히 주장해야 한다. 95)

　우리가 그의 다른 설교들 중 일부를 볼 때, 우리는 실존적 순간의 완전
을 연속 상태의 단 한 번의 시작점으로 보지 않고, 반복 가능한 대화 관
계로 해석하려는 초기 경향의 징후를 다시 발견한다. "그리스도인의 완전
(Christian Perfection)"에 대한 설교에서 그는 그리스도인의 삶의 이상은 외적
및 내적 죄로부터 현재의 구원으로 설명한다. 96) 그러나 그 설교의 마지막
단락은 신자에게 이 이상을 향해 "나아가라(press on)", 그리고 계속해서 그
런 해방을 추구하라는 권고일 뿐이다. 흥미롭게도 웨슬리는 거기에서 멈
췄다. 그는 죄로부터의 최종적이고 완전한 구원이 실제로 달성되는 상태
를 계속해서 설명하지 않았다. 마치 그의 목적은 청중을 완전히 도달한
상태로 인도하는 것이 아니라 청중에게 지속적인 희망과 기대의 태도를
갖도록 하는 것 같았다. 전자 대신 후자가 진정한 기독교 신앙의 본질이

---

94) Works, VIII, 338.
95) Letters, VI, 297.
96) Sermons, II, 156-73.

라는 것은 설교에 첨부된 찰스 웨슬리의 찬송이 말해 주고 있다.[97]

"신자의 회개"라는 설교도 마찬가지이다. 여기에서 웨슬리는 "회개와 믿음은 종교의 유일한 문이며, 그것들은 우리가 하나님 나라로 가는 길을 출발할 때, 우리 그리스도인의 과정의 시작 단계에서만 필요하다는" 개념을 거부한다.[98] 그는 우리가 "복음을 믿은" 후에도 우리 그리스도인의 관정에 뒤이어 일어나는 모든 단계에서도 필요한 회개와 믿음이 있다는 것을 주장한다.[99] "다시 말하지만, 흥미롭게도 그는 신자의 죄가 마침내 그리고 돌이킬 수 없이 추방되기 때문에 더 이상 회개가 필요하지 않은 상태를 말하지 않는다. 그 대신 회개는 신자가 계속 갖는 태도로 묘사한다. 온전한 성화 즉 신자 안에 남아 있는 죄로부터의 완전 해방은 순간순간의 문제이다. 회개와 믿음으로 말미암음이 시시각각 새로워진 우리는 모든 것이 깨끗하다. … 주님이 우리의 마음과 삶을 깨끗하게 하신다."[100] "믿음의 확신", 곧 죄에서의 자유를 가져다 주는 믿음은 "과거"의 순간이 될 수 있는 한순간의 소행(the act)이 아니다. 이는 실존적 현재의 재생 가능한 응답이다. 이기는 그 힘은 마치 신자가 "여러 해 동안 쌓아 둔 주식을 가지고 있었던 것처럼" 한 번에 주어지는 것이 아니다.[101] 성화는 과거에 경험한 하나의 경험이 아니다.[102] 이것은 부버(Buber)의 언어에서 보면, "타자"를 존재하게 하는 응답이다. 즉 I-Thou가 I-It의 세계로 침투하는 것이다. 이 설교에서 웨슬리는 회개와 믿음의 상관관계를 발전시켜 믿음에 의한 성화를 실천적으로 주장한다.

그러므로 하나님의 자녀들에게 있어서 이 회개와 믿음은 서로 화답한다.

---

97) Ibid., 174-77.
98) Ibid., 379.
99) Ibid., 380.
100) Sermons, II, 393.
101) Ibid., 389.
102) Works, VIII, 338.

우리는 회개함으로 우리 마음속에 남아 있고 말과 행동에 고착된 죄를 느끼며, 믿음에 의하여 마음을 정결케 하고 손을 씻어주시는 하나님의 능력을 받는다. 우리는 회개함으로써 우리의 모든 성정과 말과 행동이 아직도 형벌을 받을 만하다는 것을 느끼게 되며, 믿음에 의하여서 우리는 하나님 앞에서 그리스도께서 우리의 대언자가 되시고 또 우리를 늘 돌아보고 계셔서 계속적으로 우리의 죄와 형벌을 다른 데로 돌려주심을 인지하게 된다. 회개에 의하여 우리는 우리 안에 아무 힘도 없다는 것을 늘 깨달으며, 믿음에 의하여 자비뿐 아니라 도우시는 그리스도의 은혜를 받는다. 회개는 그분 외의 다른 곳에서는 도움을 얻을 수 없다고 외친다. 그러나 믿음은 하늘과 땅의 모든 권세를 가지신 주님으로부터 우리가 곤고할 때에 필요한 모든 도움을 받아들인다. 회개는 말한다. "주님 없이 나는 아무것도 할 수 없노라"고. 믿음은 말한다. "나에게 힘을 주시는 그리스도로 말미암아 나는 모든 것을 할 수 있노라"고. 그리스도 그분으로 말미암아 나는 영혼의 모든 원수를 정복할 뿐 아니라 내쫓을 수 있다. 그분으로 말미암아 나는 내 주 하나님을 마음과 뜻과 힘을 다하여 사랑할 수 있다. 그렇다. 그분으로 말미암아서만 종신토록 하나님 앞에서 거룩하고 의롭게 걸을 수가 있다.[103]

이 인용문의 마지막 문장이 웨슬리의 그리스도인의 완전에 대한 정의를 구성하고 있다.[104] 따라서 완전은 계속되는 믿음과 회개에 직접적으로 달려 있다. 그리스도인의 완전을 가져다주는 것은 이 리듬, 곧 지속적으로 새로워지는 반응이다. 회개와 믿음이 있는 그 순간에 그리스도인의 완전이 있게 된다. 그러나 이 순간에 그것의 존재가 그의 지속성을 보장하는 것은 아니다. 회개와 믿음이 없는 순간에는 죄로부터의 자유는 없다. 즉, I-Thou는 I-It에게 길을 내준 것이 된다. "신자의 회개"는 "우리 마음

---

103) Sermons II, 394.
104) Supra, Chapter I.

이 완전히 깨끗하지 못하며, 그리고 우리가 받은 바를 계속 유지할 수 없다"는 확신이다. [105]

웨슬리의 가장 결정적인 설교 중 하나인 "성서적 구원의 길"에서도 이와 같은 견해가 나온다. 믿음으로 의롭다함을 받은 신자는 "온전한 성화를 기다려야 한다."[106] 이 설교의 결론 부분에서 순간적 성화에 대해 설명하고, 신자에게 "지금 그것을 기대하라"고 설득하고 있다.

> 당신은 믿음으로 말미암아 성결함을 받는다고 믿으십니까? 그러면 당신의 원칙에 진실하십시오! 그리고 이 축복을 구하십시오! 구하시되 당신이 있는 바로 그 상태에서, 곧 더 나은 상태나 더 악화된 상태에서가 아니라, 있는 그대로의 상태에서 구하십시오! 그리고 그리스도가 돌아가셨다는 것 외에는 아무것도 지불할 것도 간구할 것도 없는, 다만 가엾은 죄인의 자리에서 구하십시오. 당신이 있는 그대로에서 이것을 구하신다면, 지금 그것을 기대하십시오. [107]

거룩하게 하는 믿음은 "하나님이 약속하신 것은 그가 시행할 수 있고 또한 그것을 지금 기꺼이 행하실 수 있다는 것에 대한 신적인 증거와 확신이다."[108] 콜린 윌리엄스(Colin Williams)의 말에 의하면,

> … 우리 삶에서 그리스도의 약속이 성취되기를 기대하는 것이 성결 교리의 본질이다 … 따라서 완전을 순간적인 경험, 순간적인 선물을 통해 도달한 상태로 말하는 것은 … 비성서적이다. 그 대신, 신자의 삶 위에 끊임없이 서서 그리스도께서 그의 임재의 실천을 배우는 사람들에게 제공하시는 선물을 더욱더 깊이 받아들이도록 그를 요구하는, 그리스도와 우리

---

105) Sermons, II, 395-97.

106) Ibid., 448.

107) Ibid., 460.

108) Ibid., 457.

의 단절되지 않은 관계에 대한 약속을 역동적인 새로운 목표로 보아야 한다.[109]

그러므로 웨슬리에서는 그리스도인의 완전 교리의 "환원할 수 없는 핵심"을 해석하는데 두 가지 다른 방식이 있는 것 같다. 이 환원 불가능한 핵심을 다시 말하자면, 이는 하나님의 은총의 주도에 대한 전적인 믿음의 호응을 통해 인간은 주어진 한순간에 하나님과 이웃을 완전하게 사랑할 수 있게 된다. 이 순간에 죄는 추방된다.

이 기본 통찰력에서 두 가지 적용이 있을 수 있다. 실제로 이 두 가지 응용을 모두 웨슬리에서 찾을 수 있다. 첫 번째는 실존적 "완전의 순간"을 목적론적 과정의 한 단계로 해석하는 경향이다. 이 해석에 따르면 이 순간적인 단계를 통해 신자는 이상적으로는 초기 순간부터 죽을 때까지 계속되는 완전의 "상태"에 이르게 된다. 이 해석에서의 강조점은 개인의 내적 성결에 있다. 우리는 이 해석을 "개인의 소유로서의 그리스도인의 완전"이라고 부른다. 그러나 우리가 방금 보았듯이 웨슬리에게는 첫 번째 견해의 지나치게 엄격한 경직성에 대한 거부를 암시하는 다른 진술과 침묵이 있다. 이 두 번째 해석에 따르면 순간적인 "완전의 순간"은 연속적인 상태의 시작점이 아니라 하나님과 이웃에 대한 반복이 가능하고 재생이 가능한 응답의 순간이다. 이 견해에서의 강조점은 개인의 주관적인 성결이 아니라 "타자"에 대한 그의 반응의 정도, 즉 하나님과 이웃과의 관계에 있어서의 정도에 있다. 죄에 대한 회개는 거룩하게 하는 믿음에 의하여 대체되지 않는다. 그것이 본질이다.

참회하는 영혼만이 완전하며 이 회개는 결코 단지 기독교인의 과거에 속하는 것이 아니라 항상 현재에 속하는 것이다. "하나님의 자녀안에서 회개와 믿음은 조화로운 리듬과 교대로 나란히 존재하면서 서로 정확히

---

109) *John Wesley's Theology Today*, 187-88.

응답한다."[110] 목적론적 관점 대신에, 이 해석은 아마도 "실존적"이고 "종말론적"이라고 부를 수 있을 것이다. 왜냐하면 역사가 성취되고 삶의 의미가 확인되는 진정한 실존의 현재 순간에 강조점이 있기 때문이다. 이 해석을 부버의 용어로 표현해서, 우리는 이것을 "대화적 관계로서의 그리스도인의 완전"이라고 불렀다.

이 두 번째의 해석에서 웨슬리의 "완전의 순간"은 부버(Buber)의 "관계의 순간"과 유사하다. 내용뿐만 아니라 시간 요소와 관련하여도 유사하다.[111] 우리의 테제는 부버의 대화 철학이 웨슬리의 완전 교리와 현대 신학의 비판주의 사이에, 그리스도인의 완전과 I-Thou 관계 사이에서 어떤 본질적인 조화(일치)를 발견할 수 있기에, 이해의 다리를 제공할 것이라는 것이었다. 우리 연구의 이 시점에서 그러한 일치가 존재한다는 것이 분명해 보인다. 그러나 우리가 그러한 일치를 자신 있게 확인하고 그것에 비추어 웨슬리의 교리를 재해석하기 전에 우리는 진정한 웨슬리 방식으로 그것에 결정적인 시험, 즉 경험의 시험을 적용해야 한다. 두 가지 가능한 해석(즉 "개인 소유" 또는 "대화적 관계") 중 그 경험이 가리키는 것은 무엇인가?

3.3. 성결 경험의 증언

이 질문을 고려함에 있어, 우리는 먼저 웨슬리의 설교와 영향 아래서 그리스도인의 완전을 경험했다고 주장하는 사람들을 조사할 것이다. 두 번째로, 우리는 웨슬리 본인에게 탐조등을 켜고 볼 것이다. 그리고 이 두 가지 해석 중 어떤 것이 그의 종교적 경험을 가장 잘 설명할 수 있는지 알아

---

110) Sermons, II, 394.
111) 첫 번째 해석에서는 우리가 언급한 대로 내용과 관련해서만 유사하다. Cf. Supra, 152.

볼 것이다.

3.3.1. '살아 있는 증인들'의 증언

"경험의 신학(Theology of Experience)"은 웨슬리가 창시한 것으로 알려져 있다. 조지 크로프트 셀(George Croft Cell)은 다음과 같이 말한다.

> 존 웨슬리의 작품들을 조사하기 위해 18세기의 종교 문헌을 숙고한 연구자는 신학에서 새로운 용어인 경험의 출현에 충격을 받을 것이다. … 존 웨슬리 이전에는 "경험"이라는 단어가 교리적, 실천적 기독교의 대가의 설교, 가르침, 저술에서 눈에 띄는 위치를 차지하지 않았다. 경험에 대한 언급은 기독교 사상 역사상 처음으로 웨슬리의 복음 이해에서 두드러진 위치를 차지했다. 실제로 경험에 대한 호소는 역사적 특성을 결정할 만큼 침투적(pervasive)이고 강력하다.[112]

로마 가톨릭 학자이자 웨슬리의 제자인 이 사람은 이렇게 말한다.

> 존 웨슬리의 작품을 주의 깊게 읽는 사람들은 … 페이지 위아래로 그것들을 묶을 어떤 것이 분명히 결여되어 있는 많은 양의 진술들을 발견할 것이다. 그러나 이 모든 혼란스러운 생각 아래 종교적 경험에 대한 끊임없는 호소가 없는지 자문해 보면 그들의 인상이 분명해질 것이다. … 그는 자신의 개인적 경험과 제자들 가운데서 친숙한 사람들의 주위에 그의 모든 신학적 저술을 모으고 양극화했다.[113]

---

112) *The Rediscovery of John Wesley*, 72.
113) Maximin Piette, *John Wesley in the Evolution of Protestantism*, trans. J. B. Howard (New York: Sheed and Ward, 1937), 436.

그리스도인 개개인의 신앙 경험에 대한 연구에서 웨슬리는 신학과 종교 문제에 대한 그의 가장 특징적인 접근 방식을 반영한다. "향후, 자신과 다른 사람들의 신앙 경험은 웨슬리에게 있어서는 신학의 권위 있는 기준이 될 것이다."[114]

웨슬리는 "아직 완전에 도달한 사람이 없다면 어떻게 됩니까? 그렇게 생각하는 모든 사람이 속았다면 어떻게 하는가?"라고 질문했을 때 다음과 같이 대답했다.

> 그것에 대하여 나를 설득시켜 보시오. 내가 설득당하면, 나는 더 이상 그것을 설교하지 않을 것이다. 그러나 나를 올바르게 이해하라. 나는 이 사람이나 저 사람을 토대로 하여 어떤 교리를 세운 것이 아니다. 이 사람이나 어떤 다른 사람이 속고 있다 할지라도, 나는 꿈쩍도 안 한다. 그러나 오늘날까지 완전케 된 자가 아무도 없다면 하나님은 나에게 완전을 전파하라고 보내시지 않았을 것이다. … 나는 살아 있는 증인을 원한다. 나는 정말로 이 사람이나 저 사람이 증인이라고 완전히 확신할 수 없고, 또한 만약 내가 그런 사람은 아무도 없다고 확신했다면, 나는 이 교리를 집어 치웠어야 했을 것이다.[115]

웨슬리에게 설득력 있고 결정적인 사실로 처음으로 입증된, "살아 있는 증인들의 증언"이 있었던 것은 올더스게이트 경험이 있기 불과 한 달 전이었다.[116] 그 이후로 경험의 기준이 그의 신학을 형성하는 데 결정적인 역할을 하게 되었다. 1738년 8월에 웨슬리는 그들의 간증이 그에게 깊은 인상을 준 사람들의 신앙 경험에 대한 기사들을 수집하고 도표화하기 시작했다. 독일의 모라비아인들을 방문했을 때, 그는 다음과 같이 써서 말했

---

114) Peters, 21-22.
115) Works, XI, 405-6.
116) Journal, I, 455.

다.

> 여기서 나는 계속해서 내가 찾던 것, 즉 믿음의 힘에 대한 살아있는 증거
> 들을 만났다. 즉, 저들의 마음에 부어주신 하나님의 사랑으로 말미암아
> 외적 죄뿐 아니라 내적 죄에서도 구원을 받고, 그들에게 주신 성령의 변
> 함없는 증거로 말미암아 모든 의심과 두려움에서 구원을 받은 사람들을
> 만났다.[117]

그러나 곧 웨슬리의 모라비안 사람들에 대한 판단은 수정되었다. 그
는 그들의 교리에서 정적주의적(quietistic)이고 율법무용론적인 경향들이 있
다고 생각한 것으로 인하여 반발하고 동료 메소디스트들에게 점점 더 관
심을 돌렸다. 1738년 12월에 그는 많은 사람들에게 "그들의 영혼의 상태
에 관하여 편지를 썼다."[118] 그에 대한 그들의 대답은 피터스(Peters)가 말
하는, "경험에 대한 강조와 함께 점점 더 웨슬리의 그리스도인의 완전 교
리에 영향을 미치게 된 개인 간증의 임상적 수집"의 시작을 형성했다.[119]
1744년에 웨슬리는 "자신이 모든 죄에서 구원받았다고 믿는 두 사람"[120]
을 만났는데, 그는 처음에는 그러한 주장을 무시하는 경향이 있었다.[121]
그리고 1747년에 "누군가가 이것을 달성했다고 가정해 보자. 만약 그렇
다면 당신은 그에게 그것에 대해 말하라고 조언하겠는가?"라는 질문을
받았을 때 웨슬리는 다음과 같이 대답했다.

> 하나님을 모르는 자들에게는 아니다. 어떤 특별한 이유 없이, 어떤 특별
> 한 선한 관점도 없이 한다면, 그것은 그들이 모순되고 신성모독을 일으키

---

117) Journal, II, 13.
118) Ibid., 108.
119) *Christian Perfection*, 281; cf. Journal, II, 108-11.
120) Journal, III, 154.
121) Ibid.

게 할 뿐일 것이다. 그러므로 그들은 자랑스러운 모든 모습을 보이지 않도록 특별한 주의를 기울여야 한다.[122]

1738년 이후 20년 동안 그는 온전한 성화의 즉각적인 성취의 타당성을 점점 더 확신하게 되었다. 그러나 그는 여전히 그러한 주장을 평가하는 데 신중했다. 1757년에 그는 다음과 같이 말했다. "우리는 그들이 두 번째 축복을 얻었다고 생각하는 사람들을 믿는 데 있어서 앞으로 나아가거나 뒤로 물러서서는 안 된다. 나는 코트매트릭스(Courtmatrix)와 볼링가런스(Ballingarrance, 옥스퍼드 대학의 기숙사역주)에 있는 사람들에 대해서는 아직 판단을 내릴 수 없다."[123] 그리고 1759년에 그는 그 은혜를 얻었다고 주장하는 사람들에게 그것을 "하나님을 알지 못하는 자들에게는 말하지 말며, 자랑하는 모든 모습이 보이지 않도록 각별히 주의하라"[124]고 다시 조언했다.

1760년에 요크셔(Yorkshire)에서 부흥이 일어났고, 거기서 많은 사람들이 웨슬리가 설교했던 것을 성취했다고 주장했다. 거기에 있는 그들은 "가난하고 문맹이었으며 다른 모든 것 중에서도 위조가 가장 불가능했고, 그리고 그것을 시도할 가능성도 거의 없었기 때문에" 그는 그들의 경험을 의심할 수 없었다.[125] 부흥이 확산되자, 웨슬리는 점점 더 순간적인 성화에 대한 신빙성을 확신하게 되었다. 그해 3월 6일에 웨슬리는 완전한 사랑을 얻길 원했고 그것을 마침내 발견한 두 사람과 그들의 경험에 대해 이야기를 나눴다. 그는 더 이상 의심하지 않고 다음과 같이 확언했다.

자, 이것이 내가 완전에 대해서, 항상 해왔고 지금도 하고 있는 일이다. 그

---

122) Works, VIII, 297.
123) Letters, III, 212.
124) Works, XI, 397.
125) Journal, IV, 366.

리고 많은 사람들이 의롭다함을 받은 것을 내가 믿는 것과 같은 증거에서, 나는 많은 사람이 성취했다고 믿는다. 하나님이 그들의 수를 천 배로 늘리게 하여 주시기를 빈다.[126]

6일 후 그는 리즈(Leads)에서 다른 "살아 있는 증인"을 발견했다.

죄에서 구원받았다고 믿는 많은 이웃 마을 사람들이 나를 만날 수 있기를 바랐기에, 나는 이날의 대부분을 그들 하나하나를 살펴보는 데 보냈다. 내가 받아들일 수 없었던 몇몇 증언들이 있다. 그러나 가장 큰 부분에 관해서는, (그들이 의도적이고 고의의 거짓말을 할 수 없었다면) 이것은 명백하다. 즉 (1) 그들이 내적 죄를 느끼지 않는다. 그리고 그들이 아는 한 외적 죄를 짓지 않는다는 것. (2) 그들은 매 순간 하나님을 보고 사랑하며, 기도하고, 기뻐하고, 항상 감사하는 것. (3) 그들은 칭의에 대한 증거와 마찬가지로 하나님의 성화에 대한 분명한 증거를 끊임없이 가지고 있다는 것 등은 명백하다. 이제 나는 이 일에 있어서 정말로 기뻐하고 기뻐할 것이며, 이것이 당신이 원하는 것이라고 생각한다. 그리고 나는 수천 명이 그토록 많은 것을 경험했으므로, 나중에 그들이 하나님이 원하는 만큼 더 많이 경험하게 할 것이다.[127]

1761년에 그는 "두 번째 축복을 받았고", "철저히 성결하게 되고", "모든 불의에서 깨끗함을 입고",[128] "사랑에서 새로워졌고", "죄에서 구원을 받았다"[129]는 다른 사람들과 접촉하게 되었다.[130] 12월 29일에 그는 다음과 같이 썼다.

---

126) Ibid., 370.
127) Ibid., 372.
128) Ibid., 466.
129) Ibid., 465.
130) Letters, IV, 133.

우리는 편안한 사랑의 잔치를 가졌다. 그 자리에서 몇몇 사람들은 최근에 획득한 축복을 말하였다. 그 일은 논란의 여지 없이 우리가 그들을 어떤 이름으로 불러야 할지 조심할 필요가 없다. 많은 사람이 말할 수 없는 변화를 했고, 그리고 매일 경험하고 있다. 저들은 타고난 죄(inbred sin), 특히 교만, 분노, 고집, 그리고 불신앙에 대하여 깊이 깨달은 후에 또한 순간에 모든 믿음과 사랑을 느꼈다. 즉 교만도, 고집도, 분노도 느끼지 않는다. 그리고 그 순간부터 그들은 하나님과 지속적인 교제를 갖게 된다. … 어떤 사람은 그러한 변화를 마귀에게 돌리지만, 나는 그 변화를 하나님의 영께 돌린다.[131]

1762년에 웨슬리는 런던과 영국 전역, 더블린과 아일랜드의 다른 많은 지역에서 성결을 경험한 사람들에 대한 이야기를 들었다. 그런 사례들은 "지난 20년 동안에 있었던 것보다 현재는 훨씬 더 자주 있었다."[132] 이러한 증언들이 계속 나오자 웨슬리는 "우리가 고안할 수 있는 가장 탐구적인 질문들"[133]을 그들에게 했고, 이러한 주장을 하는 사람들은 자기들이 속고 있는 것이 아닌 것을 알게 되었다. 이 부흥의 기간에 관하여 그는 이렇게 말했다.

1759년, 1760년, 1761년, 그리고 1762년에 그들의 수는 런던과 브리스톨 뿐만 아니라 잉글랜드와 아일랜드의 여러 지역에서 엄청나게 증가했다. 나는 다른 사람들의 증언을 신뢰하지 않고, 이 사람들의 대부분을 나 스스로 주의 깊게 조사했다. 런던에서만 우리 단체 회원인 652명이 그들의 경험에 있어 매우 분명한 것을 발견했다. 그리고 그들의 증언에 대해서는

---

131) Journal, IV, 480.

132) Ibid., 532.

133) Works, VI, 491.

나는 의심할 이유를 발견할 수 없었다. 나는 그 이후로 하나님이 다른 많은 사람들에게도 같은 일을 하지 않으신 세월이 없었다고 믿는다.[134]

1760년경을 중심으로 한 이러한 부흥의 해들(years)에 이어 "온전한 성화를 순간적으로 성취했다는 증인들이 결코 부족하지 않았다."[135] 메소디스트들은 그들의 신앙 경험을 기록하도록 권장받았고, 이러한 기록 중 가장 좋은 것들을 웨슬리는 알미니안 잡지[136]에 발표했다. 생스터(Sangster)는 이렇게 출판된 기사들을 선별하여 표로 만들었다.[137] 생스터는 그것들을 간추려 설명하면서 다음과 말했다.

> 우리가 그의 『그리스도인의 완전에 대한 해설(책)』, 설교, 저널 및 편지에서 발견한 웨슬리 교리의 모든 특징이 여기에 설명되어 있다. 그 선물(gift)의 본질은 사랑이다. 모든 의식적인 죄는 추방되었다. 그것은 믿음에 의해, 그것에 대한 확신을 동반하면서 한순간에 온다. 그것은 일상생활의 바쁜 압박 속에서 지금 여기에서 주어진다. 그리고 그것은 이제부터 이 세상의 근심으로부터의 어느 정도의 영적 분리에서 향유된다.[138]

이러한 유형의 경험적 증거가 웨슬리가 자신의 그리스도인의 완전 교리가 "천 명의 증인에 의해 … 확인되었다"[139]고 느끼게 하였다. 따라서 그는 1766년에 다음과 같이 확언할 수 있었다. "우리가 100명의 열광주의자들을 제쳐놓았어도, 우리는 여전히 내가 40년 동안 가르친 완전을

---

134) Ibid.
135) Peters, 30; cf. Journal, V, 66, 97, 143, 356; VI, 295-96.
136) Cf. *The Armnian Magazine* (20 Vols: London: Frys, Couchman and Collier, 1778-1797).
137) *The Path to Perfection*, chapter 16.
138) Ibid., 124.
139) Letters, V, 258-65.

삶과 죽음에서 증언하였고, 또한 이것을 증언하는 무리에 둘러싸여 있다."[140]

래튼뷰리(Rattenbury)가 관찰했듯이 찰스 웨슬리(Charles Wesley)는 존(John)만큼 이러한 개인적인 간증에 의하여 쉽게 확신하지 못했다.[141] 찰스(Charles)는 존(John)이 그들의 영적 상태에 대해 다른 사람들이 보고한 것에 대해 쉽사리 믿고 너무 쉽게 감명을 받는다고 느꼈다. 그에 대한 존의 대답은 이랬다.

> 나는 여전히 모든 신앙고백자들을 불신하는 것은 그 사실을 부정하는 것과 같다고 생각한다. 우리가 20년 동안 전파한 것에 대한 살아 있는 증인이 없다면, 나는 더 이상 그것을 설교할 수 없고 또 설교하지도 않을 것이다.[142]

그러나 존(John)의 접근 방식이 찰스(Charles)의 접근 방식보다 더 쉽게 적용된 한 가지 골치 아픈 문제가 있었다. 그는 분명히 완전을 얻은 사람들 중 많은 사람이 완전을 유지하지 못한다는 사실에 직면했다. 처음에는 그는 한 번 소유한 그리스도인의 완전은 잃어버릴 수 없다고 믿었다. 늦게 1757년에 그는 "같은 순간에(적어도 일반적으로) 주어진 하나의 열매는 그 일이 이루어지고, 그들이 타락할 수 없고, 그들이 죄를 범할 수 없다는 것을 성령이 직접적으로, 긍정적으로 증거한다."[143]라고 기록했다. 그러나 이 견해는 곧 포기되었다. 그래서 1761년 그는 다음과 같이 썼다.

> 마음이 교만, 분노, 욕망에서 깨끗해진 후에 그것들이 다시 들어오는 것

---

140) Ibid., 102.
141) *Evangelical Doctrines*, 299, 304.
142) Letters, V, 41; cf. 20.
143) Letters, III, 213.

을 경험할 수 있다. 그러므로 나는, 우리가 적어도 어느 정도로 타락할 수 없다고 성경에 언급된 어떤 상태도 인지할 수 없기 때문에, 나는 오랫동안 찬송가의 일부 표현이 너무 강력하다고 생각했다.[144]

1763년에는 완전해졌던 사람들이 그것에서 떨어질 수 있느냐고 질문했을 때, 그는 다음과 같이 대답했다.

> 나는 그들이 타락할 수 있다고 확신한다. 사실 이것은 논쟁의 여지가 없다. 이전에 우리는 죄에서 구원받은 사람은 넘어질 수 없다고 생각했다. 이제 우리는 그 반대를 알고 있다. 우리는 최근에 내가 말하는 완전을 모두 경험한 사람들의 일로 둘러싸여 있다. 그들에게는 성령의 열매와 증거가 있었다. 그러나 그들은 이제 둘 다 잃어버렸다. 어느 누구도 그 상태의 본성에 함축된 어떤 미덕도 가지고 있지 않다. 거기서 넘어지지 않을 만큼의 성결의 높이나 힘은 없다.[145]

1764년에 완전에 대한 자신의 견해를 기록하면서 그는 다음과 같이 말했다. "그것은 인정될 수 있고, 또한 분실될 수 있다. 우리는 그에 대한 수많은 사례를 가지고 있다. 그러나 우리는 5~6년 전까지만 해도 이것을 완전히 깨닫지 못했다."[146] 그리고 3년 후 그는 말했다. "나는 부분적으로든 전체적으로든 그것에서 떨어지는 것의 불가능성을 포함하지 않았다. 그러므로 나는 우리 찬송가에서 그러한 불가능성을 부분적으로 표

---

144) Letters, IV, 167. 우리가 이미 여러 순간에 언급했듯이 1760년(대략)은 웨슬리의 사고에서 전환점을 나타낸다. 지금까지 잠정적으로 보류된 그의 사상 중 많은 부분이 이 시기에 결정화되고 어느 정도 체계화된 것을 볼 수 있다. 이 모든 경우에 결정적인 것은 경험의 증거이다.
145) Works, XI, 426.
146) Ibid., 442.

현하고 부분적으로 암시하는 여러 표현을 철회했다."[147] 그리스도인의
완전은 분실될 수 있다. 다시 이것이 웨슬리에게 결정요인이 된 "살아 있
는 증인"의 경험이었다.

그러나 완전은 잃어버리더라도 또한 회복될 수 있다. 1769년에 그는
다음과 같이 말했다.

> 그로부터 몇 년 후, 나는 한때 하나님의 순수한 사랑을 누렸다가 잃어버
> 린 사람은 영원에 들어서기까지는 결코 그것을 다시 누리려 해서는 안 된
> 다고 생각하는 경향이 있었다. 그러나 경험은 우리에게 더 좋은 것을 가
> 르쳐 주었다. 우리는 그 말할 수 없는 축복을 버렸다가 지금 그것을 어느
> 때보다 더 크게 즐기고 있는 사람들의 사례를 많이 가지고 있다.[148]

그리고 1784년에 그는 저널에 이렇게 기록했다.

> 나는 런던을 떠난 이후로 본 적이 없는 선별된 공동체(a select society)의
> 사람들을 만났다. 그들은 약 40명이었는데, 그들 중 타고난 죄(inbred sin)
> 로부터 구원받았다는 분명한 증거를 가지고 있지 않는 사람은 하나도 없
> 었다. 그들 중 몇몇은 그것을 한동안 잃어버렸다. 그러나 그들은 그것은
> 회복할 때까지는 결코 마음이 평안할 수 없었다. 그리고 그들 각자는 이
> 제 하나님의 면전에서 걷는 것 같았다.[149]

그러므로 웨슬리의 결론은 "두 가지가 확실하다는 것이었다. 하나는
하나님의 순수한 사랑까지도 잃어버릴 수 있다는 것이고, 다른 하나는
그것이 필요하지도 않고 불가피한 것도 아니다라는 것이다. 그것은 잃어

---

147) Works, 446.
148) Letters, V, 138; cf. Works, XI, 427.
149) Journal, VI, 517.

버릴 수도 있다. 그러나 그것은 유지될 수 있다."150)

우리는 웨슬리의 "살아 있는 증인"의 증언을 어떻게 평가할 것인가? 그리고 더 중요한 것은 이 증언에 대한 웨슬리의 평가를 어떻게 평가할 것인가? 생스터(Sangster)가 알미니안 잡지(Arminian Magazine)에 있는 개인의 경험에 대한 기사들을 검토한 후 문제를 간결하게 언급한 것이 있다. 그는 다음과 같이 말한다.

> 많은 증인들의 입에서 우리는 이제 웨슬리가 가르친 교리가 그의 백성에 의하여 견지되고 경험된 교리라는 축적된 증거를 받았다. 그러나 이것은, 그들의 지도자가 단순히 그의 생각을 그들의 마음에 부과했다는 것을 암시하는 이 설명들은 정직성과 일관성에 있어서 적절하게 판단하지 못할 것이다. 증인은 너무나 많다. 그 설명은 세부적으로는 매우 다양하지만 본질적으로 매우 유사하다. 그리고 그것은 개인적인 변덕이나 이상한 우연의 일치라고 치부할 수는 없다. 어떤 일이 일어난 것은 사실이다. 그러나 무엇이 일어났다는 것인가? 그들은 (적어도 부분적으로는) 스스로 속고 있는 것은 아닌가? 이런 축복이 있다는 말을 듣고 나머지는 상상한 것이 아닌가? 단순히 그들이 찾기로 한 것을 찾았고 그들이 그렇게 출발했기 때문에 찾은 경우였는가? 아니면 그저 찾아온 평화였던가? 노력을 멈추는 영혼에게 오는 평화는 무엇인가? 아니면 그들이 완전히 옳았던가? 그리고 그것이 성화, 그들이 이전에 알았던 그 어떤 것보다 더 깊고, 더 완전하고, 더 꿰뚫어 본 것인가?151)

이 마지막 질문에 대한 웨슬리의 대답은 긍정적이었다. 어떤 일이 일어났고 웨슬리는 그것을 그리스도인의 완전-"죄를 배제하는 사랑(Love

---

150) Letters, V, 188-89.
151) *The Path to Perfection*, 130.

excluing sin)"이라고 불렀다. 생스터는 만일 강조점이 죄의 근절이 아니라 초자연적인 사랑의 긍정적인 면에 놓여 진다면, 기꺼이 동의한다. 그러나 생스터는 "아무도 그 안에 무엇이 있는지 알지 못한다"는 근거에서 죄로부터 자유하다는 확신이 있게 된다는 웨슬리의 견해는 비판한다.[152] 이에 대해 터너(Turner)는 대답하기를 "그러나 온전한 성화를 완전에 대한 확신을 얻기 위해 자기 자신에 관한 모든 것을 알아야 할 필요가 있는가?"라고 말한다.[153] 하지만 이 시점에서 우리에게 진정한 질문은 단순히 웨슬리가 바쁜 일정에서 그들과 짧은 시간을 보냈을 때 관찰한 내용, 그리고 단지 다른 사람들이 그들에 대하여 보고한 것에 의하여 그들의 대부분을 알았는데 그 내용이 무엇인지 정말로 알 수 있었는지?일 것이다. 또한 오늘날의 심리학적 통찰력으로 판단하면, 웨슬리의 임상적 관찰은 터무니 없이 피상적이다. 물론 인간 경험에 대한 실증적 관찰에서 그는 의심할 여지 없이 그 시대보다 훨씬 앞서 있었음에도 불구하고 웨슬리의 18세기 방법을 20세기 지식으로 판단할 수 없다. 그러나 이것을 인식하는 것만으로는 문제가 해결되지 않는다. 문제는 여전히 지속된다. 웨슬리는 그가 그토록 공들여 수집한 경험의 실증적 데이터를 올바르게 해석했는가?

모든 요인을 종합해 보면 일반적으로 웨슬리가 제대로 된 분석을 하지 않은 것으로 보인다. 그는 완전을 주로 개인의 소유라는 개념으로 자료를 평가하지 않았다. 그리고 원칙적으로 이것이 그가 그것을 평가한 방법이다. 그의 교리적 진술 중 일부, 특히 설교와 회의록에는 그가 완전을 대화적 관계로 묘사한 범주에 더 정확하게 속한다고 보는 어떤 통찰력

---

152) Ibid., 160-67.

153) George Allen Turner, *The More Excellent Way: The Scriptura; Basis of the Weslayan Messasge* (Winona Lake, Indiana: Light and Life Press, 1957, 253. (이 책은 원래 "이 웨슬리 교리의 근원을 결정하기 위한 성경과 웨슬리의 완전에 대한 비교 연구"라는 제목으로 하버드 대학에서의 박사 학위 논문이었다).

의 작은 가능성을 가지고 있었다는 표시를 발견할 수 있다. 이러한 통찰의 단편에서 순간적인 "완전의 순간"은 연속적인 완전 기간의 시작이 아니라 진정한 I-Thou 관계의 언제나 가능하고, 덧없고, 계속 갱신할 수 있는 순간으로 보였다. 그러나 그는 이 통찰에 따라 경험을 해석하지 않았다. 그가 그랬다면 그의 많은 문제가 해결되었을 것이다. 예를 들어, 완전의 은사를 유지하는 문제는 단순화되었을 것이고 그것이 "잃어버릴" 수 있다는 것을 인정하는 것은 그리 오래 걸리지 않았을 것이다. 이 문제는 개인의 소유로서의 완전의 개념에 내재된 경직성에서 아주 자연스럽게 발생했다. 웨슬리가 우리가 개괄한 것처럼 대화적 관계 개념의 견지에서 경험의 데이터를 해석했다면 이 모든 문제는 자명했을 것이다. 더군다나 '완전이 완전하지 않은 방식을 설명해야 하는 시급한 문제'는 극복되었을 것이다. 완전을 인간과 하나님, 인간과 인간 사이의 "관계"로 보기보다는 개인에게 속한 것으로 생각함으로써 웨슬리는 많은 문제가 있게 하였다. 웨슬리가 "먼저 성경에서 엄격한 귀납적 논리를 통해 자신의 신학을 완성했다"는 서그덴(Sugden)의 주장은 타당하다. 그러나 그가 그 다음에는 "실제 경험의 테스트에 의해 그의 결론을 수정했다"는 것은 부분적으로만 사실이다. [154] 의심할 여지없이 이것이 그가 하고자 했던 것이다. 그러나 이 교정의 과정은 적절하게 시행되지 않았다. 문제는 그의 이론적 전제의 렌즈를 통해 경험을 너무 자주 보았던 것이다. 따라서 그것이 그에게 보여주려고 한 것을 보지 못했다.

두 가지 예(example)가 이를 설명해 준다. 첫째, 웨슬리는 영적 현실을 설명하기 위해 육체적 출생, 성장 그리고 죽음의 유비(analogy)를 꽤 자주 사용했다. 그는 신생을 육체적 출생과 유사한 것으로 말한다. 마찬가지로 신생 때 시작하는 성화의 과정은 출생 후의 아이의 육체적 성장에 비유된다. "우리의 육체적 출생과 성장 사이에 있고, 또한 우리의 신생과 우리의

---

154) Sermons, I, 196, n. 2.

성화 사이에 있는 관계는 … 같은 관계이다."155) 비슷하게도 온전한 성화는 육체적 죽음과 유사하다.

사람은 얼마 동안 죽고 있을 수 있다. 그러나 제대로 말해서, 그는 영혼이 육체에서 분리되는 순간까지는 죽지 않은 것이다. 그리고 그 (죽는 순간에) 그는 영원한 삶을 살 것이다. 같은 방식으로 그는 한동안 죄에 대해 죽고 있을 수 있다. 그러나 그는 죄가 그의 영혼에서 분리될 때까지는 죄에 대해 죽지 않은 것이다. 그 (죄에 대한 죽는) 순간 그는 사랑의 충만한 삶을 살 것이다.156)

그리고 다시,

> 사람이 죽는 순간을 인식하기는 어려운 경우가 많다. 그러나 생명이 멈추는 순간은 있다. 그리고 만일 죄가 그친다면, 그것의 있었던 마지막 순간, 그리고 죄로부터 우리가 해방된 첫 순간은 있어야 한다.157)

콜린 윌리엄스(Collin Williams)가 "죄가 그치는 순간에 대한 이 이야기는 다소 인위적이고 지나치게 단순화되어 있다"고 말한 것은 옳다.158) 영적 실체들은 물리적 실체들과 비교할 수 없기 때문이다. 신앙의 일들은 공간에서 일어나는 범주로는 적절하게 정의될 수 없다. 위의 유추에서 웨슬리는 육체적 출생(항상)과 (보통이 아닌)육체의 죽음이 관계된 개인의 의지와는 관련 없이 일어난다는 사실을 간과했다. 온전한 성화를 육체적인 죽음에 비유함으로써 웨슬리는 그것의 순간적임을 증명하고 있었다. 그러나 그

---

155) Sermons, II, 240.
156) Works, XI, 402.
157) Ibid., 442.
158) *John Wesley's Theology Today*, 185.

는 잘못된 유형의 순간성을 가지고 나왔다. 육체적인 죽음은 단 한 번뿐이다. 여기서 비유가 무너진다. 그러나 웨슬리는 그 한계를 인식하지 못하고 틀에 박힌 결론에 도달했다. 그에게는 이론적으로나 이상적으로는 "죄가 그치는" 순간은 단 한 번뿐이었고, 그 뒤에 죄가 죽은 채로 남아 있는 상태가 이어졌다. 실제 경험에서 혼들이 계속 돌아온다는 것은 그를 당황하게 만들고 그 설명을 요구했다. 잘못된 표현 수단을 선택했기 때문에 그의 설명이 부적절했던 것이다. 이것이 웨슬리가 경험 자료들을 어떻게 잘못 해석했는지 보여주는 한 예이다.

두 번째 예는 첫 번째 예와 불가결하게 관련이 있다. 웨슬리는 죄를 정의하기 위해 또 다른 물리적 비유를 사용한다. 그는 그것(죄)을 실체, 대상 또는 "사물(thing)"로 생각하는 경향이다. 서그덴(Sugden)은 웨슬리가 "죄는 암이나 썩은 치아와 같이 인간에게서 제거되어야 하는 사물(thing)이라는 잘못된 생각을 결코 떨쳐 버리지 않았다"고 정확하게 관찰했다.[159] 서그덴은 또한 그가 제안한 웨슬리의 수정 즉 교리의 순간성을 해석하는 두 가지 가능한 방법을 인정하는 것에서도 정확하다. 그는 다음과 같이 말한다.

> 그러나 죄는 사물이 아니다. 그것은 우리의 동기 가운데서의 균형의 조건이다. 믿음으로 우리가 그리스도의 임재를 내재하신 성령을 통하여 인지하는 한. 균형은 항상 올바른 방향으로 기울 것이다. 그러나 한번 우리의 믿음이 실패하도록 내버려 둔다면, 비록 그 동기는 그 자체가 순결하지만 특정한 상황에서 죄를 짓는 경향이 다시 한번 우세할 것이다. 그리고 우리가 육신 안에 있는 한. 그러한 동기는 항상 존재할 것이다. … 그러나 우리는 하나님의 존재에 대한 감각이 지금. 다시 지금. 그리고 지금. 그리고 다시금 우리를 압도하여 그것들이 우리에게 힘을 갖지 못하게 하

---

159) Sermons, II, 459, n. 18.

리라는 것을 희망하고 확신할 수 있다. 그리고 이러한 "지금"은 우리가 은혜와 능력 안에서 성장함에 따라 실질적으로 연속적인 사슬이 될 것이다.[160]

실존적 '지금'에 대한 이러한 강조는 현재 웨슬리의 지배적인 주제이다. 그가 이 개념을 그의 교리에 일관되게 적용하지 않았고, 경험의 자료를 그것에 비추어 평가하지 않았다는 것은 어려움의 근원이었다. 따라서 우리는 웨슬리의 "살아 있는 증인들"의 증언이 대화적 관계로서의 그리스도인의 완전에 대한 제안된 해석에 의해 가장 쉽고 간단하게 설명된다는 결론을 내린다. 그러므로 경험의 시도는 웨슬리의 교리와 I-Thou 관계에 대한 부버(Buber)의 개념 사이의 일치를 나타내거나 적어도 반증하지 않는 것처럼 보일 것이다. 그러나 이제 우리는 탐조등을 웨슬리 자신에게 집중해야 하겠다.

3.4. 웨슬리 자신의 신앙 경험(Religious Experience)

웨슬리의 추종자들, 특히 그의 완전의 교리에 가장 동조하는 사람들은 웨슬리가 다른 사람들에게는 그토록 열렬히 촉구한 경험에 대해서 그 스스로는 분명한 개인 간증을 하지 않는 것으로 인해 종종 당혹스러워했다. 그가 달성할 수 있다고 선언한 것을 실제로 경험했는지 여부는 일반적으로 해명할 수 없는 문제로 인식되어 왔다. 우리의 현재 관심사는 대화적 관계로서의 그리스도인의 완전에 대한 제시된 해석이 웨슬리 자신의 경험에 의해 확증되는지 여부를 결정하는 것이다. 우리는 그것이 그 질문에 어떤 빛을 던질 수 있을지에 대한 증거를 조사해야 한다.

그 자신의 증언에 따르면 웨슬리는 일찍이 1725년부터 그리스도인의

---

160) Sermons, II, 459-60. n. 18.

완전의 목표를 적극적으로 추구했다. 『그리스도인의 완전에 대한 평이한 해설』에서 그는 제레미 테일러(Jeremy Taylor)를 읽은 후 "내 모든 삶을 하나님께 바치겠다고 … 철저히 결심했다. 중간은 없다. 내 삶의 모든 부분은 … 하나님에게 바치는 제물이거나, 아니면 나 자신, 즉 사실상, 악마에게 바치는 제물이 되어야 한다."[161]고 즉각 결심했다고 말하고 있다. 그가 아 켐피스(a Kempis)의 『그리스도를 본받아(*Imitation of Christ*)』를 1726년에 읽고, "의도의 단순함과 애정의 순수함이 … 참으로 영혼의 날개이며, 그것 없이는 영혼이 결코 하나님의 산에 올라갈 수 없음을 깨달았다."[162] 그다음 3년 동안 윌리엄 로(William Law)의 작품을 읽는 것과 성경에 대한 근면한 연구는 이 탐구에 대한 그의 헌신을 강화시켰다. 그는 메소디즘의 시작에 대해 논의하면서 다음과 같이 말했다.

> 1729년에 두 청년이 성경을 읽는 가운데. 저들이 성결 없이는 구원받을 수 없음을 깨달았다. 그 뒤를 따랐다. 그리고 다른 사람들이 그렇게 하도록 선동했다. 1737년에 그들은 성결이 믿음으로 말미암아 오는 것을 깨달았다. 그들은 이처럼 사람들이 거룩해지기 전에 의롭다함을 얻는다는 것을 깨달았다; 그러나 여전히 성결이 그들의 중요한 사항(point)이었다. 그런 다음 하나님은 거룩한 백성을 세우기 위해 그들의 의지와는 완전히 달리. 그들을 밀어내셨다.[163]

두 청년은 자신들과 다른 메소디스트 설교자들의 소명이 "어떤 새로운 종파를 형성하는 것이 아니라 국가, 특히 교회를 개혁하고 성경적 성결을 온 땅에 퍼뜨리는 것"이라고 느꼈다.[164]

---

161) Works, XI, 366.
162) Ibid., 367.
163) Works, VIII, 300.
164) Ibid., 299.

그러나 웨슬리 자신이 "그를 따르고 다른 사람들이 그렇게 하도록 선동한" 것을 발견했는가? 확실히 웨슬리는 그 질문의 양쪽에 인용될 수 있을 것이다. 그의 저작에서는 수많은 진술을 발견할 수 있는데, 그중 일부는 온전한 성화의 달성을 암시하는 것처럼 보이고 일부는 그러한 달성을 부인하는 것처럼 보인다. 그가 옥스퍼드와 조지아에서 완전을 추구하는 일에 성공하지 못한 것은 이미 지적하였다. 그러나 올더스케이트에서 그는 자신이 오랫동안 추구해 왔던 목표를 믿음으로 획득했다고 느꼈다. "왜냐하면 우리는 그와 같이 가슴이 뜨거워지는 경험을 일반적으로 우리가 추구하고 있는 용어로 해석하기 때문이다."[165] 올더스게이트가 있은 지 5일 후에 그는 연속적인 평화와 죄에서의 해방(freedom from sin)을 가졌다고 주장했다.[166] 그리고 가슴이 뜨거웠던 경험이 있은 지 5개월 후에 그는 새로 발견한 행복과 성결에 대해 기록했다.[167] 그러나 이 경험은 확실히 일정하지 않았다. 그것은 의심과 두려움으로 뒤섞여 있었다.[168] 그리고 그는 여전히 더 많은 어떤 것을 찾고 있었다. 그는 1738년 10월에 다음과 같이 기록했다. "나는 내 안에서 하나님의 사랑을 찾을 수 없다. … 나에게는 또한 두려움이나 의심의 가능성을 배제하는 그러한 평화가 없다. … 나에게는 성령 안에서의 기쁨도 없고, 믿음의 완전한 확신도 없다."[169] 그는 『메소디스트의 성격(*The Character of Methodist*)』이라는 소책자에서 "완전한 기독교인"을 설명하면서, 제목 페이지에 "내가 이미 얻었다 함도 하니요"라고 적었다. 커티스(Olin A. Curtis)는 많이 논의된 "발견된 것"에서 1744년 12월 24일과 25일자 일지의 항목에서 우리가 "1738년 5월 24일 그의 일지에서 우리가 가지고 있는 성결의 경험에 대한 증언과 같은

---

165) Peters, 202.
166) Journal, I, 481.
167) Journal, II, 89-90.
168) Journal, I, 457-83.
169) Journal, II, 91.

종류의 회심 경험에 대한 것이 있음을 본다"[170]고 말하며, 이 항목에서 다음과 같이 말하고 있다.

> 저녁에 나는 스노우스필드(Snowsfields)서 기도문을 읽는 가운데, 전에는 결코 기억하지 못했던 그런 빛과 힘을 발견했다. 나는 모든 생각, 행동이나 말을, 그것이 내 마음속에서 솟아오르는 것처럼 보았다. 그리고 그것이 하나님 바로 앞에 있는지, 아니면 교만이나 이기심으로 더럽혀졌는지를 보았다. 나는 전에는 결코 (이때처럼은) 하나님 앞에 가만히 있는 것이 무엇인지를 알지 못했다.

> 25일 화요일. 나는 하나님의 은혜로 같은 정신으로 깨어났다. 여덟 명쯤이 예수님을 믿는 두세 사람과 함께 있으면서, 그 안에서 나는 크게 확신하면서, 하나님의 임재에 대한 경외심과 상냥함을 느꼈다. 그래서 하나님은 하루 종일 내 앞에 계셨다. 나는 모든 곳에서 주님을 찾고 찾았다. 그리고 진정으로 내가 밤에 누웠을 때, 나는 이제 하루를 잘 살았다고 말할 수 있었다.[171]

하지만 웨슬리의 대부분의 학생들은 이 구절을 납득하기보다는 "여기에 설명된 경험은 웨슬리가 정의한 그리스도인의 완전과는 완전히 동일하지 않다"고 말한 린스트롬(Lindstrom)에게 동의할 것이다. [172] 그럼에도 풀루(Flew)는 다음과 같이 주장한다.

> … 커티스 박사의 이론을 인증(prove)하거나 인증하지 않는 것은 불가능하다. 그러나 이 구절은 그가 자신이 극복과 지속적인 평화의 초자연적인

---

170) *The Christian Faith* (Nashville: Smith and Lamer, 1905), 376.

171) Journal, III, 157.

172) *Wesley and Sanctification*, 136, n. 8, Cf. McConnel, John Wesley, 206.

영역에 들어갔다는 사실을 다른 사람들에게 보여준 것이다. 만일 그가 완전한 사랑이 무엇인지를 그 자신의 영혼이 적어도 어느 정도 알지 못했다면, 그는 거의 모든 설교자들에게 그 교리를 설교하도록 정직하게 명령할 수 없었을 것이다.[173]

그러나 웨슬리 자신이 이 구절을 온전한 성화의 독특한 경험에 대한 증거가 되도록 의도했다는 증거는 없다.

또한 웨슬리가 경험한 바에 대해 증언하지 않았다는 주장이 있을 수 있다. 완전한 사람의 생생한 예에 대해 물었을 때, 그는 다음과 같이 대답했다.

> 누군가는 대답할 수 있을 것이다. 만약 내가 여기에 한 사람을 알고 있어도 나는 당신에게 이야기하지 않을 것이다. 왜냐하면 당신은 사랑으로 구하고 있지 않기 때문이다. 당신은 헤롯과 같다; 당신은 단지 그것을 죽이기 위해 그 어린아이를 찾고 있다.

> 그러나 더 직접적으로 우리는 대답한다. 논란의 여지가 없는 실례들이라도 소수여야 하는 데는 여러 가지 이유가 있다. 이것은 모든 사람이 총을 쏘는 표적으로서 그 사람 자신에게 어떤 불편함을 가져다줄 것이다.[174]

이러한 이유로 웨슬리는 자신의 영적 상태에 대해 언급하는 경우가 드물다. 그럼에도 불구하고 찬반양론의 주장들은 존재한다. 1748년에 그는 세커 주교(Bishop Secker)에게 쓴 편지에서 다음과 같이 말했다. "나는 내가 세 번째 하늘에 있는 것처럼, 이미 달성하였다. 나는 마음을 다하고 목숨을 다하고 힘을 다해 하나님을 사랑하고 있다는 것을 더 이상 상상

---

173) *The Idea of Perfection*, 329.
174) Works, XI, 391.

하지 않는다."[175] 그러나 그는 1749년에 미들턴(Conyers Middleton)에게 보낸 편지에서는 다음과 같이 말했다.

> 모든 진정한 기독교인은 말할 것이다. 기독교는 그렇게 나에게 말한다. 그래서 나는 그것을 찾았다. 나는 이제 이것이 사실임을 확신한다. 나는 그것들을 내 가슴으로 경험했다. 기독교가 약속했던 것(교리로 간주됨)이 내 영혼에서 이루어졌다.[176]

그리고 1756년에 윌리엄스 도드(Williams Dodd)에게 쓴 편지에서 그는 죄로부터의 자유를 설명한 "믿음으로 말미암는 구원"이라는 설교에서 자신의 진술을 상기시키며 덧붙여 말했다.

> 나는 여전히 그들이 내 경험과 내가 개인적으로 아는 수백 명의 하나님의 자녀들의 경험을 말하고 있다고 진술한다(aver). 그리고 이 모든 것은, … 이 한 가지 표현, 즉 '마음을 다하여 하나님을 사랑하고 힘을 다하여 하나님을 섬긴다'는 표현에 포함되어 있다.[177]

이 견본 인용문들은 웨슬리가 설교한 완전의 그의 실제 달성을 입증하기 위해 또는 반증하기 위해 양쪽이 웨슬리를 인용하는 것이 가능하다는 것을 보여주기에 충분하다. 커티스(Curtis)에 동의하는 사람들을 제외하고[178]는 웨슬리가 명확한 순간적 성취에 대해 명석한 증언을 한 적이 없다는 것은 의심할 여지가 없다. 아니면 그는 그것을 암시했는가?

피터스(John L. Peters)는 그의 책 부록에서 온전한 성화에 대한 웨슬리의

---

175) Letters, II, 140.
176) Ibid., 383.
177) Letters, III, 168.
178) Supra, 183.

증언 문제를 장황하게 논의하고 있다.[179] 질문의 양쪽에 대한 증거를 주의 깊게 고려한 후에 그는 결론을 다음과 같이 내렸다.

> 웨슬리의 생애와 사상에 대한 공적 및 사적 기록을, 그가 성숙한 목회 경력 동안 열심히 옹호한 교리에 대해 어느 정도의 내적 지식을 갖고 있었다는 점을 고려하지 않고, 읽는 것은 거의 불가능하다. … 웨슬리는 자신이 매우 간절히 촉구한 이 완전한 사랑이 어떤 면에서 무엇인지는 의심할 여지 없이 경험적으로 알고 있었다. 그러나 그는 결코 그것의 성취에 대한 명확한 증언(testimony)은 하지 않았다.[180]

이 판단은 웨슬리가 "다른 사람들이 주장하는 선물을 마치 내부에서 완전히 이해한 것처럼 그 경험에 대해 말하고 기록했다"고 주장하는 플루(Flew)의 판단과 동일하고[181] 또한 웨슬리는 "자신이 다른 사람들에게 항상 촉구한 것을 개인적으로 소유하고 있음을 암시했다"고 믿는 터너(Turner)의 판단에도 동의한다는 것이다.[182]

그동안 웨슬리가 그리스도인의 완전을 달성했는지(또는 못했는지)에 관한 대부분의 논의와 그가 온전한 성화를 경험한 위치와 날짜(date)를 알아보려는 시도는 올더스게이트이후 기간에 집중되어 있었다. 이것은 온전한 성화를 칭의와 중생 후에 오는 두 번째 위기로 묘사하는 웨슬리의 경향에 비추어 볼 때 아주 자연스러운 것이다. 특히 이 방법론은 올더스게이트를 웨슬리의 신생 또는 "복음적 회심"으로 간주하는 사람들에게는 자연스러

---

179) *Christian Perfection*, Appendix A, 210-15. 이것이 아마도 이 특정 문제에 대해 사용할 수 있는 가장 철저한 설명일 것이다.
180) Ibid., 213-14.
181) *The Idea of Perfection*, 336.
182) *The More Excellent Way*, 171.

운 것이다. [183] 그러나 이제 이 방법론에 의해 이례적으로 우회된 두 가지 질문이 제기될 필요가 있다. 즉, 웨슬리의 그리스도인의 완전 추구에서 올 더스게이트 경험의 정확한 의미가 무엇인가? 그리고 웨슬리의 1738년 이 전의 종교적 경험은 무엇이었는가? 일반적으로 웨슬리는 처음의 목표가 올더스게이트에서 달성된 것으로 생각했지만, 그 이후에 있었던 우울증 과 믿음의 동요(fluctuations) 등으로 인해 그는 이것이 사실이 아니었다고 시인했다고 가정한다. 이것이 이 사실에 대한 공정한 평가인가?

현대의 웨슬리 학계는 올더스게이트 경험의 중요성에 대한 판단으로 나 뉜다. 이 질문은 웨슬리에게 있어서의 개신교의 강조와 가톨릭 강조와 관 련이 있다. 일반적으로 웨슬리를 루터와 칼빈의 전통에서의 진정한 개신 교로 보는 사람들은 1738년의 가슴이 뜨거웠던 경험의 의의와 결정적인 것으로 강조하는 경향이 있다. 반면에 웨슬리를 알미니안으로 보며, 그 리고 그의 사상이 더 많은 가톨릭과 성공회 요소를 강조한다고 보는 사 람들은 올더스게이트에서의 의미를 거의 보지 못하는 경향이 있다. 후자 는 1725년을 진정한 결정적 시기로 보는 경향이 있다. 그 해는 웨슬리가 실용적인 신비주의의 영향을 받게 된 해이다. 그리고 그리스도인의 완전 에 대한 이상을 처음으로 일견했던 해이다. [184] 그러나 그것들은 딱딱하 고 빠른 분류가 아니다. 웨슬리의 일부 학생들은 그의 신학에서 두 전통 의 합성을 보는 한편, 둘 중 하나 또는 다른 하나에 더 큰 중점을 둔다.

피에트(Maximin Piette)는 1738년을 배경으로 밀어내고 1725년을 결정적 인 날짜로 강조하는 사람들을 대표하여 다음과 같이 말한다.

> 19세기 메소디스트의 교리적 면에서 매우 중요한 역할을 하도록 요구된
> 이 유명한 회심은 설립자의 삶과 그의 동료들의 삶에서 매우 미미한 역할

---

183) Cf. James H. Rigg, *The Living Wesley* (London: Wesleyan Conference Office, 1875), 124-53.

184) 이러한 분류에 따른 대표적인 웨슬리 학자 그룹에 대해서는 Lindstrom, 7ff를 보라.

을 누렸다. 사실, 그것이 준비 과정에서 고려되든, 또는 그 자체와 그 결과에 대해 연구되든, 그것에 영향을 주는 시간으로 인해 빨리 둔하게 하는 아주 평범한 경험에 불과한 것처럼 보였을 것이다. 그것이 일지(Journal)의 첫 번째 발췌문에 입력되지 않았다면, 웨슬리는 그것에 대해 완전히 잊어버렸을 가능성이 있다. 여하튼, 오랜 세월이 지난 후의 이루어진 이후의 평가는 처음에 그에 수반된 찬사와 환호의 노래가 가없은 비율로 줄어들었다.[185]

흥미롭게도 웨슬리는 그의 『그리스도인의 완전에 관한 평이한 해설』에서 올더스게이트에서의 경험을 언급하고 있지 않다. 이것은 논문 전체에 걸쳐 완전의 성취에 관한 일보다 믿음의 결정적인 것에 대한 강조가 있다는 사실에서 보면 이상하다. 그러나 이 현저한 부재는 아마도 웨슬리가 이 『평이한 해설(책)』을 쓰는 목적이 1725년에 그가 가졌던 그의 완전에 대한 견해가 그 이후에도 항상 유지해 왔던 것과 같은 견해임을 입증하는 것이었기 때문일 것이다. 그는 그것이 새로운 교리가 아님을 보여주려고 했던 것이다.

웨슬리가 1725년에 회심했는지 1738년에 회심했는지에 대해서 피터스는 이렇게 말한다.

> … 이 논쟁은 원칙적으로 용어의 다른 정의에서 비롯된다. 한편에서는, 회심(conversion)을 세상 사람이 하나님에게로 돌아간다는 보다 일반적인 의미에서 생각하는 사람들이 있다. 그들에게는 1725년의 웨슬리의 결정은 충분히 명확한 출발 곧 회심이었다. 반면에 회심을 그리스도에 대한 믿음으로 말미암아 구원을 받았다는 의식을 받는 복음적 경험으로 여기는 사람들이 있다. 그들에게는 그 영적 기준(bench mark)은 1738년 5월 24일이

---

185) *John Wesley in the Evolution of Protestantism*, 306.

다.[186]

올더스게이트에 관련된 모든 것에 대한 철저한 고려는 이 논문의 범위를 벗어난다.[187] 그러나 다음 사항에 관한 의견에는 큰 차이가 있다는 것은 분명하다. 즉 (1) 올더스게이트의의 중요성과 (2) 웨슬리가 그리스도인의 완전을 달성한 일에 대한 의견에는 큰 차이가 있다. 웨슬리의 학생들은 웨슬리의 "회심"과 그의 "온전한 성화"의 시점(date)을 추정하는 일의 가능성에 대해 동의하지 않는다. 문제는 그리스도인의 완전이 우리가 언급한 첫 번째 해석에 따르면, 일반적으로 개인의 소유로 이해되었다는 사실에 있다. 이 해석은 일련의 연속적인 상태로서의 구원의 개념과 연결되어 있다. 그러므로 완전은 성취의 어떤 한 단계(stage)에서 소유되어야 하는 어떤 것이다. 이 해석은 웨슬리가 그가 추구했던 완전을 달성했거나 소유한 적이 있는지 여부를 결정하려는 시도를 전제하고 있다. 이것은 그가 실제로 그것을 달성했다고 주장하는 사람들과 웨슬리의 교리를 달성 불가능한 이상으로 보는 사람들 모두에게 해당된다. 웨슬리 자신의 종교적 경험은 그리스도인의 완전을 개인 소유로 해석하는 것을 무효화하고 동시에 그 대안적 해석 즉 완전을 "대화적 관계(dialogical relation)"로 해석하는 것의 타당성을 결론적으로 입증하는 것이 우리의 주장(thesis)이다. 반대로 후자의 해석은 웨슬리 자신의 경험을 충분히 이해할 수 있는 열쇠를 제공한다. 이를 고려할 때 우리는 1738년까지 이어진 웨슬리의 종교적 체험, 그리고 '이상하게 가슴이 뜨거워진' 일을 중심으로 살펴보아야 한다.

그러면 올더스게이트에서 무슨 일이 있었나? 올더스게이트 사건에 대

---

186) *Christian Perfection*, 24-5.

187) 1738년까지의 웨슬리의 종교적 경험에 대한 광범위한 취급은 Thomas Reed Jeffery의 *John Wesley's Religious Quest* (New York; Vantage Press, Inc., 1960) 및 *Martin Schmidt의 John Wesley* (Zurich: Godtthelf-Verlag, 1953)를 보라.

한 웨슬리 자신의 평가를 고려할 때 어떤 일이 일어난 것은 분명하다. 1738년 10월 30일 그는 자신의 가르침을 이해할 수 없는 형 사무엘에게 쓴 편지에서 다음과 같이 말했다.

> 내 자신의 성품과 내 교리에 관해서 나는 아주 분명하게 대답할 것이다. 그리스도인이란 그리스도를 믿어 죄가 더 이상 그를 지배하지 못하게 된 사람을 의미한다. 그리고 이 명백한 의미에서 보면 나는 지난 5월 24일까지는 기독교인이 아니었다. 내가 계속 죄와 싸웠지만 그때까지는 죄가 나를 지배하고 있었다. 그러나 참으로 그때부터 지금까지는 그리스도 안에서 하나님의 자유로운 은총을 가지고 있지 않았다. 그 죄가 무엇이었기에 그때까지 나를 지배했는가. 그리고 하나님의 은혜로 나는 이제 자유로워졌다. 하나님의 영광을 위해서라면, 나는 집 꼭대기에서라도 선포할 준비가 되어 있다.[188]

올더스게이트 사건이 있은 지 8년 후 그는 처치(Thomas Church)에게 다음과 같이 편지에서 말했다.

> (1) 1725년부터 1729년까지 나는 그렇게 많이 설교를 했지만 나의 수고의 열매를 보지 못했다. … (2) 1729년부터 1734년까지는 회개에 더 깊은 기초를 놓고 설교했더니 나는 작은 열매를 보았다. 그러나 그것은 약간에 불과했다. 내가 언약의 피에 대한 믿음을 전파하지 아니하였기에, 그것은 당연했다. (3) 1734년부터 1738년까지는 나는 그리스도를 믿는 믿음을 더 많이 말하면서 나의 설교의 더 많은 열매를 보았다. … 겉으로 변화를 받은 사람 중에 내적으로 온전히 하나님께로 회심한 자가 있는지 나는 알지 못하지만. (4) 1738년부터 지금까지는 계속해서 예수 그리스도에 대해 말하고. 그를 온전한 건물의 기초로 삼았더니 … "하나님의 말씀이" 그루터

---

188) Letters, I, 262-63.

기 사이에 불이 붙어 "영광을 받아 더욱 많아지며, 많은 무리가 소리 질러 가로되 우리가 어떻게 하여야 구원을 얻으리이까" 하였다. 그리고 후에 "우리는 은혜로 말미암아 믿음으로 구원을 받았다고 증거하였다."[189]

올더스게이트의 경험은 의심할 여지 없이 웨슬리의 개인적인 종교 생활과 신학, 그리고 그의 사역의 결실에 있어서 전환점이 되었다. 1738년의 경험에 대한 의미를 부인하는 것처럼 보이는 올더스게이트 이후의 진술이 있기는 하다.[190] 그러나 "이러한 분리된 구절은 웨슬리의 가르침과 증언의 핵심적이고 연속적인 본문과 일치하지 않는다."[191]

당신이 1738년의 경험을 무엇이라고 부르든 간에, 그 경험은 웨슬리를 그와 같은 사람으로 만들었고 그가 한 일을 하도록 만든 것이었다. 당신이 그것을 그의 회심이라고 부르든 말든 그것은 정말로 중요하지 않다. 그것에 대한 모든 가능한 해석에서, 그것은 웨슬리에게 그가 전에는 결코 알지 못했던 확신과 권능, 평화와 기쁨을 준 아주 새로운 종류의 종교적 경험을 준 영적 사건이었다. 그리고 이러한 변화가 그를 잉글랜드의 사도로 만들었다.[192]

이러한 결과를 이해하기 위해 올더스게이트를 회심이라고 부를 필요는 없지만 웨슬리 메시지의 다양한 가닥을 함께 묶기 위해서는 그 경험의 본질에 대한 적절한 이해가 중요해 보인다. 이 부분에 대한 우리 조사에서

---

189) Letters, II, 264.
190) Cf. Journal, II, 125-26; Letters, I, 298; V, 16. 이러한 진술에 기초하여 Umhrey Lee는 마음이 뜨거워진 경험의 고유한 가치에 의문을 제기한다. *John Wesley are Modern Religion* (Nashville: Cokesbury Press, 1937), 90ff를 보라.
191) Henry Carter, *The Methodist Heritage* (New York: Abingdon-Cokesbury Press, 1951), 51.
192) Henry Bett, *The Spirit of Methodism* (London: The Epworth Press, 1937), 25.

제기된 몇 가지 질문은 다음과 같다. (1) 1725년 또는 1738년이 웨슬리의 회심으로 간주되어야 하는가? (2) 이 두 날짜(date)가 서로 어떤 관계가 있는가? (3) 웨슬리는 자신이 다른 사람들에게 강조한 완전을 개인적으로 경험했는가? (4) 경험했다면 언제 경험했다고 말할 수 있는가? (5) 웨슬리의 종교적 체험에서 회심과 그리스도인의 완전이 어떤 관계가 있는가? (6) 그의 종교적 경험과 교리적 설명 사이에 충돌(conflict)이 있는가? (7) 충돌이 있다면 이러한 충돌을 어떻게 설명하고 해결할 수 있는가? (8) 1738년 이후의 영적 침체기의 의미는 무엇인가? (9) 왜 웨슬리는 그의 추종자들이 많이 했듯이 온전한 성화의 경험에 대해 명시적인 증언을 하지 않았는가? 올더스게이트 경험에 대한 올바른 설명이 이러한 질문에 대한 적절하고 통일된 답변을 제공할 수 있을 것이다. 더욱이 그러한 설명의 타당성과 신뢰성은 이러한 질문에 대한 만족스러운 답변을 제공하는 능력에 의해 보장되는 것처럼 보인다.

올더스게이트의 의미를 이해하려면[193] 먼저 그 사건 이전에 웨슬리가 추구했던 것이 무엇인지 이해하는 것이 필요하다. 이것은 확인하기 어렵지 않다. 우리는 그가 1725년부터 "성결", "의도의 순수성" 또는 그리스도인의 완전을 추구해 왔다는 것을 안다.[194] 이것이 그가 옥스퍼드의 신성 클럽(Holy club) 시절에서와 조지아로 가는 것의 목표였다. 그러나 이 기간 동안 그리고 영국으로 돌아오면서 점점 그는 다른 것을 찾고 있었다. 1738년 2월에 그는 다음과 같이 기록했다.

> 내가 원하는 믿음은 "그리스도의 공로로 말미암아 내 죄가 사함을 받고 하나님의 은총으로 화목하게 된 것에 대한 확실한 신뢰와 확신"이다. … 나는 그 믿음을 원한다. 즉 나는 누군가가 그것을 가지고 있다는 것을 모

---

193) 이 용어로 우리는 1738년 5월 24일 저녁뿐만 아니라 그가 Peter Bohler와 반복적으로 접촉했던 그 날짜 이전의 반복된 사건들에 대해서도 언급한다.

194) Works, VIII, 300; XI, 368-69.

르고서는 아무도 가질 수 없는 그 믿음을 원한다. (많은 사람들이 그것을 가지고 있다고 상상하지만, 그들은 그것을 가지고 있지 않다). 그것을 가진 사람은 죄에서 해방되고 죄의 몸 전체가 그 안에서 파괴되었다. 그는 두려움에서 해방되었고, 그리스도로 말미암아 하나님과 화평을 누리며 하나님의 영광을 바라고 즐거워한다. 그리고 그는 그에게 주어진 성령을 통하여 그의 마음에 하나님의 사랑이 넘쳐, 의심에서 벗어났다. 그리고 이 성령이 친히 그 영으로 더불어 그가 하나님의 자녀인 것을 증거한다.[195]

이런 말들을 통해 볼 때, 웨슬리는 자신의 생각과 마음으로 두 가지를 찾고 있었음이 분명하다. 이 두 가지는 당시 그의 이해로는 불가분의 것이었다. (1) 용서의 확신 또는 성령의 증거, 그리고 (2) 그리스도인의 완전 또는 온전한 성화 즉 죄의 몸의 파멸이었다. 다시 말해서 그는 모라비안 사람들이 "믿음의 완전한 확신"이라고 부른 것, 또는 자기가 "그리스도인의 완전"이라고 부른 것에 포함된 모든 것을 찾고 있었다. 이 두 가지가 웨슬리의 생각에서 확인된 것이 그가 이듬해 8월 그라딘(Arvid Gradin)으로부터 받은 "믿음의 완전한 확신(the full assurance of faith)"의 정의에서 볼 수 있다. 이 확신은

그리스도의 피 속에 잠들고, 하나님을 굳게 믿고 그의 호의에 대한 확신, 모든 육체의 욕망으로부터 구원을 받고, 모든 것, 심지어 내적 죄까지에서도 용서받는 최고의 평온, 고요함, 마음의 평화이다.[196]

이것이 웨슬리의 완전에 대한 정의와 부합한다는 것을 쉽게 관찰할 수 있다. 이것은 그가 그라딘(Gradin)의 말을 그의 『그리스도인의 완전에 대한

195) Journal, I, 424.
196) Works, XI, 369-70; cf. Journal, II, 49.

해설(책)』에 포함시키고 다음과 같이 논평한 사실에서 알 수 있다. "이것은 내가 살아 있는 사람으로부터 들은 첫 번째 이야기였고, 이전에 하나님의 신탁으로부터 나 자신을 배웠고(내 친구들의 작은 일행과 함께) 몇 년 동안 기도하고 기대했던 것에 대한 이야기였다."[197]

이에 비추어 볼 때 피테(Piette)와 리(Lee) 같은 사람이 "회심(conversion)"이라는 단어를 1738년 5월 24일에 적용하기를 거부한 것을 이해하기 쉽다. 에이츠(Yates)는 "만약 올더스게이트에 회심이란 말이 사용된다면, 악한 죄의 생활이 그리스도 안에 있는 새 생명으로 바뀌는 종교 혁명을 언급하는 데 필요한 다른 용어가 필요할 것이라고 제안한다."[198]

1725년과 1738년 사이에 웨슬리의 종교 생활은 일반적으로 회심 전 상태를 구성하는 것으로 이해되는 요소의 흔적을 거의 보여주지 않고 있다.[199] 이것은 웨슬리가 1738년 5월 24일 이전의 그의 종교적 삶에 대한 그의 초기 평가를 수정한 것을 그의 성숙한 나이에 저널에서 수정한 주석에 의해 실증되고 있다.[200] 반면에 피테(Piette)와 리(Lee)가 주장한 1725년의 결정적인 것의 강조로 인한 1738년의 중요성을 축소한 것은 잘못되었다. 웨슬리는 두 날짜를 모두 중요한 이정표로 간주했다. 조지아에서 돌아오면서, 외친 그의 절망적인 외침 "누가 나를 회심시킬 것인가? 이 불신자의 사악한 마음에서 나를 건져낼 자가 누구인가?" 그는 성숙한 생각을 하게 되자, 그는 구원을 위해 분투하는 이 세월 동안 그의 믿음은 "종의 믿음"이었다는 것을 인식하게 되었다.[201] 그러나 "아들의 믿음"은 그가 1738년 5월 24일 이후의 변화를 묘사하는 용어이다.[202] 올더스게이

197) Worsks, XI, 370.
198) Arther S. Yates, *The Doctrine of Assurance: With special reference to John Wesley* (London: The Epworth Press, 1952), 11.
199) Yates, 16.
200) Journal, I, 422-24.
201) Ibid., 418, cf. 423, n. 1.
202) Yates, 11, 올더스게이트와 오순절을 비교하기 위하여 139-43를 참조하라.

트 이전에는 그는 믿음을 인간의 노력으로 이해했다. 1738년 이후 그는 그것이 하나님이 값없이 주시는 선물이라고 깨달았다.

웨슬리의 회심은 예수님의 제자들의 회심과 유사하다. 그들이 주님을 따르려고 고기잡이 그물과 세리의 장부를 버린 것은 그의 가는 길에 전념하는 것이었다. 그러나 이 길(Way)은 갈보리, 부활, 오순절까지는 그들의 마음에서 완전히 실현되지 않았다. 마찬가지로 1725년에 웨슬리는 기독인의 목표에 전념했지만 이 목표는 올더스게이트까지는 완전히 실현되지 않았다. 웨슬리의 회심을 분기시켜서는 안 된다. 1725년과 1738년은 별개의 두 사건이 아니라 한 사건의 두 단계이다. 그러나 1738년에 일어난 사건이 끝난 후에야 비로소 그것은 진정으로 "복음적" 회심이 되었다. 예이츠(Yates)가 말했듯이 "올더스게이트에서의 웨슬리의 종교적 변화는 오순절의 체험이었다."[203]

웨슬리 자신이 나중에 올더스게이트 경험에 부여한 중요성을 기억할 때, 그에게 중요했던 것은 그가 그 당시에 그토록 부지런하고 절망적으로 찾고 있던 것을 발견했다는 사실에 있다고 생각하는 것이 합리적이다. 그리고 우리는 그가 첫째로 개인적인 구원의 확신을 구하고 둘째로 그리스도인의 완전을 구하고 있음을 보았다. 그는 첫 번째를 갖는 것이 두 번째를 갖는 것이라고 믿었다.[204] 그러므로 올더스게이트는 웨슬리의 복음적 회심이었다. 그것은 또한 그의 "온전한 성화"였다. 두 번째는 첫 번째에 포함되며 첫 번째의 일부이다.

이 때문에 포스트 올더스게이트 시대에서 웨슬리의 '제2의 축복'을 탐색하는 것은 인위적이고 불법적인 탐색이다. 1745년 12월 30일 "존 스미스(John Smith)"[세카(Secker)의 감독]에게 쓴 편지에서 그는 "지각할 수 있는 영감(perceptible inspiration)"이라고 불리는 성령의 증거를 다음과 같이 정의하

---

203) Yates, 11.
204) Journal, I, 424.

였다.

> … 하나님이 성령으로 우리를 의와 평강, 그리고 기쁨과 하나님과 온 인류에 대한 사랑으로 채우시는 이는 하나님의 성령의 영감이다. 그리고 우리는 사물의 본성상 사람이 태양의 빛을 보는 것처럼 그것을 명확히 인식함 없이는 성령의 감동으로 이 평화와 기쁨과 사랑으로 충만할 수 없다고 믿는다.
>
> 이것은 (내가 이해하는 한) 메소디스트의 주요 교리이다. 이것이 우리모두가 설교하는 내용이다. 그리고 나는 그 누구도 그것을 경험할 때까지는 아무도 진정한 기독교인이 아니라고 믿을 것이다.[205)]

확신 또는 성령의 증거가 메소디스트의 주요 교리라는 이 진술과 그리스도인의 완전은 "하나님이 메소디스트라고 하는 사람들에 맡기신 "위대한 기탁물"[206)]이라는 그의 후기 진술 사이에는 모순이 없다. 이 둘은 본질적으로 동일하다. 스미스(John Smith)에게 보낸 같은 편지에서 웨슬리는 다음과 같이 계속 말하고 있다.

> 1738년 5월 24일부터 내가 설교하기를 원하는 곳에서의 나의 유일한 주제는 믿음으로 말미암는 구원이었다. 즉, 내적 외적의 모든 성결을 낳는 하나님과 사람에 대한 사랑, 그리고 성령이 우리에게 주신 확신에서 나오는 하나님의 용서하시는 사랑에 관한 것이다.[207)]

그러므로 용서에 대한 확신과 그리스도인의 완전 즉 "모든 내적 외적 성결을 낳는 하나님과 사람에 대한 사랑은 그리스도인의 삶에서 두 개의

---

205) Letters, II, 64.
206) Letters, VIII, 238.
207) Letters, II, 65.

분리된 경험이나 단계가 아니다. 그것들은 인과관계로 관련되어 있다. 성결은 하나님의 용서하시는 사랑에 대한 확신에서 비롯된다. 이것이 웨슬리가 올더스게이트에서 경험한 것이다.

올더스게이트 경험이 있은 지 몇 개월 후 웨슬리가 자신의 저널에, "나는 성령 안에서의 그 기쁨도 없다. … 믿음의 온전한 확신도 없다."[208]고 쓴 것은 이의가 있을 수 있다. 그리고 1738년 10월 30일에 그의 형 사무엘에게 "내게는 성령의 인치심 곧 내 마음속에 널리 퍼진 하나님의 사랑에 대한 … 이 성령의 증거가 없다. 오직 그것을 끈기 있게 기다리고 있다."[209]고 썼다. 이러한 표현은 일반적으로 대부분의 기독교인에게서 볼 수 있는 우울증과 감정의 변동의 탓으로 생기는 것들이다.[210] 예이츠 (Yates)는 다음과 같이 말했다.

> 웨슬리의 펜에서 나온 이 당황하게 하는 구절 중 단 두 개만이 후에 곧 1739년 초에 있었다는 것은 중요하다. 웨슬리가 야외 설교를 시작하고 메소디스트 부흥의 강력한 영적 운동이 일어나는 해의 초기였다. 그의 내면의 종교적 의식에 대한 선입견은, 남자와 여자의 삶에서 하나님의 영이 역사하신다는 논쟁의 여지가 없는 증거를 볼 수 있었던, 외적 사역으로 바뀌었다. 백스터(Richard Baxter)는 은혜는 영혼이 행동하는 동안에만 그에게 느껴진다. 그러므로 행동이 없으면 확신도 없게 될 것이다라고 말하였다.[211]

올더스게이트 이후의 진술에 관한 질문과 웨슬리의 종교적 경험[212]과

---

208) Journal, II, 91.
209) Letters, I, 264.
210) Cf. Yates, 17. Carter, 51.
211) Yates, 17. Bsxter로부터의 인용문은 *The Saints' Everlasting Rest* (Reunion Edn. The Old Royalty Publishing Co.,), 101로부터이다.
212) Supra, 193.

관련된 다른 모든 질문은 우리가 제안한 해석 즉 그리스도인의 완전을 대화적 관계로 해석함으로써 가장 잘 해결된다. 이러한 문제들의 대부분은 그리스도인의 완전을 개인의 소유로 전제한 해석에서 비롯되었다. 후자의 개념은 상태와 단계의 도식화와 연결되어 있기 때문에 이러한 해석에 따라, 모든 것을 이 목적론적 도식화의 관점에서 설명하는 것이 필요했다. 그러나 온전한 성화를 이상적으로 연속적이고 중단되지 않은 상태의 시작으로 보는 것이 아니라 항상 가능하고, 항상 있을 수 있는 계속 갱신할 수 있는 실존적 현재에서의 I-Thou 관계인 것으로 간주한다면, 웨슬리의 종교적 체험은 분명하게 이해할 수 있게 된다. 이것이 그가 완전한 상태에 도달했다고 명시적으로 증언하지 않은 이유를 설명한다. 그 자신의 경험은 그에게 그리스도인의 완전이 "지속적인 상태(continuous state)"가 아니라는 것을 가르쳐 주었다. 그러나 그는 또한 처음에는 올더스게이트에서 그리고 그 후에도 여러 번 자신이 그리스도인의 완전이라고 부르는 "순간"을 경험했다는 것을 알고 있었다. 이것이 1744년 12월 24일과 25일[213]의 진술을 설명해 준다. 커티스(Curtis)가 해석하려고 했듯이, 이것은 완전한 사랑의 상태로 들어간 것이 아니고, 진정한 I-Thous 관계의 순간이었다. 그러나 웨슬리는 이 구별을 알지 못했다. 그는 기독교인의 삶의 상태와 단계에 대한 관념에 묶여 있어 그의 교리적 진술에서 계속해서 완전을 개인의 소유로 묘사했다. 그는 경험이 그의 선생이 되도록 충분히 허락하지 않았다.

"회심"은 I-Thou의 세계(곧 하나님의 나라, 성결의 길, 그리스도를 닮아가는 삶, 하나님과 이웃에 대한 완전한 사랑의 세계)에 대한 의지적 헌신이다. 그러나 회심의 의미는 I-Thou가 I-It로의 실제적 의식적인 전환이 있기 전에는 정확하게 인식되지 않는다. 옥스퍼드와 조지아에서는 웨슬리는 I-It의 세계에서 살았다. 그때 성결은 인간의 노력과 자기 수양으로 성취되어야 하는 목표인

---

213) Journal, III, 157.

하나의 "물건"이었다. 올더스게이트에서 처음으로 웨슬리의 영과 하나님의 영 사이에 I-Thou 관계가 있었다. "나는 내 마음이 이상하게 뜨거워지는 것을 느꼈다. … 그리고 그분이 내 죄, 심지어 내 죄를 제거하시고 죄와 사망의 법에서 나를 구원하셨다는 확신이 나에게 주어졌다.[214] 처음으로 그는 주요 단어 I-Thou를 말할 수 있었다

> 나는 더욱 힘써 나를 악용하고 핍박한 자들을 위하여 열심히 기도하기 시작하였다. … 집으로 돌아온 후, 나는 유혹에 휩싸였다; 그러나 소리 지르매, 그것들은 달아났다. 그것들은 계속해서 돌아왔다. 나는 자주 내 눈을 들어 올리면 하나님이 그분의 거룩한 곳에서 나에게 도움을 보내주셨다. 그리고 여기에서 나는 이것과 나의 이전의 상태 사이의 차이가 있음을 발견했다. 나는 힘을 다하여 율법 아래서와 은혜 아래서 싸우고 있었다. 그러나 그때는 때때로, 가끔 승리했다; 지금은 나는 항상 이기고 있다.[215]

이 I-Thou 관계가 그리스도인의 완전—곧 지금 죄를 배제하는 사랑의 본질이다. 웨슬리는 올더스게이트 다음 날 말했다. "나는 오늘 죄를 짓지 않는다. 그리고 나의 주님이신 예수님은 내가 내일을 위하여 걱정하는 것을 금하셨다."[216] I-Thou가 언급될 때 I-It는 제외된다. I-Thou를 말하는 것이 새로운 사랑의 추방력이다."

'

이 I-Thou 관계는 회심과 동일하지 않다, 그러나 회심은 오직 I-Thou의 실현과 구체화에서만 그 의미를 발견한다는 점에서 그것은 그것의 일부이다, 1725년에 I-Thou의 세계에 투신한 웨슬리는 1738년에 "Thou"가 말한 그 순간에 비로소 그러한 헌신의 진정한 내적 의미를 발견했다.

---

214) Journal, I, 476,
215) Journal, I, 476-77.
216) Ibid., 478.

우리는 웨슬리의 올더스게이트와 초기 제자들의 오순절 사이의 유사점이 있음을 지적했다. 웨슬리 자신이 올더스케이트 이후의 첫 번째 옥스퍼드 설교에서 말하기를 "우리가 구원을 받는 믿음은 … 그리스도께서 지상에 계실 때의 사도들이 가졌던 믿음이 아니다."라고 했다.[217] 그리고 1747년 6월 16일의 회의록에서, "사도들 자신은 오순절 날 이후까지는 합당한 기독교 신앙을 갖고 있지 않았다"[218]고 기록하고 있다. 그들이 그 당시 경험한 이 "정당한 기독교 신앙"보다 더 높은 것은 없다. 그러나 이 오순절 체험은 사도들의 삶에서도 그 순간부터 계속되는 "상태"가 아니었다. 이는 개인의 소유물이 아니었다. 대신, 그것은 응답과 필요의 다른 시간에 재생 가능하고 반복 가능한 "만남의 순간"(Buber) 또는 완전의 순간(Wesely)이었다.[219] 그것은 실존적 현재에서의 대화적 관계였다.

요 약

우리는 그리스도인의 완전에 대한 이와 같은 대화적 해석이 웨슬리 자신의 생각 안에 있는 요소였음을 보았다. 이것이 그의 완전 교리에서의 순간적인 요소에 대한 그의 중요한 강조이다. 우리가 보았듯이 이 순간적인 요소는 교리의 환원할 수 없는 핵심이다. 그러나 웨슬리는 이 환원 불가능한 핵심을 잘못 적용했다. 그는 올더스게이트 이전의 구원 개념 즉 구원을 상태와 단계로 구성된 과정으로 보는 개념에 얽매어서, 그 개념을 결코 버리지 않았고, 결코 노력도 하지 않았다. 그리고 그는 이 순간적인 "완전 순간"을 과정에서의 독특하고 중요한 요소로 해석했다. 그리고 그것을 칭의와 죽음 사이에 위치시켰다. 따라서 교리의 환원할 수 없는 핵심

---

217) Sermons, I, 39.
218) Works, VIII, 291.
219) 사도행전 4:8, 31.

은 개인이 완전한 사랑의 선물을 받고 완전한 상태에 들어가는 순간으로 보였다. 이상적으로는 이 상태가 그 순간부터 계속되지만 이 상태에서 떨어질 수 있다. 이 해석은 웨슬리로 하여금 그의 "살아 있는 증인"의 증언을 잘못 해석하게 했다. 이로 인해 불필요했을 많은 설명과 수정을 하게 하는 위치로 웨슬리를 몰아넣었다. 우리는 또한 웨슬리 자신의 종교 경험이 대화적 관계로서의 그리스도인의 완전에 대한 이러한 해석에 의해 가장 쉽고 간단하게 설명된다는 것을 보았다. 그가 설교한 완전의 달성과 관련된 다른 해결되지 않은 문제는 이러한 관점에서 볼 때 초월된다. 웨슬리 자신이 그 해석이 가장 타당하다고 흘끗 보인 것이 대 회의록(Large Minutes)[220]의 마지막 단락과 일부 설교[221]에서 볼 수 있다. 그가 이 진실되고 지속적으로 유효한 통찰력을 따르지 않은 것은 유감스러운 일이다. 그가 그렇게 했더라면, 그의 세기와 우리 시대 모두에서 교리의 많은 어려움을 피할 수 있었을 것이다

그러므로 경험이 지도하는 바는 원전을 "개인 소유"로 해석하는 것에 반대하여 "대화적" 해석의 타당성을 지적한다. 우리는 이제 내용과 관련하여 또 시간 요소와 관련하여 웨슬리의 그리스도인의 완전에 대한 교리와 I-Thou 관계에 대한 부버의 개념 사이에 본질적인 일치가 있음을 확인할 수 있다. 그러한 일치가 있다는 것은 웨슬리의 교리와 오늘날에 완전은 "불가능한 가능성"이라고 말하는 비판 사이의 간격을 메우는 문제에 대한 해결책으로 제안한다. 이것을 염두에 두고 우리는 이제 조사의 다양한 가닥을 모으고 웨슬리의 교리에 대한 건설적인 재해석의 개요를 나타낼 수 있을 것이다.

---

220) Works, VIII, 338.
221) Supra, 155ff.

4장
나와 당신(I-Thous) 관계로서의 그리스도인의 완전
-건설적인 재해석의 개요-

이 장의 내용은 지금까지의 조사에서 이미 예고된 바 있었다. 그러나 우리는 이 연구의 결과들을 종합하고, 개인적인 만남이나 대화적 관계의 관점에서 웨슬리의 그리스도인의 완전에 대한 교리를 재해석하자는 제안이 의미하는 바를 밝히고, 또한 그것을 종합하고 요약해야 하는 일이 남아 있다. "건설적인 재해석"이라는 문구를 사용하는 의도는 저자의 판단으로, 여기에 설명된 교리가 웨슬리 자신의 사상과 동시에 현대 신학의 중심적인 통찰과 양립할 수 있다는 것을 표현하려는 것이다. '개요'라는 단어는 재해석에 대한 철저한 설명이 아니라, 이러한 재해석이 취해야 할 방향과 단계를 지적하려는 노력이라는 사실을 표현한다. 이것이 웨슬리가 도출한 4가지 원칙의 진술과 묘사에 의해 가장 잘 수행될 수 있는 것이다.

4.1. 개인적 신뢰로서의 믿음

웨슬리의 부흥은 믿음과 성경의 교리를 철학과 윤리로 대체하는 것에 대한 항의였다. 웨슬리는 자신을 '호모 유니우스 리브리(homo unius libri)',

즉 '한 책의 사람'이라고 불렀다.[1] 그 말이 문자 그대로 받아들여져서는 안 될 것인데, 그 이유는 그가 방대한 문학작품을 읽고 또 방대한 편집 작업을 했기 때문이다. 그러나 1730년 이후 성경이 그에게 있어서는 기독교의 교리와 생활의 기준이 되었다는 의미에서 한 책의 사람이었다. 웨슬리 시대에는 아직 비평적 성경공부의 작업은 시작되지 않았다. 그러므로 그가 성경의 전체 영감설을 받아들이고 있었다는 것은 의심할 여지가 없다.[2] 그러나 그는 기독교의 신앙이 구약과 신약에 기록된 모든 것을 믿는 것만으로 여기지는 않았다. 악마도 "이것(성경에 있는 말-역주)을 믿는다; 즉 그들(악마들)도 구약과 신약에 기록된 모든 것을 믿는다. 그러나 그들이 모든 기사를 믿어도, 그들은 여전히 악마이다. 그들은 여전히 진정한 기독교의 신앙이 없어, 저주받을 지위에 머물러 있다."[3] 웨슬리에 따르면 진정한 기독교 신앙이 의미하는 바는 다음과 같다.

> [기독교의 신앙(Christian faith)은] 성경과 우리 신앙의 조항이 참됨을 믿을 뿐만 아니라 또한 그리스도로 말미암아 영원한 형벌에서 구원을 받은 확실한 신뢰와 담대함을 가지게 되며, 그로 말미암아 사랑의 마음이 따라와 그의 계명을 순종하게 함을 믿는 것이다. 그리고 이 믿음은 마귀나 악인에게는 있지 않다.[4]

종교는 올바른 의견으로 구성되지 않다. 그는 "삼위일체에 대하여"라는 설교에서 다음과 같이 말했다.

> 사람들의 일반적 생각이 무엇이든 간에, 의견(opinion)이 종교가 아니라는

---

1) Journal, V, 117.
2) Robert E. Cushman, "Theological Landmark in the Revival under Wesley," *Religion in Life*, XXVII (Winter, 1957-1958), 106-7.
3) Works, VIII, 363.
4) Ibid.

것은 확실하다. 올바른 의견이라 할지라도 아닌 것이다. 하나 또는 만 개의 진리에 동의한 의견도 역시 아니다. … 사람이 많은 바른 의견을 가지고 있을지라도 그는 진정한 종교를 가지고 있지 않다. 그리고 다른 한편, 사람이 참 종교인이라도 많은 그릇된 의견을 갖고 있을 수 있다.[5]

"메소디스트의 성격"이라는 논문에서 그는 "메소디스트의 구별되는 특징은 어떤 종류의 의견도 아니다"라고 주장한다.[6] 진정한 종교는 믿음이다; 그리고 이 믿음은 개인적인 것이지 명제적인 것이 아니다. 구원에 대한 성경의 교리는 그것이 참된 것으로 체험될 때에만 참된 것으로 알려진다. 성경의 약속은 말씀의 능력에 감동된 사람들의 거듭되는 응답으로 생명을 얻음으로써 스스로를 확증한다. 사람은 의견에 의하여서가 아니라 믿음으로 구원을 받는 것이다.

웨슬리에게 있어서, 기독교의 진리는 오늘날 일부 서클에서 말하는 실존적 진리이다. 그리고 그것이 인정될 때까지는, 그것이 나에게 사실이 될 때까지는 그것은 죽은 정통이다. 그리고 죽은 정통은 실제로 부흥이 회복하기를 추구했던 기존 종교의 하나의 치명적인 질병이었다.[7]

웨슬리는 "믿음으로 말미암는 구원"이라는 설교에서 이렇게 말했다.

그러므로, 그리스도인의 신앙이란, 그리스도의 복음 전체에 대한 동의일 뿐 아니라 또한 그리스도의 보혈에 전적으로 의뢰하는 것이다. 즉 예수의 삶과 죽음과 부활의 공로를 신뢰하는 것, 우리를 위하여 자기를 버리고(given for us), 우리 안에 거하시며, 또한 우리 죄를 대속하시고 생명되

---

5) Works, VI, 199; cf. Journal, II, 411.
6) Works, VIII, 340.
7) Cushman, 109.

신 그리스도께 전적으로 의존하는 것이다. [이것은 그리스도의 공로를 통하여 그의 죄가 용서받고 하나님의 은혜로 화해했다는 확실한 확신이다.] 그리고 그 결과, 우리는 우리의 '지혜와 의로움(righteousness)과 거룩함(sanctification)과 구속(redemption)', 한마디로 말해 우리의 구원이신 그에게 가까이 가서 결국 접붙여지는 것을 말한다.[8]

웨슬리의 강조점은 계시가 명제적이라기보다는 개인적이라는 현대 신학의 주장과 일치한다. 계시는 교회와 성경을 통해 하나님에 대한 지적인 주장을 전하는 것이 아니다. 스타키(Starkey)가 말했듯이 계시는 "하나님 자신이 인간과 인격적인 관계로 오는 것이며, 인간은 이 만남에서 느낀다"고 이해하는 것이다.[9] "계시"라는 용어는 적어도 어떤 의미에서는 하나님께서 인격적이심을 의미한다. 베일리(John Baillie)는 "성경이 말하는 계시는 항상 개인적인 관계에 있는 것을 의미한다"고 말했다. 그것은 대상에 대한 계시가 아니라 주체에서 주체로, 마음에서 마음으로의 계시이다."[10] 이것은 계시를 I-It가 아니라 I-Thou로 만든다. 윌리엄 호던(Wiliam Hordern)이 말했듯이,

> … 계시의 하나님과의 관계에서 우리는 조물주(First Cause, 하나님—역주)와의 I-It 관계로 부름을 받지 않았다. 우리는 오히려 예수 그리스도의 아버지와 인격적인 관계를 맺도록 부름을 받았다. … 하나님의 계시가 우리에게 올 때는 그것은 마음을 압도하는 명제로 오지 않는다. 계시는 마음에 대한 도전으로 다가온다. 그것은 온 사람(whole man)에게 호소한다. 그것이 우리를 부르는 믿음은 명제에 대한 순종적인 믿음이 아니라 우리와 만난 하나님을 신뢰하는 자신의 헌신이다. 명제적인 계시에 대한 견해

---

8) Sermons, I, 40-41.
9) *The Work of the Holy Spirit*, 142-43.
10) *The Idea of Revelation in Recent Thought* (New York: Columbia University Press, 1956), 24.

는 우리의 관심을 책, 교회 또는 신조와의 너t 관계로 주의를 집중시킴으로써 이것을 왜곡한다.[11)]

웨슬리의 경우, 개혁자들과 마찬가지로 성경에서 하나님의 말씀을 들으려면 성령께서 독자의 마음을 밝혀야 한다. 하나님은 일반적으로 성경, 성례전, 전통을 통해 자신을 계시하시지만, 반드시 이들 중 어느 것에도 구속되는 것은 아니며 확실히 제한되지도 않는다. "이러한 다양한 수단을 사용하는 성령은 그리스도인의 신앙의 궁극적인 권위이다."[12)]

웨슬리에게 있어서 믿음은 "단지 사색적이고 합리적인 일, 냉정하고 생명 없는 동의, 머릿속에 있는 일련의 생각이 아니라, 마음의 최종 결정"[13)]을 의미했다. 이것이 호던(Hordern)이 믿음을 신념, 소신이 아니라 신뢰, 신임이라고 부르는 것이다. 이처럼 믿음에는 인식의 요소도 포함되어 있다. 그것은 신실이고 신뢰이다.[14)] "신종 종교 개혁가들이 신앙의 우위에 대해 말할 때, 그들은 불확실한 소신의 우위를 의미하는 것이 아니다. 저들은 특정한 인식의 주장의 우위를 의미한다. 신앙은 아는 방법이다."[15)] 이런 점에서 웨슬리는 개혁자들과 완전히 일치하며 따라서 현대 신학의 주요 흐름과 일치한다. 1738년에 웨슬리는 은혜로 인하여 믿음으로 받는 칭의라는 종교 개혁 교리를 받아들였다. 그러나 그는 개인적인 변화, 즉 실제로 변화되고, 또는 실제로 거룩하게 되는 것에 대한 강조에서 종교 개혁자들보다 더 나아갔다.[16)] 그러나 이 강조는 단순한 펠라기우스적 도덕주의가 아니었다. 성화는 칭의와 마찬가지로 은혜로 인하여 믿음을 통하

---

11) *The Case for a New Reformation Theology*, 63.

12) Starkey, 143.

13) Sermons, I, 40.

14) Hordern, 34ff.

15) Ibid., 35.

16) Harris Franklin Rall, "The Search for Perfection," *Methodism*, ed. William K. Anderson (New York: The Methodist Publishing House, 1947), 141.

여 얻는 것이다. 그리고 웨슬리에게 있어서 이것은 개혁자들과는 달리 한 순간에 이루어질 수 있음을 의미했다.

그러나 이 지점에서부터 웨슬리는 문제를 혼동했다. 이 "순간"이 지속적인 성결 상태의 시작점으로 이해되었다. 이 견해가 교리에 대한 그의 설명의 대부분을 차지한다. 그러나 우리가 보았듯이 그는 또한 이 순간이 개인적인 만남과 대화의 재생 가능한 순간이라는 생각도 했었다. 교리의 건설적인 재해석에서 이 후자의 요소는 확장되어야 했었고, 다른 요소는 배제되어야 했었다. 그렇게 하는 것이 교리를 개신교의 믿음을 개인의 의지로 이해하는 것이 될 것이다. 이는 웨슬리가 시작했지만 완전히 완료하지 못한 과업이다. 행위에 의한 점진적 성화에 대한 올더스게이트 이전의 관념의 흔적은 여전히 그의 교리에 붙어 다니고 있었다. 래튼뷰리(Rattenbury)가 다음과 같이 말한 것은 옳았다.

> 그는 독실한 가톨릭 신자와 개신교 신자가 가르쳤듯이 모든 구원은 하나님의 은혜로 된 것이라고 가르쳤다. 그러나 성화에는 징계와 극기가 필요하다는 견해를 결코 포기하지 않았다. … 웨슬리는 완전한 성화가 믿음으로 말미암는 것이지만, 또한 아침 4시에 일어나서 금식함으로 말미암는 것인 것을 가르쳤다.[17]

바로 이 관념이 현대 신학에서 완전의 교리를 일반적으로 받아들일 수 없도록 만드는 것이다. 이 단어의 현대적 사용은 여전히 도덕적 개선 및 발전의 개념과 밀접하게 연관되어 있다. "완전"은 일반적으로 모호하지만 진행의 마지막 상태를 의미하는 것으로 이해되고 있다. 그러나 이것은 완전의 성경적 의미가 아니다. 스미스(R. Gregor Smith)는 다음과 같이 말한다.

---

17) Evangelical Doctrine, 305. Cf. Works, VIII, 316.

완전케 된다는 것은 … 완전케 또는 건전하게 또는 성실하게 된다는 것을 의미한다. 그리고 아버지의 온전하심과 같이 온전케 된다는 것은(마 5:48), 온전한 의지와 존재를 가지고 그분이 우리에게로 향하신 것처럼 하나님께로 완전히 향한다는 것을 의미한다. 이것은 순종과 믿음으로 이루어진 노력의 응답이다. 이것은 우리의 마음을 정결케 하고 한 가지 일을 하라는 부르심이다. 명령은 단순히 더 열심히 노력하는 등의 행동으로 우리의 행동을 개선하는 도덕적 상황이 아니라 종교적인 상황에 속한다.[18]

마틴 부버에 따르면, 하나님의 성결은 사람이 그것을 찾고 그의 환영 (greeting)에 자신을 여는 곳에 있다.[19] 생명의 확인은 하나님께서 자신을 사람에게 직접 드리는 것, 즉 그의 거룩함을 이용할 수 있게 하는 데 있다. 사람의 임무는 거룩함을 피조물 안으로 끌어들이는 것이 아니라 피조물을 거룩함으로 끌어올리는 것이다. 완전의 본질은 사람 자신이 완전해지는 것이 아니라 그가 하나님의 거룩하심에 완전히 향하고 마음을 열게 되는 것이다. 완전은 개인에 기초한 것이 아니라 하나님과 이웃과의 관계에 기초한 것이다.[20] 포사이스(Forsyth)가 말했듯이 "온전해진다는 것은 믿음으로 그리스도 예수 안에 있는 것이다. 이는 그리스도인 성품이 완전히 성취되었다는 것이 아니라, 그리스도 안에서 하나님과의 올바른 관계를 말하는 것이다."[21] "변화가 일어나는 곳에서도 우리는 이 본질적인 의를 결코 신뢰할 수 없다. 왜냐하면 우리는 성품 성취의 관점에서 도덕적으로 판단되는 것이 아니라 우리가 그리스도에 의존하고 있다는 관점에서 종교적으로 판단되기 때문이다."[22] 그러므로 순간적인 성화는 도

---

18) "Perfect," *A theological word Book of the Bible*, ed. Alan Richardson (New York: The Macmillian Company, 1962), 167.
19) Arthur A. Cohen, *Martin Buber* (London: Bowes and Bowes. 1957), 84.
20) Ibid., 102.
21) P. T. Forsyth, *Christian Perfection* (London: Hodder and Stoughton 1899), 64.
22) Colin Williams, 178.

덕적 변화를 단번에 달성했다는 것이 아니다. 웨슬리가 강조한 것처럼 성결이 믿음에 대한 응답으로 주어진다면 이는 지금 기대할 수 있을 것이다. 그러나 믿음은 단순한 단일 응답이 아니다. 이는 제공자인 하나님에 대한 계속적인 응답의 연속이다.[23] 성결은 고정된 소유물이 아니다. 이것은 믿음의 수용성과 반응에 따라 시시각각으로 주어지는 것이다. 응답을 거부하고 Thou와의 만남에 자신을 닫음으로 성령을 근심케 하는 자는 "의와 성령 안에서의 평강과 기쁨을 잃는 것이다."[24] 응답하지 않는 그 순간에 "영광과 그 마음에 있던 하나님의 나라까지도 그에게서 떠난다."[25]

따라서 개인적인 신뢰로서의 믿음에 대한 웨슬리의 개념은 그의 완전 교리를 I-Thou 관계로 해석하는 지침을 제공한다. 개인적인 신뢰는 I-Thou 관계의 구성 요소이다. 그리고 웨슬리에 있어서 "믿음의 완전한 확신"은 그리스도인의 완전과 동일하다. "하나님에 대한 확고한 신뢰"는 죄로부터의 해방을 수반한다.[26] 그리스도인의 완전의 내용에 대한 그의 개념은 세월이 흘러도 변하지 않았다. 그러나 그 기초에 대한 그의 이해는 1738년 이후에 완전히 바뀌었다. 그리스도인의 완전은 여전히 내적, 외적 성결이었다. 그것은 여전히 하나님 사랑과 이웃 사랑이었다. 그러나 그것은 이제 믿음으로 말미암아 마음에 일어난 변화에 달려 있었다.[27] 이와 같이 믿음을 강조함으로써 웨슬리는 그의 교리를 보다 성경적인 표현으로 가져왔다. 이처럼 어떤 건설적인 재해석도 모두 같은 방향으로 나아가야 한다.

---

23) Robert Newton Flew, "Perfect-Perfection," *A Handbook of Christian Theology*, ed. Maevin Halverson (New York: Meredian Books, Inc., 1958), 268.
24) Sermons, II, 248.
25) Ibid.
26) Works, XI, 369-370.
27) Cushman, 116.

성경에 있는 "완전"은 … 법적 배경을 가지고 있지 않다. 또한 어떤 종류의 예수 "모방" 기법으로 완성을 이룰 수 있다는 경건한 권위도 가지고 있지 않다. 또한 우리는 개인이나 사회를 통해 퍼지는 점점 더 좋은 선의 최종 상태로서 완전을 말할 수 있는 어떤 권위도 성경에서 찾을 수 없다. "온전하라"는 하나님의 명령은 그분 자신의 삶에서 우리나와 우리 마음에서 단 하나의 응답, 즉 믿음을 불러일으킬 수 있다. 믿음 안에서 우리가 순종하는 것은 희미한 도덕적 길에서 어떤 막연한 진보의 시작이 아니다. 이는 항상 온전하고, 완전한 은혜를 받아들이는 것이다. 그리고 이 만남의 힘으로 우리는 살아간다. "완전"은 하나님께 속한 것이며 우리의 소유가 아니라 선물로 하나님을 만나는 것이다. 하나님이 현재 갖고 계시고 있는 모든 것은 완전하다. 그것은 부분적이거나 성취되지 않은 것이 아니다. 그와 우리의 관계가 이런 온전함에서 우리의 몫을 결정한다.[28]

4.2. 관계적 용어로서의 사랑(Love is a Relational term)

웨슬리는 그리스도인의 완전을 사랑으로 정의하기로 했다. 완전은 무지, 오류 또는 허약함(infirmity)에서 배제되는 것을 의미하지 않았다. 그것은 사랑에서의 완전을 의미했다. 그러므로 사랑이라는 단어가 그리스도인의 완전의 개요(the sum)를 구성했다.[29]

그러나 사랑은 존재의 상태가 아니라, 관계이다. 이것은 하나님의 존재에 대해서도 마찬가지이다. "하나님은 사랑이시다"라는 요한의 선언은 하나님과 인간의 관계 맥락에서 설정된 것이다.[30] 사랑은 하나님을 그

---

28) Smith, *A Theological Word Book*, 167.
29) Works, VI, 412-13.
30) 요일 4:8, 16.

의 절대성에서가 아니라 그의 관계에서 설명하는 용어이다.[31] 그러므로 사랑은 필연적으로 관계적 상황을 수반한다.[32] 의심할 여지 없이 웨슬리는 구원의 역사에 대한 현대 신학적인 강조, 즉 하나님이 인간을 위한 목적을 달성하기 위해 인간의 역사에 관여하신 일련의 "강력한 행위"에 대한 현대 신학적인 강조에 익숙했을 것이다. 이 활동적이고, 또는 조작적인 신학 유형은 우리가 하나님의 사랑을 그 자신의 속성으로 이해하는 것이 아니라 하나님이 인간과 맺는 관계의 본질로 이해하도록 도와준다.

웨슬리는 인간의 성결이 전적으로 하나님으로부터 파생된 것이며, 사랑 안에서의 인간의 완전은 하나님과의 관계에 근거하고 있다는 것을 완전히 알고 있었다. 그러나 웨슬리는 완전한 사랑을 "개인 소유"라는 용어로 설명하려는 경향으로 인해 그 관계적 특성을 모호하게 만들었다. 완전이 개인 소유의 관점에서 이해될 때는 관계 자체보다는 관계의 "주체(subjects)"에 귀속되는 어떤 것이 된다. 그러므로 하나님은 완전하시고 그리스도인은 파생적으로 완전해질 수 있다. 이것은 완전에 대한 개념이 히브리-기독교인보다 더 그리스적인 정적인 개념(static conception)이라 볼 수 있다. 완전에 대한 구약의 개념을 요약하면서 파킨스(Parkins)는 다음과 같이 말했다.

> 하나님의 완전에 대한 지식에 관하여 히브리인과 유대인의 사상이 크게 발전을 이루었다. 우리 주제를 위하여 이것의 중요성을 과대평가하는 것은 불가능하다. 우리는 완전한 사람의 생산이 아니라 하나님의 완전하심과의 연합을 단호하게 말할 수 없음을 논의하고 있는 것이다. 선지자들의 강한 윤리적 경향은 그들로 하여금 그분의 완전하심의 표상으로서 거룩

---

31) Cf. Cyril Richardson, *The Doctrine of Trinity* (New York: Abingdon Press, 1958).

32) John McIntyre, *On the Love of God* (New York: Harper and Brothers, 1962), 32.

함과 의로움을 주장하게 만들었다. … 인간이 추구해야 할 완전은 파생적인 것으로 간주되었다. 이것은 하나님과 동행함으로 왔으며, 그분의 영의 끊임없는 교통에 의해서만 유지될 수 있었다.[33]

히브리인에게 있어서 인간의 완전은 정적인 성취가 아니라 하나님과의 완전한 관계에 있는 것이다. 포스(Martin Foss)는 지적하기를, "구약 성경을 살펴보면 하나님은 수많은 이름을 가지고 계시지만 '완전한 하나님(perfect God)'의 속성은 결코 갖지 않으시다. 그는 유일무이한 하나님, 살아계신 하나님이시다."[34]라고 하였다. 그리스 철학자들의 유산은 그들이 이 개념의 핵심에 침투하는 것을 어렵게 만들었고 그것을 정적이고 순수하게 지적인 완전이라는 오래된 이상으로 대체하려고 노력했다.[35] 이는 하나님이 불완전하다는 것이 아니며, 그분의 주된 관심사가 완전이 아니라는 것이다. 그분의 주요 관심사는 관계를 맺으려는 그의 의지이다. 사람을 생각할 때도 마찬가지이다. 여기서의 주된 관심사는 사람이 완전해지는 데 있지 않고, 그가 하나님과 이웃과 완전히 관계를 맺게 되는 데 있다. 포스(Foss)는 말한다. "우리는 완전한 집사(butler), 완전한 요리사, 완전한 의사에 대해 말할 수 있다. … 우리에게는 완전한 타이피스트(typist), 완전한 변호사, 완전한 회계사가 있다. 하지만 거기에 '완전한 사람'이 있는가? 나는 그렇게 생각하지 않는다."[36] 그러나 불완전한 사람은 완전히 하나님께로 향하고, 당신(Thou)에게 완전히 열려 있을 수 있다. 이것이 웨슬리의 가장 확실한 통찰력이었다. 그러나 이러한 통찰력이 종종 "완전한 기독교인"에 대한 그의 말에 의하여 흐려졌었다.

---

33) Harold Williams Parkins, *The Doctrine of Christian or Evangelical Perfection*, 52-53.
34) *The Idea of Perfection in the Western World* (Princeton: Princeton University Press, 1946), 26.
35) Ibid., 27.
36) Foss, 9.

그러므로 웨슬리 자신의 가장 확실한 통찰력에서의 재해석은 그리스도인의 완전을 나-당신 (I-Thou)의 관계로 볼 것이다. 이 주장은 웨슬리가 율법무용론자들(Antinomians)을 반대하여 강력하게 주장한 도덕적 변화와 고유한 의(inherent righteousness)의 실체를 부정하지 않는다. 그러나 그것이 적절한 관점에서 그러한 변화를 배치한다. 완전한 사랑은 사람이 하나의 '대상', 즉 하나의 "It"로 받아들이는 개인의 소유물이 아니다. 그것은 두 "주체 사이의 대화 관계이다. 그러한 관계 안에서만 개인적인 변화가 일어날 수 있다. 웨슬리의 "상대적인" 변화와 "실제적인" 변화 사이의 구별은 비록 신학적인 분석에 도움이 될 수 있지만, 실제 생활에 대한 문제를 흐리게 한다. 그렇기에 부버(Buber)는 "모든 진정한 삶은 만나는 것(meeting)"이라고 말하는 것이며,37) 도드(C. H. Dodd) 또한 신약성경에 있는 아가페에 대해 논의하면서 다음과 같이 말한다.

> 그것은 사람들이 열망할 수 있는 다른 미덕(virtue) 중의 한 미덕이 아니다. 그것은 그리스도의 자기희생에서 표현된 하나님의 사랑에 노출됨으로써 초래되는 완전한 태도이다. … 그렇다면 이 시점에 있어 기독교의 종교적, 윤리적 순간은 더 이상 구별할 수 없다.38)

웨슬리는 틀림없이 사랑의 관계적 성격을 인식했다. 또한 웨슬리는 그리스도의 제사장 직무가 사랑 안에서 온전하게 된 사람에게서는 필요 없게 되었다는 것에 반대하며 다음과 같이 대답하였다.

> 아니다. 우리는 시시각각 사랑의 계속을 위해 여전히 그분의 영이 필요하고, 따라서 그분의 중재의 간구(intercession)가 필요하다. 게다가 우리는 여전히 연약하고 실수하기 쉬우며, 그것으로부터 말이나 행동이 뒤따를

37) *I and Thou*, 11.
38) *Gospel and Law* (New York: Columbia University Press, 1951), 44.

수 있다. 마음이 온통 사랑이라 할지라도 말이 다. … 그러므로 이 모든
면에서 우리는 여전히 그리스도의 제사장 직분을 필요로 해야 한다. 그러
므로 계속 육신을 갖고 사는 한 가장 위대한 성도는 다음과 같이 말한다.

'주님, 나는 매 순간
당신의 죽음의 공로가 필요합니다.'[39]

이와 유사한 그의 많은 진술은 회개가 그리스도인의 삶의 모든 단계에
서 계속되는 요소이며 사랑의 완전은 그러한 회개의 지속에 달려 있다는
그의 견해와 일치한다.[40] 물론 이것은 웨슬리의 완전에 대한 "대화적" 견
해(dialogical view)의 일부이다. 이러한 관점에서 그는 키르케고르(Kierkegaard)
가 다음과 같이 말한 것에 이의가 없었을 것이다.

사랑이 없는 사람이란 무엇인가? 그러나 사랑에는 여러 종류가 있다. …
모든 독특한 종류의 사랑에는 고유한 표현이 있다. 그러나 하나님을 사랑
하는 사랑도 있으며, 그것을 표현하는 언어는 단 한 단어뿐이다. … 그것
은 회개다. … 내가 자유롭게 사랑하고 하나님을 사랑하게 되면 나는 회
개한다. … 모든 사랑에는 고유한 특성이 있다. 하나님에 대한 사랑은 그
의 절대적인 특성이 있다. 그 표현은 회개이다.[41]

그러나 웨슬리에게는 또 다른 경향이 있다. 그의 특성인 연속적인 단
계와 상태로 보는 사고방식으로 인해, 그는 가끔 완전한 사랑을 그리스
도인이 거룩하게 된 "상태"의 시작에서 받는 개인 소유로 생각했다. 그러

---

39) Letters, III, 381; cf. V, 204.
40) Supra(앞에), 159-160.
41) Carl MIchalson (ed.), *The Witness of Kierkegaard* (New York: Association
Press, 1960), 54, quoting Either/Or.

나 그러한 정적인 개념은 사랑의 관계적 성격을 모호하게 한다. 한 번 경험한 사랑은 자동으로 지속되지 않는다. 사랑은 구체적인 행위를 떠나 추상적으로만 존재하는 것이 아니다. 단순히 "내가 사랑한다."라고 말할 수 없다. 만남을 가지려면 사랑은 무언가 또는 누군가에 대한 사랑이어야 한다. 이것은 산상수훈에서 하나님 아버지의 온전하심과 같이 우리도 온전하라는 주님의 명령을 설명하는 것이다.[42] 이 명령의 문맥은 'I-Thou' 관계에 대한 논의이다. 당신이 세상과 관계할 때, 그리고 당신의 적과 마주칠 때, 그것은 하나님 아버지와 창조물과의 관계, 즉 I-It가 아니라 I-Thou의 관계를 특징짓는 동일한 유형의 반응으로 행동해야 한다. 이러한 이유로 신약성서의 누가는 "완전한"(teleios)이라는 단어를 "자비로우심"(oiktirmon)이라는 단어로 대체했다.[43] 삶의 의미는 만남을 통해 실현된다.[44] 성결은 공간 상태에 존재하는 것이 아니라 올바른 관계에 존재한다. 사랑은 구체적인 실천적 표현과 결별하면 변조된다.[45]

그러므로 성경적이며 현대적으로도 관련이 있는 웨슬리의 그리스도인의 완전 교리에 대한 재해석은 사랑의 관계적 성격을 탐구하는 방향으로 나아가야 한다. 동시에 이러한 재해석은 완전한 사랑을 고정된 개인 소유로 보는 웨슬리의 경향을 제거해야 한다.

---

42) 마태복음 5:48.

43) 누가복음 6:36.

44) Frederick Ferro, in *Language, Logic and God* (New York: Harper an Brothers, 1961), chapter 8. 진정한 만남과 주관적 감정의 환상적 산물을 구별할 수 없다는 근거에서 나-당신과의 만남의 타당성에 의문을 제기한다. 마찬가지로 John McIntire는 방해주의와 증오의 '나-당신' 관계가 있을 수 있다고 말한다. Cf. On the Love of God, 239 참조, 그러나 이 두 작가가 비판하는 것은 Buber가 말하는 '나-당신' 관계로의 의미가 아니다.

45) Eric Baker, *The Faith of a Methodist*, 31.

4.3. 구원의 이중성(칭의와 성화)

웨슬리에게 있어서 구원은 칭의와 성화의 두 부분으로 구성되어 있다. 칭의는 용서에 대한 다른 단어이다. 그것은 죄의 용서와 우리가 하나님께 받아들여지는 것이며, 그것은 사람의 상대적(관계적) 변화, 즉 하나님과의 관계에서의 변화를 의미한다. 반면에 성화는 인간이 하나님의 능력으로 내적으로 새롭게 되는 실제적 또는 고유의 변화이다. 그러므로 칭의와 성화는 구원에 대한 웨슬리의 견해에서 객관적-주관적 이중성이 나타난다. "칭의로 말미암아 우리는 죄의 죄책에서 구원을 받고 하나님의 은혜로 회복된다. 성화를 통하여 우리는 죄의 세력과 뿌리에서 구원을 받아 하나님의 형상으로 회복된다."[46] 칭의는 일반적으로 경험되는 시간이 명확하고 뚜렷하며 그 날짜를 알 수도 있다. 반면에 성화는 가장 넓은 의미에서 칭의 때에 시작되는 과정이다.

성화를 단독으로 말할 때, 이것에는 이중적 성격이 있는데, 즉 양적 및 시간적 이중성이다. 성화는 칭의 때에 시작되며 이 시작을 신생이라고 부른다. 성화는 신생 때부터 점진적으로 성장하여, … 마치 "겨자씨 한 알이 모든 씨보다 작은 것이지만 나중에는 많은 가지를 내어 큰 나무가 되는 것처럼" 된다. 다른 순간에 마음이 모든 죄에서 깨끗해지고 하나님과 사람에 대한 순수한 사랑으로 채워질 때까지 성장한다.[47] 이 "다른 순간"이 웨슬리가 온전한 성화라고 부르는 것이다. 물론 이것이 과정의 끝이 아니다. 그리고 그 사랑은 더욱 성장하여 마침내 "우리의 머리이신 그리스도께 모든 일에 있어 자랄 때까지", "우리가 그리스도의 장성한 분량이 충만한 데까지" 도달하도록 성장해 나가는 것이다.[48]

---

46) Works, VI, 509; cf. Sermons, II, 445ff.

47) Works, VI, 509.

48) Ibid.

"온전한 성화"라는 용어는 논리적으로 위의 정의에서 언급한 마지막 단계, 즉 일생의 탐구인 "그리스도의 장성한 분량이 충만한 데까지 이르는" 일에 더 정확하게 적용되는 것처럼 보일 것이다. 그러나 이것이 웨슬리가 말하는 온전한 성화 그 자체는 아니다. 그는 마음이 모든 죄에서 깨끗해지고 하나님과 사람에 대한 순수한 사랑으로 채워질 때의 "순간(instant)"에 적용하기 위해 이 용어를 사용한 것이다. 이 순간은 "칭의처럼 빠르지 않고" 또한 "죽음보다 늦지 않는다."[49] 사랑에 의해 죄가 추방되는 이 순간부터, 비록 그 상태에서 성장이 가능하고 필요하지만, 우리는 그리스도인의 완전의 상태에 있는 것이다. 그러므로 여기에 시간 요소와 관련하여 양적으로 구별되는 성화의 두 유형이 있다. 우리는 그것들을 "초기 성화"와 "온전한 성화"라고 부를 수 있다.

여기에 그리스도인의 지상 생활에서 두 가지 순간적인 사건과 영적 성취의 두 가지 다른 단계가 있다. 각각의 순간적인 사건은 그에 상응하는 달성 수준이 뒤따른다. 우리는 이것을 이중성의 "계단" 유형이라고 부를 수 있다. 구원은 상층부와 하층부가 있는 2단 계단으로 시각화된다. 바닥으로의 착륙은 자연적 인간(natural man) 상태를 나타낸다. 첫 번째 수직 단계는 동일한 시점에서 칭의와 신생(초기 성화)을 나타낸다. 이 수직 상승이 중생의 수준으로 이어진다. 여기에서는 죄가 남아 있지만 통치하지 않는다. 강탈자는 쫓겨났지만 그는 사슬에 묶여 있다.[50] 이 수준에서 성화의 점진적인 성장과 남아 있는 죄에 대한 지속적인 회개가 있으며, 이 수준에서 두 번째 수직 단계가 가능하다. 웨슬리는 때때로 이것을 "두 번째 축복" 또는 "두 번째 변화"라고 불렀다. 이 두 번째 단계가 초기의 첫 번째 단계에서 필요한 회개와 믿음과는 '전혀 같지도 않고 완전히 다르지도

---

49) Works, XI, 441-42.
50) Sermons, II, 373.

않은' 회개와 믿음으로 이루어지는 온전한 성화이다.[51] 이 순간적인 수직적 향상에서 마음에 남아 있는 죄에서 완전히 정결하게 되고, 사랑으로 채워진다. 이 수직적 상승이 그리스도인의 완전—"죄를 배제하는 사랑"의 수준으로 이끈다. 이것이 그리스도인의 삶의 목표이다. 죽음과 영화조차도 영혼의 중요한 질적 변화로 인도하지 않는다. 천국(정상 착륙)은 이미 시작된 사랑의 삶의 영원한 전개와 풍요로움일 뿐이다.

이 "나무" 도식은 구원 교리에 관한 웨슬리의 모든 생각을 채색한다. 그의 신학은 그러한 계획을 염두에 두지 않고서는 실제로 모든 측면에서 이해할 수 없다. 그러나 그와 그의 추종자들의 경험은 이런 도식화가 너무 깔끔하고 엄격하다는 것을 그에게 가르쳐 주었다. 이러한 인식(realization) 때문에 "속박과 입양 정신"이라는 설교에서 "이러한 여러 영혼의 상태가 종종 섞이고, 어떤 면에서는 한 사람 안에서 만난다"고 용인했다.[52] 그리고 수년 후 회의록에서 그는 다음과 같이 말했다.

> 합당한 주의 없이 의롭다하심을 얻거나 거룩하게 된 상태에 대해 말하지 않는 것은 사람들을 오도하는 경향이 있다. 거의 자연스럽게 그들이 한순간에 이루어진 일을 믿도록 하지 않았는가? 그러나 우리는 매 순간마다 우리의 행위에 따라, 또 우리의 현재 내적 기질과 외적 행동 전체에 따라, 하나님을 기쁘시게 하거나 기쁘하지 않게 한다.[53]

그러나 그는 한순간의 성취가 미래를 보장하지 않고, 또한 영적인 삶이 급한 계단을 오르는 것처럼 꾸준히 발전하는 경우가 거의 없다는 것을 경험을 통해 배웠음에도 불구하고 여전히 그의 생각에서 "계단(staircase)"적 개념을 결코 떼어내지 않았다. 한때 완전한 사랑에 도달했던 많은 사람

---

51) Ibid., 380.
52) Sermons, I, 196.
53) Works, VIII, 338.

들이 더 이상 그 상태에 있지 않다는 사실에 직면했을 때에도 그는 여전히 "계단"의 관점에서 설명했다. 그러나 결국 그는 완전의 수준에서도 "떨어지는" 것이 가능하다고 말했다. 54) 아마도 이 수용이 더디게 왔던 것은 아마도 "계단" 도식화의 경직성 때문이었다.

그의 마음속에서 그러한 도식이 일어난 과정을 추적하는 것은 어렵지 않다. 그것은 의심할 여지 없이 그가 테일러(Taylor)와 로(Law)의 영향 하에 있던 올더스게이트 이전 시대에 시작되었다. 그 당시 그는 완전의 목표는 인간의 노력과 훈련의 점진적인 과정에 의해 달성되는 것이라고 믿었다. 그 당시에는 이 과정이 전혀 별개의 단계로 나뉘어 있지 않았었다. 이는 계단이라기보다는 경사진 경사로 같았다. 그러나 1738년 뵐러의 영향으로 믿음의 순간적 개념이 그의 생각에 들어왔다. 이 순간적인 믿음은 더 높은 단계의 은혜에 즉시 도달하게 된다. 처음에는 그리스도인의 완전과 "믿음의 완전한 확신"으로 인도하는 즉각적인 단계가 하나밖에 없었다. 그러나 그의 의심과 낙담의 기간은 이 모라비안 사상을 포기하도록 만들었다. 그 후에 그는 성경 연구와 종교적 경험에 대한 경험적 관찰을 통해 자신의 계단에 두 단계, 즉 초기 성화(중생)와 온전한 성화를 두게 되었다. 제각기 점진적인 성장이 뒤따랐다. 따라서 웨슬리의 성화 교리에서 이 "계단" 도식은 두 개념의 혼합주의적 융합인데, 하나는 실천적 신비주의에서 파생되고 다른 하나는 모라비안에서 파생되었다.

이와 같은 계획에는 어느 정도 타당성이 있음을 부인할 수 없다. 웨슬리 교리의 이중성 개념은 현실에 근거를 두고 있기 때문이다. 그러나 그가 설명하는 이중성의 유형이 성경과 경험에 대한 정확한 해석인지는 의문이다. 그러므로 교리에 대한 건설적인 재해석은, 그것을 보다 검증 가능한 용어로 진술하려고 시도하면서, 이 이중성에 대한 개념에서 타당한 것은 무엇이든 보존할 것이다.

---

54) Works, XI, 426, 446.

이러한 재해석을 위해 우리는 다시 I-Thou 신학으로 돌아갈 수 있다. 부버(Buber)의 I-Thou 관계 개념에는 "방향(direction)"과 "대화(dialogue)"로 구분되는 이중성이 있다. 분명히, 부버의 논의와 웨슬리의 논의는 서로 다른 맥락에서 진행된다. 그러나 둘 다 인간 경험의 의미를 이해하고 인간의 진정한 존재로 가는 길을 제시하려는 시도이다. 여기에서 부버의 I-Thou 관계의 이중성 개념이 웨슬리 교리의 이중성 개념의 약점을 수정하는 것으로 넘어갈 수 있다고 제안된다.

부버의 생각에서 방향(direction)은 I-Thou의 길을 선택하는 것이다. 그것은 인간의 진정한 잠재력인 I-Thou의 세계에 자신을 맡기는 것이다. 방향(direction)에는 결정, 선택이 포함된다. 방향(direction)의 선택은 I-It가 완전히 배제되었다는 것을 의미하지 않는다. 그러나 그것은 I-It가 잘못된 방식으로 인식된다는 것을 의미한다. "사람이 악에서 돌이켜 하나님께로 목표를 정하는 것이 자기의 구원과 세상의 구원의 시작이다."[55]

반면에 대화는 실제적인 만남이며, Thou와의 "만남의 순간"이다. 방향(direction)은 만남이 아니라 만나러 가는 것이다. 방향은 대화와 동일하지 않지만 진정한 대화의 전제 조건이 된다. 방향에 대한 인식은 대화 그 자체에서만 일어난다는 의미에서 대화의 산물이기도 하다.[56] 다시 말해, 대화는 그것의 필수적인 부분으로 방향에 포함되어 있고, 그렇지 않으면 방향의 진정한 의미를 알 수 없다. 그러나 대화는 방향에서 고갈되지 않으며, 또한 방향이 대화로 대체되지도 않는다. 대화가 가능한 것은 방향 내에서만 가능하다. 방향의 선택은 대화가 들어왔을 때, 곧 "Thou"가 말했을 때만 완전히 이루어진다. 방향(direction)은 자신의 진정한 잠재력인 I-Thou의 길에 대한 헌신과 그 헌신의 의미를 인식하게 되는 실현된 "대화의 순간"을 포함한다. 따라서 방향과 대화는 단순히 시간적 또는 연대

---

55) Friedman, *Martin Buber*, 133.
56) Ibid., 95-96.

순의 구별이 아니다. 이것은 웨슬리에서 발견되는 "계단" 유형의 이중성과는 완전히 다른 이중성이다. 대화는 계단의 두 번째 단계가 첫 번째 단계와 유사하다는 의미에서 방향과도 유사하지 않다.

형태들(figures)을 변경하려면 방향과 대화의 차이점을 명확히 해야 하는데, 아마도 트루니에(Tournier)의 설명이 도움이 될 것이다.

> 본래의(inorganic) 세계는 미리 정해진 경로를 정확히 달리는 단단한 레일에 의해 강제로 움직이는 기차에 비유될 수 있다. 반면에 생명체의 세계는 도로 위에서 좌우로 어느 정도의 편차를 즐기는 자동차와 같다. 그 코스는 자동차의 핸들을 통해 오른쪽 또는 왼쪽으로 계속 수정함을 통해 실질적으로 바르게 유지된다. 이 조정이 없으면 자동차는 도랑에 빠질 것이다. … (운전자)가 운전에 익숙하다면, 그는 청각 반사를 통해 자동차의 진행 상황을 아주 자동적으로 통제한다. 그러나 그가 갈림길에 이르렀을 때는 자동차의 핸들을 돌려 왼쪽으로 또는 바른쪽으로 가는 그의 행동은 사뭇 다르다. 그는 의식적인 결정을 내리기 위해 자신의 의지를 행사한다.[57]

이 설명이 부버의 생각과 정확히 일치하지는 않지만, 방향과 대화의 차이점을 지적하는 데 도움이 된다. 방향은 교차로에서 의식적으로 바퀴를 돌리는 것으로 표현된다. 이 방향 전환에는 결정과 가고자 하는 길에 참가가 관계된다. 대화는 그가 선택한 방향으로 계속 나아가기 위해 핸들을 통해 적용하는 셀 수 없이 많고 종종 감지할 수 없는 수정으로 나타난다.[58] 더욱이, 여정을 따라 바퀴의 이러한 수정 회전은 교차로에서의 초기 회전과 다르지 않다. 그것들은 이 첫 번째 회전의 "반복"과 거기에서 선택한 방향으로의 "복귀"를 나타낸다. 대화는 방향의 구성 요소이다.

---

57) Paul Tournier, *The Meaning of Persons*, trans. *Edwin Hudson* (New York: Harper and Brothers, 1957), 92-93.
58) Tournier, 30.

그리고 방향은 대화를 통해서만 인식이 된다.

> 그 갈림길은 진정한 대화의 순간이며, 다른 사람과의 개인적인 만남의 순
> 간이다. 그것은 우리가 그에 관한 입장을 취하고, 우리 자신을 부득이하
> 게 헌신하게 한다. … 진정한 대화의 순간, 내적 친교의 순간에, 우리는 입
> 장을 취하는 것을 피할 수 없으며, 이 진정한 책임 있는 행위에서 그 사람
> 의 정체가 드러난다.[59]

그러나 대화는 연속적인 상태가 아니다. 오히려 무한히 반복 가능하고
재생 가능한 "관계의 순간"이다.

방향과 대화의 차이점에 대한 이 간단한 설명이 웨슬리의 종교적 경험
을 이해하는 데 도움이 될 수 있다. 1725년에 있었던 그의 성결의 길과 완
전의 목표로의 헌신은 방향(direction)의 특징을 잘 나타낼 수 있었다. 그러
나 방향의 의미는 진정한 대화의 "순간"에서 그가 이상하게 마음이 뜨거
워지는 것을 느꼈을 때인 1738년까지는 실제로 인식되지 않았다. 웨슬
리의 경우, 방향(direction)은 1725년부터 1738년까지 전체 기간에 걸쳐 있
었다. I-Thou의 세계로의 헌신은 1725년에 이루어졌거나 적어도 시작되
었다. 그러나 방향은 1738년에 "만남의 순간(moment of meeting)"에서 실현
되었을 때 비로소 그 진정한 의미가 뚜렷해졌다. 웨슬리의 학생들이 그의
온전한 성화를 정확히 분석하려고 한 이후의 모든 "만남의 순간"은 올더
스게이트 순간의 반복에 불과하다.[60] 이것이 우리가 올더스게이트 이후
의 기간에서 웨슬리의 "두 번째 축복"을 탐색하려는 것이 인위적이고 정당
하지 않은 탐색이었다고 말한 이유였다.[61] 그러한 탐색은 "계단" 도식화
를 전제로 한 것이었다. 온전한 성화는 계단 위의 두 번째 단계와 비교할

---

59) Ibid.
60) Cf. Supra, 183-84.
61) Supra, 197-98.

때 적절하게 설명되지 않는다. 온전한 성화는 웨슬리가 올더스게이트에서 경험한, 그리고 의심할 여지 없이 이후 수없이 반복한, 언제나 가능하고, 끊임없이, 이어지는 대화의 순간이다.

"회심"이라는 단어가 웨슬리의 종교적 경험과 관련하여 사용되어야 한다면, 그것은 "방향(direction)"과 동의어로 사용해야 한다. 이 회심의 과정은 1725년에 시작되었지만 1738년에야 완료되었다. 그리고 나서 그것은 진정한 "복음적" 회심이 되었다.[62] 그것을 복음적 회심으로 만든 것은 대화의 요소였다. 그러나 우리는 온전한 성화와 복음적 회심이 대화로 특징지어질 수 있다는 점을 지적했다. "계단"이라는 개념에 가려지게 된 것은 바로 이 지점이다. 그렇다면 올더스게이트는 웨슬리의 "복음적 회심"이었다. 이는 또한 매우 실제적인 의미에서 "온전한 성화"였다.

우리는 웨슬리와 초기 제자들 사이의 유사점이 있음을 말했다. 전자에게 올더스게이트가 그랬다면 후자에게는 오순절이 그랬다. 제자들은 직업을 버리고 예수님을 따랐을 때 "방향"을 선택했다. 그러나 이 방향의 진정한 의미는 성령이 그들에게 임한 부활과 오순절을 둘러싼 사건들에서야 깨닫게 되었다. 웨슬리 자신도 이것을 인정했다.[63] 웨슬리의 추종자들 중 일부, 특히 웨슬리안주의에서 유래한 "성결 운동"의 추종자들은 오순절에 성령을 받는 것을 그리스도인의 완전과 연결시켰다. 그러나 이러한 유형의 이해는 그리스도인의 완전을 "두 번째 축복"으로 생각하는 "계단" 개념에 기초하고 있는 것이다. 그들에게 예수의 제자들은 오순절 이전에 참 그리스도인으로 간주 된다. 후자는 온전한 성결에 해당하는 두 번째 축복이다. 그러나 웨슬리는 그리스도인의 완전을 오순절과 연결하

---

62) 진정한 개종에는 대화와 방향이 포함되어야 한다는 사실이 종종 간과된다. 이것은 대중 전도 캠페인에서 소위 회심 또는 '결단'이라고 불리는 많은 것들이 피상적임을 설명한다.

63) Works, VIII, 291.

는 것을 거부했다. [64] (왜냐하면) "모든 그리스도인은 이제 주님께서 약속하신 보혜사 또는 보혜사로서 성령을 받는다."[65] "그리스도 안에 있는 모든 아기는 성령을 받는다."[66] 분명히 그렇다. 그리스도인의 완전과 오순절에 성령을 받는 것 사이의 관계를 처음으로 가르치기 시작한 사람은 존 플레처(John Fletcher)이다. 메소디스트 설교자 중 한 사람인 벤슨(Joseph Benson)은 플레처(Fletcher)의 견해에 반쯤 설득되었다. 그러나 웨슬리는 이 가르침에 저항하고 벤슨(Benson)에게 "플레처의 늦은 발견"이라고 부르며 이에 대해 경고했다. [67] 플레처(Fletcher)에게 웨슬리는 다음과 같이 썼다.

> 그리스도인의 완전에 대한 우리의 견해는 정 반대는 아니지만 약간 다른 것 같다. 그리스도 안에 있는 모든 아기는 확실히 성령을 받았고, 그 영은 그가 하나님의 자녀인 것을 그의 영과 함께 증언한다. 그러나 그는 그리스도인의 완전을 얻지는 못했다.[68]

플레처(Fletcher)와 웨슬리는 모두 부분적으로 옳고 부분적으로 그른 것처럼 보인다. 그들은 여전히 "계단 이론(staircase theory)"을 고수하고 있다는 점에서 둘 다 틀렸다. 그들은 두 번째 단계를 제시한 곳에서만 달랐다. 플레처(Fletcher)는 두 번째 단계를 오순절과 동등한 것으로 만들었고, 웨슬리는 오순절을 첫 번째 단계와 동일시했다. 웨슬리는 "사도들 자신

---

64) Cf. Sangster, *The Path to Perfection*, 83-84.

65) Works, VIII, 104.

66) Letters, VI, 146.

67) Letters, V, 228. 이전에 웨슬리는 그리스도인의 완전성에 관해 벤슨에게 다음과 같이 썼다. "만일 그들이 이것을 '성령을 받는 것'이라고 부르고자 한다면 그들은 그렇게 할 수 있겠지. 그런 의미로 구절을 생각하는 것은 성경적이지 않고 적절하지 않다. 왜냐하면 그들은 모두 의롭게 될 때 성령을 받았기 때문이다." Letters, V. 215. 웨슬리는 성결운동이 흔히 하는 것처럼 성령을 받는 것과 성령으로 세례를 받는 것을 구별하지 않았다.

68) Letters, VI, 146.

이 오순절 이후까지도 적절한 기독교 신앙을 갖고 있지 않았다"고 말했다.[69] 플레처는 웨슬리가 본 것, 즉 오순절이 실제로 제자의 회심의 완성이라는 것을 보지 못한 실수를 범했다. 반면에 웨슬리는 신약에서 나타나는 '기독교인의 성령 체험보다 더 높은 것이 없다'라고 보는 실수를 저질렀다. 그는 그리스도인의 완전은 아직 그 너머에 있는 한 단계라고 생각했으며, 그럼에도 이 완전은 이생에서 얻을 수 있는 것으로 생각했다. 그의 교리가 왜 그토록 많은 사람들을 어리둥절하게 했는지 쉽게 알 수 있다. 만약에 그가 그리스도인의 완전을 실존적 현재에서의 I-Thou 관계로 정의할 수 있었다면, 즉 자아와 하나님, 그리고 자아와 이웃 간의 대화가 재생 가능한 순간으로 정의할 수 있었다면, 많은 어려움을 피할 수 있었을 것이다.

웨슬리의 교리에 대한 건설적인 재해석은 "계단" 도식화에서 벗어나야 한다. 그러나 그것은 그 안에 내재된 진실을 보존해야 하며, 그것을 위하여 설명이 고안되어야 한다. 웨슬리의 "두 번째 축복"이라는 개념은 교리의 핵심에 있는 본질적인 이중성을 지적하는 한 근본적으로 건전하다. 그러나 이 두 번째 축복은 말하자면 "비신화화"되어야 한다. 교리의 이중성은 웨슬리가 해석하는 경향이 있었던 것처럼 연대순의 의미로 해석되어서는 안 된다. 온전한 성화는 계단의 두 번째 단계가 첫 번째 단계와 유사하다는 것과 같은 의미에서 초기성화(중생)와 유사하지 않다. 그 대신, 실제로, 교리의 이중성은 위에서 설명한 "방향"과 "대화"의 의미에서 가장 잘 표현될 수 있다.

---

69) Works, VIII, 291.

4.4. 그리스도인의 완전은 순간적이다

이제 우리는 성화의 순간적인 요소에 대한 웨슬리의 독특한 강조의 진정한 가치를 이해할 수 있는 위치에 있다. 2장에서 우리는 이 요소가 그의 교리에서 지배적인 주제임을 보았다. 1738년 이후에 그는 자신의 교리를 도덕적 기준에 대한 법적 관계의 순서가 아니라 그리스도와의 인격적 관계의 순서 안에 두었다. 그는 믿음과 행위로 말미암는 칭의의 로마가톨릭의 구조(framework)에서 성화 교리를 취하여 오직 믿음으로 말미암는 칭의라는 개신교의 구조 안에 두었다.[70] 또한 웨슬리는 이 일을 한 후 성화는 점진적인 과정으로 된다고 생각할 것이 아니라 믿음에 응답하는 하나님의 순간적인 역사로 이루어진다고 생각할 필요가 있다고 깨달았다. 웨슬리의 생각에는 믿음으로 말미암는 성화의 교리는 순간성의 개념을 요구했다. 성화가 점진적으로 이루어지는 것이라면, 이는 행위로 말미암는 것, 적어도 행위와 믿음으로 이루어지는 것이라야 한다. 믿음에 의하여 이루어지는 것이라면, 한순간은 천년의 세월과 같을 것이다.

우리는 더 나아가 웨슬리가 일관성 없이 점진적 요소와 순간적 요소의 종합을 시도했다는 점을 언급했다. 종합에 대한 우리의 비판에서 우리는 종합의 구조적 불일치를 수정하기 위해 웨슬리의 교리를 수정할 것을 제안했다. 이 수정은 순전히 외적인 기준에 따라야 하는 것이 아니라 교리 자체의 지배적이고 가장 확실한 모티브, 즉 순간적인 방향에 따라 이루어져야 한다고 분명히 말했다. 이 순간적인 것이 교리의 지배적 특징이라는 것은 온전한 성화의 "순간(instant)"이 교리의 "환원할 수 없는 핵심"이라는 관찰에 의해 더욱 입증되었다. 그가 이 환원 불가능한 핵심을 어떻게 부적절하게 해석하고 적용했는지 우리가 보았을 때 그러한 수정의 필요성이 명백해졌다.

---

70) Williams, 175.

우리는 웨슬리의 "완전의 순간"이 부버(Buber)의 "관계의 순간"과 밀접하게 유사한 것으로 해석된다고 제안했다. 그러한 해석에서 그리스도인의 완전이 한순간에 받은 개인 소유물로가 아니라 I-Thou의 관계로 정의될 수 있다. 완전은 정적인 존재의 상태가 아니라 현재에서의 역동적인 실존적 관계이다. 웨슬리의 교리에서 순간성의 핵심 요소는 이렇게 보존되지만, 그순간성은 웨슬리가 일반적으로 그 언어(term)로 의미하는 것과는 다르다.

이러한 제안은 결코 새로운 것이 아니다. 예를 들어서, 서그덴(Sugden)은 웨슬리의 설교에 대한 주석에서 우리가 제안한 것과 유사한 이 순간성에 대한 해석을 암시했다.

> 사람이 그리스도를 믿는 믿음이 있고 그의 영으로 그의 마음에 그리스도의 임재를 깨닫는다면 그는 언제든지 완전히 성화된다는 것이 사실이다. 이것은 그의 믿음이 그의 구주께 고정되어 있는 한 계속될 것이다. 그러한 행복한 시기는 처음에는 종종 그의 믿음의 실패로 인해 중단된다. 그러나 그가 계속한다면, 그것들은 실질적으로 연속적일 때까지 점점 더 상습적인 것이 될 것이다. 죽을 때까지 항상 남아 있을 것이지만, 그가 도달한 높이에서 가끔 타락할(lapse) 가능성은 있다. 그래서 '성화된 상태(sanctified state)'에 대해 말하는 것은 현명하지 않다. 오히려 성화의 현재의 경험에 대해 말하는 것이 현명하다.[71]

서그덴(Sugden)은 다시 말한다.

> 만약에 [온전한 성화]가 이 처음 성취한 순간부터 죽을 때까지 계속되는 상태(state)를 의미한다면, 그러면 이것은 신자가 그리스도인의 삶의 성

---

71) Sermons, II, 172, n. 27.

장과 발전을 통해 그것을 위해 준비될 때만 주어질 수 있는 것이 확실해 보인다. 그러나 만일 그것이 그리스도를 믿음으로 주어진 순간에 신자가 죄에 대한 완전한 승리를 얻을 수 있다는 것을 의미한다면, 그것은 지금 (now) 확실히 가능하다. 그리고 그러한 죄에 대한 영광스러운 승리의 계절은 믿음의 습성(habit)이 성장하고 발전함에 따라 점점 더 계속될 것이다. 그러나 그리스도인의 삶에는 두 가지 부류, 즉 낮은 상태와 높은 상태가 있으며, 온전한 성화는 이 상태에서 다른 상태로 넘어가는 것이라고 가르치는 것은 위험하고 오해의 소지가 있다. 그리스도인의 삶은 오직 하나이며, 그 이상(ideal)은 행위나 욕망에 있어 죄가 전혀 없는 삶이다. 그리고 그리스도인의 실제 생활은 그 이상(ideal)에 점진적으로 접근하는 것이며, 그 기간 동안 죄에서 완전히 해방되는 기간은 점점 더 영혼의 습관이 된다. 우리가 온전한 성화의 상태에 있다고 우리 자신에 대해 말해야 하는지, 아니면 다른 사람에 대해 말해야 하는지는 순전히 사변적인 질문이다. 성결은 건강의 영적 유사물(analogue)이다. 그리고 비록 우리가 어떤 사람이 과학적으로 완전한 건강 상태에 있다고 단언할 수는 없을지라도 정상적인 건강 상태와 병약(invalidism) 사이를 혼동할 위험은 없다. … 나는, 이 순간, 하나님의 은혜로 모든 죄적인 생각과 성품에서 해방되었는가? 내가 지금은 아니더라도, 내가 그리스도를 신뢰하기만 하면, 나는 그리될 것이다. 나는 내일을 염려하지 않을 것이다. 그것들이 올 때 자기 일을 돌보게 하라. 그리고 지금 나를 모든 죄에서 구원하시는 하나님은, 내가 계속 하나님을 신뢰한다면, 그때에도 반드시 나를 구원하실 것이다.[72]

생스터(Sangster)가 지적했듯이 "순간순간"의 삶(moment by moment life)의 개념에 대해 강한 반대가 있어 왔다. "그것은 철학적으로 불건전하다고 논의되었다. 즉 삶은 조각으로 쪼개질 수 없다. 우리는 그것을 별개의 조각들의 연속으로 받아들이지 않으며, 따라서 웨슬리는 심리학적으로 불

---

72) Sermons, II, 457-58, n. 16.

가능한 토대 위에 건설한다고 주장되어 왔다."[73] 그러나 생스터가 웨슬리를 다음과 같이 관찰한 것은 옳았다.

[웨슬리는] … 학문적으로 문제에 접근하지 않았다. 만약 그가 시간의 현재의 순간을 착상하려고 노력했다면, 모든 학생들이 발견한 것처럼, 그는 그것을 실행하는 것이 아주 불가능하다는 것을 발견했을 것이다. … "지금(now)"은 이제 "지금"이 아닌 것이 되고, "그 때(then)가 된다. 오히려 그 소리는 우리의 입술에서 사라졌고, 현재의 경험에 대한 모든 검토는 사후의 일이다.

그러나 이것이 우리의 실생활에서 '지금'을 지우는 것은 아니다. '지금'은 현실이다. … '지금' 나는 생각하고 말하고 행동할 수 있다. … 그리고 지금 믿음을 가질 수 있다. 지금! 그리고 그 믿음을 갖는 것이 이 순간에 온전할 수 있다. 웨슬리는 하나님께서는 온전한 응답을 하실 수 있고 또 그렇게 하신다고 가르쳤다.[74]

풀루(Flew)도 같은 생각을 표현했다.

성결은 믿음에 대한 응답으로 주어지기 때문에, 그리고 믿음은 단순한 단일 응답이 아니라 주시는 하나님께 대한 응답의 계속적인 연속(succession)이므로 이상적인 삶은 '순간순간'의 성결이라는 결론이 나온다. … 유일한 요구는 응답하는 것, 기꺼이 받겠다는 의지, 믿음이다. 믿음은 어느 한순간에 완전할 수 있다. 그러므로 우리의 성장의 이 단계와 적합한 성결 또는 완전은 이 세상에서 어느 순간에도 가능하다. 우리의 할 일은 그 이상을 받아들이고, 매 순간에 담긴 하나님의 선물을 받아들이는

---

73) *Path to Perfection*, 109.
74) Ibid., 110.

것이다.[75]

서그덴(Sugden), 생스터(Sangster), 풀루(Flew)의 이러한 진술은 순간에 대한 웨슬리의 순간성에 대한 강조가 "계단" 도표(staircase scheme)에 따르기보다는 실존적 현재의 관점에서 유효하게 해석될 수 있음을 나타낸다. 그러나 그러한 관점에서 두 가지 위험을 경계해야 한다. 첫째는 이러한 믿음과 성결의 "순간"이 일반적으로 중단되지 않는 연속으로 서로 뒤따른다는 사실을 뒷받침하는 위험이다. 그러한 추측은 "상태(state)"로서의 완전의 개념으로 되돌아가게 할 것이다. 부버는 I-Thou와 I-It가 서로 교대함을 우리에게 상기시킨다. Thou는 계속해서 It가 되어야 하고, It는 다시 Thou가 될 수 있다. 그러나 하나로 남을 수는 없을 것이다.[76] 두 번째 위험은 이러한 "순간"이 완전히 분리되어 누적 가치(accumulative value)가 없다고 가정하는 것이다. 이것이 피니(Charles G. Finney)와 "오벌린 신학(Oberlin Theology)"이 가르친 기독교 완전의 교리의 약점이었다.[77] 퍼킨스(Parkins)는 이 학파에 대한 조사에서 다음과 같이 말했다.

> 이 신학에 대한 주된 반대는 그것이 너무 많은 구성요소로 이루어진 것이 된다는 것이다. 완전한 순종은 결국 순간의 완성일 뿐이다. 그리고 피니 박사(Dr. Finney)는 성격이 영혼에 영향을 미치는 방식을 적절하게 인식하지 못한다고 나는 생각한다.[78]

이렇게 보면 I-Thou 관계의 관점에서 보는 그리스도인의 완전에 대한

---

75) *The Idea of Perfection*, 405-6.

76) Friedman, *Martin Buber*, 58.

77) Timothy L. Smith, *Revivalism an Sociel Reform* (New York: Abindgon Press, 1957), 103-13을 보라.

78) *The Doctrine of Christian or Evangelical Perfection*, 228.

해석이 제2의 위험을 막는다. 성격은 대화의 순간을 통해 "영혼에 감명을 주게 된다." 또한 I-Thou 관계는 '대화'뿐만 아니라, '방향(direction)'도 포함한다는 것을 기억해야 한다. 대화는 방향에서 발생한다. 하고, 그 방향은 대화의 개별 순간을 연결한다.

"계단" 도식화와 "상태(state)"로서의 그리스도인의 완전 개념의 문제는 방향뿐만 아니라 대화도 연속적인 것으로 시각화된다는 것이다. 그러나 부버가 지적했듯이 이러한 유형의 해석은 I-It의 양식(pattern)에 빠져든다.

> 사람은 하나님을 소유하기를 원한다. 그는 하나님을 소유하는 시간과 공간에서의 연속을 원한다. 그는 말로 표현할 수 없는 의미의 확증에 만족하지 않는다. 그리고 그 확증이 받아들여지고 다루어지고. 매 순간마다 그의 생명을 보장하는 시간과 공간에서 완전한(unbroken) 연속체인 어떤 것(something)으로 연장된 것을 보기를 원한다.

> 연속성에 대한 인간의 갈증은 순수한 관계. 실제 존재와 잠재적 존재의 상호 교환의 삶의 리듬에 의해 충족되지 않는다. … 그는 시간의 연장. 지속(duration)을 갈망한다. 따라서 하나님은 믿음의 대상(object)이 된다. … "It"에 대한 신뢰(belief)를 믿는 것은 집중을 향한 존재의 지속적으로 새로워진 순간을 대신하고 관계로 나가는 것이다.[79]

부버에게는 웨슬리와 같이, 이러한 "관계의 순간"(또는 "완전 순간")은 황홀한 감정의 단순한 사례(instance)가 아니다.

관계의 행위는 나(I) 안에 남아 있는 감정이나 느낌이 아니다. 순수한 관계는 나(I)와 Thou 사이의 사랑이다. 감정은 사랑을 동반한다. 그러

---

79) *I and Thou*, 113.

나 그것들이 사랑을 구성하지는 않는다. 느낌은 사람 안에 거한다. 그러나 사람은 그의 사랑 안에 거한다. 그리고 Thou는 나뿐만 아니라 사랑 안에 거한다. 왜냐하면 사랑은 오직 그것의 내용, 그것의 목적만을 위해 "Thou"를 갖는 방식으로 "나"에 매달리지 않기 때문이다.[80]

그리스도인의 완전 교리에서 순간적인 것을 끊임없이 강조함으로써 웨슬리는 우리 시대에 가장 중요한 통찰력을 남겼다. 그 교리를 현대적으로 이해하고 수용하는 열쇠를 제공하는 것은 바로 이 순간성의 요소이다. 순간의 기초와 불가결한 의미는 "한번만의 것"이 아니라 그리스도인의 완전의 즉각성(immediacy)과 현재성이다. 믿음의 전적인 응답을 통해 인간은 주어진 순간에 하나님과 이웃을 완전하게 사랑할 수 있다. 이 견해는 점진적 성화 교리로서는 보존될 수 없다. 후자는 항상 앞서 있는 목표에 대한 근사치(approximation)를 의미하며, 실존적 지금에서는 결코 실현되지 않는다. 더욱이 즉각적이고 현재적인 실현에 대한 이러한 강조는 I-Thou 관계에 대한 부버의 개념의 필수 불가결한 부분이다.

요약하면, 그리스도인의 완전을 I-Thou 관계로 재해석하는 것은 웨슬리의 교리와 현대 신학에서 완전을 "불가능한 가능성"으로 보는 그들의 비판 사이의 간격을 메울 수 있는 가능성을 제공한다고 주장할 수 있다. 니버(Niebuhr)와 같은 사람이 교리를 이와 같이 비판할 때, 그들이 일반적으로 비판하는 것은 완전을 "개인 소유"이며 성취의 정적 상태로 보는 것에 대한 것이다. 그러나 우리는 이러한 교리의 개념이 웨슬리에 있어서의 최선의 방식과 조화되지 않음을 보여 왔다. 웨슬리의 교리가 우리가 제안한 노선에 따라 재해석될 수 있는 한, 웨슬리 교리와 현대 신학 사이의 간격에 다리가 놓여질 수 있다. 니버(Niebuhr)조차도 자기애(self-love)와 하나

---

80) Friedman, *Martin Buber*, 59; cf. Supra, 23.

님의 사랑 사이의 갈등이 초월되는 "순간들"이 있음을 인정한다.[81] "이 순간들은 삶의 최종 완성의 '증거물들(earnests)'일 뿐"이며 "그것들이 구속된 자들의 삶의 일반적인 상태를 기술하는 것이 아님"[82]이라는 그(니버)의 규정은 논점에 영향을 미치지 않는다. 왜냐하면 그(니버)는 웨슬리가 요구하는 모든 것을 들어준다. 그러나 웨슬리는 "자연의 비관주의"보다 "은혜의 낙관주의"를 강조할 것이고, 이러한 "순간" 중 하나가 가능하다면 그 중 많은 것이 구속받은 자의 장자권(birthright)이 될 수 있다고 주장할 것이고, 부버 또한 웨슬리의 의견에 투표할 것이다!

---

81) *Human Destiny*, 189.
82) Ibid., 189.

5장
그리스도인의 완전과 현대 신학의 과제

연구의 첫 장에서 우리는 웨슬리의 그리스도인의 완전에 관한 교리를 현대 신학의 상황에서 살펴보았다. 이 교리는 완전한 사랑의 윤리를 "불가능한 가능성"으로 보는 현대 개신교 신학의 강조와 정반대되는 것으로 밝혀졌다. I-Thou 관계에 대한 부버(Martin Buber)의 개념은, 그것과 그리스도인의 완전 사이에 일부 일치가 발견될 수 있다는 조건으로, 이러한 상반된 견해 사이를 이해 가능케 하는 다리(bridge)로 제시되었다,

연구에 있어 우리는 그러한 일치가 존재했으며 그리고 웨슬리 교리의 환원할 수 없는 핵심이 그 시간 요소와 그 내용 모두에 있어서 I-Thou 관계와 본질적으로 동일하다는 것을 발견했다. 웨슬리와 그의 추종자들의 종교적 경험은 I-Thou의 관계에 의해 밝혀지고, 교리의 최선의 해석으로는 개인의 소유보다는 대화적 관계를 지적한다는 것을 우리는 발견했다. 그런 다음 I-Thou 신학에 비추어 교리를 건설적으로 재해석하기 위한 윤곽을 그렸다. 그리고 이 해석에 비추어서 관련된 다른 웨슬리 교리를 검토했다.

이 연구를 마치면서 우리는 출발점으로 돌아가서 완전의 교리를 현대 신학과의 관계에서 다시 살펴보아야 한다. 그러나 먼저 우리는 지금 이렇게 질문해 봐야 할 것이다. 이 교리는 현대 신학의 과제에서 어떤 위치를 차지하고 있는가?

5.1. 교리의 부적절한 논법

에릭 베이커(Eric Baker)는 현대 신학에서 그리스도인의 완전 교리의 중요
성을 논하면서 다음과 같이 말했다.

> 우리가 메소디스트 전통에서 이 그리스도인의 완전에 대한 교리의 고유
> 한 위치를 이해하려면 그 교리가 결코 고립되어서는 안 된다는 것을 처
> 음부터 인식하고 이를 마음속에 간직해야 한다. 이것은 의심할 여지 없이
> 진정한 신앙심과 진지한 의도를 가지고 다른 모든 것을 배제하면서 개인
> 의 내적 성결을 강조하여 그들의 기독교적 표현이 왜곡되게 만든 종파들
> 에 의해 저질러진 실수이다. … 이 종파들에 대하여 공평하게 말해서, 그
> 들이 아주 미숙하고 잘못된 방식이지만 그들이 주요 기독교 교파가 이 교
> 리를 등한히 함으로써 생긴 공백을 메우기 위해 진정으로 노력해 왔다는
> 것은 인정해야 한다.[1]

이 진술은 이 교리가 현대 신학의 손에서 고통을 받고 있는 이중의 결
과를 지적하는 것이다. 즉 (1) 성결 종파에서는 이 교리가 왜곡되고 있고,
(2) 주요 기독교 교단에서는 이 교리가 경시되고 있다는 것을 지적하는
것이다. 베이커(Baker)는 그 함축을 부정하지는 않겠지만, 그는 메소디스
트와 그것의 창시자를 포함한 "주류 기독교 교파"가 이 교리를 위해 세워
졌다는 명백하고 중요한 사실에는 집중하지 못했던 것 같다.

18세기부터 현재까지의 교리의 두-방향의 역사(two-directional history)에 대
한 유사한 분석이 피터스(Peters)에 의해 이루어졌다. 이는 교리의 순간적
이고 점진적인 측면에 대한 우리의 연구에서 인용된 진술에서 볼 수 있다.
이 적절하고 통찰력 있는 진술을 다시 살펴보자.

---

1) *The Faith of a Methodist*, 26.

이 교리에 있어서의 순각적인 것과 점진적인 것에 대한 이러한 고려는 웨슬리 교리의 발전에 있어 분기점이 되었다. 절대주의적 해석자들은 한 경사면을 내려가면서 그리스도인의 완전이 단 하나의 절정의 경험에 대한 거의 독점적인 강조를 의미하게 될 때까지 움직일 것이다. 순응적 해석자들은 다른 경사면을 따라 내려가면서 그리스도인의 완전이 희미하게 기억되는 전통 이상의 의미를 지니게 될 때까지 움직일 것이다.[2]

우리는 현대 신학 현장에서 교리에 대한 두 가지 다양한 취급을 지적하기 위해 절대주의적(absolutist)라는 용어와 순응적(accommodative)이라는 용어를 사용할 것이다. 오늘날 어느 정도 이 교리를 고수하는 웨슬리안 전통에 있는 사람들은 이런 분류 중 하나의 논법을 사용하고 있다고 말할 수 있다. 그러나 그것들은 빈틈없는 범주가 아니며 각각에서 다양한 차이가 있다.

5.1.1. 순응적 해석자들

현대 메소디즘 자체가 가르쳐온 그리스도인의 완전은 일반적으로 교리에 대한 순응적인 해석으로 분류될 수 있다. 1960년 메소디스트 총회에서의 연설에서 페닝톤(Chaster A. Pennington)은 다음과 같이 질문했다.

미국 메소디스트는 "성서적 성결을 온 땅에 퍼뜨리기 위해 출발했는가?" 그렇다면 성서적 성결 교리에 무슨 일이 일어났는지 물어볼 수 있다. 그것은 얼마 전에 메소디즘을 빨리 특징짓게 한 소극적 도덕주의(negative moralism)에서 사라졌다. 그리고 그 이후로 대중화되고 있는 사회적 열정과 자립 프로그램의 혼란 아래에 더욱 깊이 묻혀 버렸다.[3]

---

2) *Christian Perfection*, 47-48.
3) "Neo-Wesleyanism, Neo-Orthodoxy and the New Testament," *Religion in Life*,

현대 메소디즘이 19세기와 20세기 초기의 자유주의의 견해를 받아들이게 됨으로써 웨슬리가 가르친 완전 교리를 경시하는 경향이 있었다. 의심할 여지 없이 웨슬리의 신학에는 메소디즘이 자유주의적 견해의 낙관주의에 적응할 수 있는 요소들이 있었다. 그리스도인의 완전 그 자체는 가장 낙관적인 교리이다. 그러나 웨슬리의 교리는 인간에 대해서는 낙관주의가 아니었다. 그것은 하나님의 은혜의 능력과 그 은혜가 인간의 삶에서 성취할 수 있는 것에 대해서 낙관론이었다. 19세기와 20세기 초반의 자유주의적 분위기가 고조되면서 이러한 낙관주의는 인간과 인간의 가능성을 강조하는 것으로 옮겨졌다. 메소디즘이 사회 복음화(Social Gospel)에 참여하고 그것의 창시자가 되면서 인간을 변화시키는 은혜의 능력에 대한 웨슬리의 강조는 은혜의 도움으로, 그의 사회 기관들의 변화를 통해 자신을 변화시키는 인간의 능력에 대한 강조로 바뀌었다. 이 정도로 그리스도인의 완전 교리는 시대의 분위기에 순응하게 되었다.

차이레스(Robert E. Chiles)는 존 웨슬리(John Wesley) 시대 이후로 미국 감리교에서의 가장 근본적이고 광범위한 변화들 중 하나를, "값없이 주시는 은혜(free grace)에서 자유의지(free will)로의 전환"이라고 지적한다.[4] 이러한 전환의 단계는 웨슬리 이후 2세기 동안의 메소디스트 최고의 신학자들의 저작물을 통해 추적할 수 있다. 웨슬리는 인간이 자신의 노력을 포기하고 오직 하나님께만 의지할 때 오직 은혜로 구원을 받는다고 가르쳤다. 그러나 왓슨(Richard Watson), 레이먼드(Miner Raymond), 서머스(T. O. Summers), 웨던(Daniel D. Whedon), 마일리(John Miley)와 같은 대표적인 신학자들을 통해, 값없이 주시는 은혜(free grace)에 대한 강조가 서서히 자유 의지에 대한 강조에 자리를 내주었다. 이러한 발전은 보스톤 신학교(Boston Shcool of

---

XXIX (Autumn, 1960), 535.

4) "Methodist Apostasy: From Free Grace to Free Will," *Religion in Life*, XXVII, (Summer, 1958), 438.

the Theology) 보은(Borden Parker Bowne)의 인격주의(personalism)에서 최고조에 이르렀다. 이 인격주의 철학은 너드슨(Albert C. Knudson)의 저술에서 신학적 표현을 받아 발전하였는데, 차이레스(Robert E. Chiles)는 이러한 발전을 다음과 같이 요약했다.

> 따라서 우리는 육에 속한 사람은 선을 행할 수 없고, 그리고 선행적 은혜를 가지고 있어도 그는 자기 자신을 구원하려는 자신의 노력(self-sufficient efforts)을 다만 가질 수 있을 뿐이라는 웨슬리의 확신으로부터의 변화를 본다. 왓슨(Watson)에서는, 인간은 은혜에 기초하여 선을 행할 수 있도록 지음을 받았다. 마일리(Miley)에서는 인간의 의지는 건전하지만 그것의 고려를 위해 선을 행하려는 동기를 제공해야 한다고 주장한다. 마지막으로 너드슨(Knudson)에서는 은총과 무관한 의지가 하나님과 선을 선택할 수 있으며, 그 결의를 실현하기 위해서는 하나님의 은총의 도움만 있으면 된다고 선언하고 있다. 값없이 주시는 은혜로부터 자유의지로의 변절(apostasy)은 이렇게 끝났다.[5]

차이레스(Chiles)가 보스턴의 인격주의가 웨슬리의 신학을 자유주의의 정신에 수용하려는 시도의 마지막 단계를 나타낸다고 제안한 것은 여지없이 정확하다. 아이러니하게도 미국 메소디즘에서 가장 크고 영향력 있는 신학교에 뿌리를 둔 이 학파는 웨슬리가 인격주의자들 보다 개혁파에 훨씬 더 가까웠음에도 불구하고, 종교 개혁의 원칙의 회복에서 비롯된 개신교 신학의 최근 이점들을 크게 무시한다. 찰레스가 메소디즘 내에서의 값없이 주시는 은혜(free grace)에서 자유의지(free will)로의 전환이라고 부르는 더 상세한 사례들은 웨슬리안주의의 주요 가치가 "직접적이고 명백한 경험적 기독교 인본주의"에 뿌리를 두고 있다고 말하는 부스(보스턴 메소디스트

---

5) Ibid.

인Edwin F. Booth)의 논증에서 볼 수 있다. 6)

옛 자유주의의 주된 관심은 인간과 사회의 개선에 있었다. 이것은 그 자체로 진정한 웨슬리안이다. 웨슬리에게서 멀어지는 것은 인간이 하나님의 은총의 도움을 받아 스스로를 완전하게 할 수 있는 자연적인 능력이 있다는 가정에 있다. 웨슬리에게는 그러한 완전은 모두 은혜로 인한 것이었다.

웨슬리가 은혜의 우선순위를 강조함에 있어서는 종교개혁가들과 가깝지만, 현대 신학의 일부에서의 개혁적 원칙에 대한 새로운 관심은 웨슬리의 완전의 교리에 대한 재활 (rehabilitation)을 초래하지 않았고 오히려 정반대가 되었다. 7) 오래된 자유주의 쇠퇴와 신정통주의(Neo-orthodoxy)의 부상으로, 그리스도인의 완전은 "희미하게 기억 된 전통"뿐만 아니라 불가능하고 무의미한 이상(ideal)을 의미하게 되었다. 그 메소디즘이 신정통주의 정신을 받아들였을 정도로 그것은 이 교리를 다시 무시하는 경향이 있었다. 신정통주의의 극단적인 형태에서는, 인간 본성의 하나님의 은혜와의 어떤 적합성도 크게 거부되었고, 이러한 신학의 분위기에서 완전의 교리는 완전히 부적절한 것으로 간주된다. 그러나 피터스(Peters)가 말했듯이, "결과는 도덕적 무관심과 영웅적인 절망 사이의 어딘가에 중점을 둔 신학"8)이 된다.

그러므로 오래된 자유주의와 새로운 신정통주의와 유사함을 지닌 메소디즘은 웨슬리의 완전 교리를 해석하는 데 있어 순응하는 경향이 있게 되었다. 존 데슈너(John Deschner)는 다음과 같이 말한다.

> 이 나라의 메소디즘은 웨슬리의 마음을 가지고 있지만 미국인의 머리를 가지고 있다. 그것의 특징적인 강조점은 웨슬리 설교의 핵심인 "마음의

6) "What kind of Neo-Wesleyanism?" *Religion in Life*, XXIX (Autumn, 1960), 515.
7) Cf. the discussion on "Contemporary Criticism," 49ff.
8) *Christian Perfection*, 199.

종교"와 도덕적 갱신의 핵심으로 남아 있다. 이 중심적인 강조에 대한 신학적 표현은 안정성과 연속성이 결여된 경향이 있다. 그리고 외부로부터의 자극과 영향에 대해 이례적으로 개방적인 경향이 있다.[9]

어떤 의미에서 이러한 순응주의는 좋은 것이다. 우리의 전체 연구를 이해하는 것은 완전에 대한 교리가 현대적 관심과 관련될 수 있는 경우에만 가치와 타당성을 갖는다는 확신이었다. 그러나 순응적 접근의 약점은 그것이 피터스(Peters)가 말하는 "어렴풋이 기억나는 전통"이라고 부르는 것, 또는 다른 방향에서 볼 때 달성할 수 없는 이상으로 증발시켰다는 것이다. 이것은 웨슬리에게서 완전히 벗어나는 것을 의미한다. 왜냐하면 그의 전체 교리의 초석이 현생에서의 달성 가능성이었기 때문이다. 그러므로 웨슬리의 교리는 달성될 수 없는 것이라고 말함으로써 그 교리는 보존되지 않고, 거부된 것이다. 물론 그것이 사실이 아니라면 전통을 보존하는 것은 의미가 없다. 그러나 완전의 이상을 달성할 수 없다는 결론을 내리기 전에 먼저 그 질문을 탐구해야 한다. 즉 그것이 가능하다면 어떤 방식으로 달성될 수 있는가를 탐구해야 한다. 우리는 그리스도인의 완전을 "개인 소유"가 아니라 "대화적 관계"로 재해석함으로써 이 질문에 대한 하나의 답을 제안했다. 후자의 해석은 그것이 도달할 수 없다고 말하는 사람들에 의해 결국 암시적으로 대부분 당연한 것으로 여겨진다.

그러므로 순응적 해석자들은 그리스도인의 완전을 완전히 도달할 수 없는 어떤 것으로 또는 인간의 오랜 노력의 과정을 거쳐야 도달할 수 있는 것으로 본다. 예를 들어, 라를(H. F. Rall)은 그리스도인의 완전을 "공중에 떠도는 목표, 끝없는 노력과 점진적인 성취를 위한 목표"라고 부른다.[10] 1952년 감리교 총회에서 행한 감독의 연설은, 완전을 메소디스트

---

9) "Methodism," *A Handbook of Christian Theology* (New York: Meredian Books, Inc., 1958), 232.
10) "The Search for Perfection," *Methodism*, 145.

의 교리(Methodist Belief)로 주장하려고 추구하면서, 그 교리는 기독교인이 "향해 나아가는" 것이라고 말했다.[11] 쿠시먼(Cushman)이 순응적 접근을 아주 생생하게 요약했다. 그는 오늘날의 메소디즘이 그 시작과 어떻게 비교되는지에 대해 질문하면서 다음과 같이 말했다.

> 내가 생각건대, 허용할 수 있는 정말로 근본적인 대답은 이것이다: 현대 메소디즘은 1738년 이전의 존 웨슬리의 종교로 되돌아가 정착했다. 기독교에 대한 그것의 개념은 그리스도를 따르는 군인(uniform)의 고귀한 이상과 우리의 위대한 모범자이신 주 예수께 대한 복종(conformity)이다. 아마도 현대의 메소디스트 신자들은 1725년과 1738년 사이의 웨슬리에 비해 그리스도를 모방하는 데 열심히 적다. 그러나 그들은 그 외에는 모든 공통점을 가지고 있다. 죄의 장애나 용서의 필요성에 대한 뚜렷한 포고(proclamation)에 대해 진지하게 생각하는 것이 어디 있는가? 우리는 칭의가 하나님의 일이고, 필요한 일이며, 그 믿음이 선물이라는 것을 덤덤하게 의심하지 않고 있지 않은가? 우리 기독교는 스스로 고안해 낸 것이 아니고, "마음을 새롭게 하는 것"이 믿음의 의(righteousness)에 앞서는 것이라는 분명한 확신이 있는가?

우리 권고의 지배적인 취지가 그리스도인의 삶이 사람의 일이라는 웨슬리의 교정되지 않은 확신과 많은 부분을 공유하고 있다. 우리는 1738년 이전의 웨슬리와 같이 그리스도를 본받음으로 인간이 완성된다는 것을 지지하고 있다. … 웨슬리와 마찬가지로 우리가 그리스도를 주님으로 따를 수 있기 전에 화해자이며, 구속자이신 그리스도를 알아야만 한다.[12]

---

11) *General Conference Journal*, 1952, 157. cited by S. Paul Shilling, *Methodism and Scoeity in Theological Perspective* (New York: Abingdon Press, 1960), 76.

12) "Theological Landmarks in the Revival Under Wesley," *Religion in Life*,

5.1.2. 절대주의적 해석자들

현대 신학 현장에서 그리스도인의 완전에 대한 절대주의적 해석은 메소디즘에서의 교리의 순응적 해석에 대한 반작용을 나타낸다.[13] 절대주의적 해석가들은 주로 그리스도인의 완전을 중심 교리로 삼으며, 그들의 주요 임무는 메소디즘이 순응적인 접근 방식에서 폐지되었다고 느끼는 작업, 즉 "성서적 성결을 전국에 전파하는 일"을 수행하는 것으로 생각하는 소규모 웨슬리 교파 또는 종파에 국한된다. 그러므로 교리에 대한 순응적인 해석이 메소디즘에 의하여 대표되는 반면, 절대주의적 해석가들은 주로 "성결 운동(Holiness Movement)"으로 알려진 그룹에서 발견된다. 성결 운동은 메소디즘 내에서 일어난 운동으로서, 성결 교리와 체험을 증진하기 위하여 19세기 후반에 성장한 다양한 조직과 협회들이다. 또한 이러한 연합들은 자신의 교회에서 성화 교리를 등한시하는 데 불만을 품은 다른 교파의 사람들을 끌어들였다. 마침내 19세기의 마지막 몇 년 동안 몇 개의 독립적인 성결 그룹이 형성되었고, 1907년과 1908년에 이들 대부분이 모여서 성결운동에서 성장한 가장 큰 교단인 나사렛교회를 형성했다.[14] 성결 운동 발전의 역사는[15] 이 연구의 범위를 벗어나기 때문에[16]

XXVII, No. 1, 118.

13) 역으로, 계속되는 조정적 해석은 절대주의적 접근에 대한 반작용을 나타낸다고도 말할 수 있다.

14) 1962년 말에, 전 세계의 나사렛 교인은 394,000명으로 기록되어 있다.

15) '오순절(Pentecostal)' 운동과 혼동하지 마라. 최초의 독립 성결 그룹 중 일부는 처음에 이름에 '오순절'이라는 용어를 사용했다. 그러나 그 용어는 주로 조직들이 온전한 성화를 강조한다는 것을 의미했으며, 오순절이 그 원형으로 생각되었다. … 사실 이 조직들은 '방언을 말하는 것'을 강력히 반대했다. '오순절'이라는 용어가 방언과 점점 더 관련이 되면서 대부분의 성결 그룹은 이름에서 이 용어를 삭제했다. Cf. Peters, 148-50, Elmer T. Clark, *The small Sects in America* (New York: Abingdon Cokesbury Press, 1957), 72-75.

16) 그런 연구를 위하여는, Peters, chapter 3-5, 그리고 Timothy L. Smith, *Revivalism and Social Reform, and Called Unto Holiness, the Story of the Nazarene: the*

우리는 여기서는 웨슬리의 교리에 대한 절대주의적 해석만 다루고 있다.

웨슬리에 있어서 그리스도인의 완전 교리에는 어떤 "유동성(fluidity)이" 있다. 메소디즘의 순응적 해석가들이 이 유동성을 도달할 수 없는 이상으로 사라지게 하는 경향이 있는가 하면, 성결 운동의 절대주의 해석가들은 그 것을 완고한 교리의 형태(rigid doctrinal form)로 동결시키는 경향이 있다. 하나에서는 그리스도인의 완전이 환상이 되고, 다른 하나에서는 단단한 것이 된다. 둘 다 웨슬리 교리에 있어서의 풍부한 유동성(fluidity)을 포기하고 있는 것이다. 오늘날 절대주의적 해석가들은 완전을 개인 소유로 간주하는 웨슬리의 이런 측면을 거의 배타적으로 강조하고 있다. 그러한 견해는 구원이 거룩함으로 가는 두 단계 상승으로 간주되는 "계단" 개념(staircase concept)과 결합되어 있다. 온전한 성화는 중생에 뒤이어 일어나는 하나님의 순간적인 행위로 정의되고 있다.[17] 이 "두 번째 축복"의 개념은 틀림없이 웨슬리안의 입장이다. 그러나 우리가 보았듯이 이 문제에 대해 압박을 받았을 때 웨슬리는 온전한 성화가 칭의와 중생과 함께 동시에 일어날 수 있음을 인정했다.[18] 그러나 절대주의적 해석가들은 후자의 가능성을 부인할 것이다.[19] 교리에 대한 웨슬리의 묘사에 있어서의 "둘째"는 절대주의자에 의해, 우리가 웨슬리 자신의 생각 내에서도 유효한 대안으로 본 "방향과 대화"의 보다 역동적인 의미에서가 아니라, 연대기적 순서의 엄격한 의미에서 해석되고 있다. 웨슬리의 교리에서의 순간성의 진정한 요소는 실존적 현재의 역동적인 새로운 가능성이라기보다는 단 한 번의 경험이라는 정적인 의미로 해석되고 있기 때문이다. 순간성은 보존되고 있지만 그

Formative years (Kansas City, Missouri: Nazarene Publishing House, 1962)를 참조하라.

17) Cf. *Manual of the Church of the Nazarene* (Kansas city, Missouri; Nazarene Publishing House, 1960), 29-30.

18) Supra, 283-84.

19) Cf. Stephen S. White, *Five Cardinal Elemens in the Doctrine of Entire Sanctification* (Kansas city Missouri: Beacon Hill Press, 1948), 15-25.

것은 왜곡되고 비현실적인 형태의 순간성으로 굳어진 것이다.

성결운동에서는 순간적인 경험으로서의 그리스도인의 완전은 일반적으로 신약성경의 "성령의 세례"[20] 또는 "성령으로 충만함"[21]의 체험과 관련되어 있다. 그러나 우리가 보았듯이 웨슬리는 그런 연결을 만들지 않았다.[22] 여기서 성결운동은 웨슬리가 아니라 존 플레처를 따르고 있는 것이다. 웨슬리가 오순절을 둘러싼 사건들을 온전한 성화가 아니라 믿음으로 말미암는 칭의와 확신으로 연관시켰다는 것은 분명하다. 최후의 만찬 때에도 제자들은 "회심하지 않았다."[23] 반면에 절대주의자들은 요한복음 17장과 유사한 구절을 인용하여 제자들이 이미 개종했으며 오순절이 그들의 "두 번째 축복"이었다는 것을 증명한다. 에베소 신도들(행 18:24-19:7)과 고넬료의 집(행 10장)[24]에 대해서도 같은 해석이 자주 나온다. 그러나 여기서도 이런 해석은 웨슬리적 해석이 아니다. 예를 들어, 사도행전 10장 4절에 대한 주석에서 웨슬리는 다음과 같이 말한다. "기독교적인 의미에서 고넬료는 그 당시에 불신자였다. 그는 그 당시에 그리스도에 대한 믿음이 없었다."[25]

절대주의 해석가들의 또 다른 특징은 죄에 대한 개념에 있다. 성결 운동은 일반적으로 현대 심리학의 관점에서 이러한 구분을 평가하거나 재해석하려는 시도 없이, 웨슬리의 이중적 죄의 관념, 즉 죄를 내적 죄와 외적 죄로, 자발적인 죄와 비자발적인 죄로, 의식적인 죄와 무의식적 죄로 구별하는 이중적 죄의 개념을 그대로 받아들인다. 그리고 성결운동은 성경 연구와 그 반대의 주장에도 불구하고, 죄에 대한 피상적이고 비현실

---

20) 마태복음 3:11; 행 1:5.

21) 행 2:4, 38; 4:8, 31.

22) Supra, 232-34.

23) Letters, II, 202; cf. V, 215, 228; VI, 146; Works, VIII, 104, 291.

24) Cf. W. T. Purkiser, *Conflicting Concepts of Holiness* (Kansas city, Missouri: Beasn Hill Press, 1953), 36-41.

25) *Explanatory Notes upon New Testament*, (Acts) 10:4.

적인 관점을 가지고 있다. 반대되는 단호한 주장에도 불구하고, 성결 운동은 죄에 대한 피상적이고 비현실적인 견해를 가지고 있는 것이다. 의도적인 죄와 의도하지 않은 죄를 구별하면서 많은 불성실한 태도와 기독교적이지 않은 생활 행위가 "실수" 또는 비자발적인 위반으로 변장할 수 있다. 종종 조급함, 불친절, 부절제, 심지어 자기중심과 같은 개인적인 특성이 "육욕적인 것"이라기보다는 "인간적인 것"으로, 그리고 그것이 순결의 결핍이 아니라 성숙의 결핍에서 기인하는 것으로 변명한다.[26] 더욱 나쁜 것은, 사회악에 대한 개인 및 기업의 무시, 인종 및 세속적 편견의 존재, 그리고 인간의 신체적 및 경제적 요구에 부응하지 못한 것은 무지와 유한한 한계에서 비롯되었고, 그것은 "영혼 구원"에 부차적인 것으로 쉽게 변명되고 있다. 그리고 그것들은 알려진 하나님의 법을 의지적으로 범하는 것으로 고려되고 있지 않다. 그러나 죄에 대한 심각하고 현실적인 견해는 그러한 행위와 태도도 죄로 인식할 것이다. 즉, 자백과 회개가 필요한 죄이다. 웨슬리는 두 가지 구별을 꼼꼼히 했지만, 나중에 그 구별이 쓸데없다는 것을 깨달았다.[27] 그러나 절대주의적 해석자는 이것을 웨슬리에게서 보지 못한다. 죄에 대한 절대주의적 해석자의 개념에 따르면, 죄를 범했을 때 그 법이 알려지지 않았다면 그가 그 법을 범한 것에 대해 죄가 될 수 없다. 우리가 우리의 무지에 대해서도 상당 부분 책임이 있다는 사실이 대부분 간과되고 있다. 의식적인 범행들만이 적절하게 죄라고 불러야 한다고 주장하면서 절대주의 해석자는 다음과 같이 말한다.

죄에 대한 올바른 기독교인의 태도는 혐오스러운 것이다. 만약에 기독교인이 모든 것을 죄라고 주장하면, 그는 죄에 대한 올바른 태도를 잃거나

---

26) Cf. W. T. Purkiser, *Sanctification and Its Synonyms* (Kansas city, Missouri: Beacon Hill Press, 1961), 57f, and H. Orten Wiley, *Christian Theology* (Kansas city, Mossouri: Beason Hill Press, 1941), II, 506.
27) Sermons, I, 195.

정죄와 흑암의 상태에서 살게 될 것이다.[28]

그러나 세 번째 대안이 있다. 웨슬리와 성경의 대안이다. 그리스도인은 자신의 죄를 고백하고 용서를 받을 수 있다. "죄에 대한 올바른 그리스도인의 태도는 혐오스러운 것이다." 그러나 그 이상이다. 그것은 정의 뒤에 숨어 있는 것이 아니라 고백과 회개이다. 그리고 웨슬리에게 있어서는 우리가 보았듯이 회개는 그리스도인의 삶의 모든 단계에서 계속되는 현실이어야 한다. 그것은 기독교인의 과거에만 속하는 단순한 어떤 것이 아니다.

우리는 현대 신학에서의 웨슬리 교리에 대한 순응적 해석과 절대주의적 해석 모두가 진정한 웨슬리로부터의 이탈이라는 결론을 내린다. 웨슬리 교리의 풍부하고 다양한 유동성이 메소디즘에서 모호한 이상으로 증발되었고, 반면에 성결운동에서는 굳건하고 경직된 교리적 형태로 얼어붙었다. 이러한 두 가지 반응은 교리에 대한 부적절한 취급이라 할 수 있다.

5.2. 재해석된 교리의 타당성

이 연구에서 우리는 웨슬리의 교리에 대한 순응적이고 절대주의적인 접근에 대한 적절한 대안에 관심을 가져왔다. 우리는 마르틴 부버의 대화철학에서 제시한 바와 같이 나-당신(I-Thou) 관계의 기본 개념을 사용하여 그리스도인의 완전 교리의 건설적인 재해석을 제안했다. 한편 이러한 재해석은 행위(works)에 의한 점진적인 완전에 대한 것이기 보다는 가톨릭적인, 즉 올더스게이트 이전의 관념의 흔적에서 벗어나면서, 웨슬리 신학의 진정한 프로테스탄트 요소를 강조하려는 시도이다. 우리는 웨슬리가 그리스

---

28) Richard S. Taylor, *A Right Conception of Sin* (Kansas city, Missouri: Beacon Hill Press, 1945), 69.

도인의 완전을 공로의 제도에서 꺼내서 오직 은혜와 오직 믿음이라는 개신교의 원칙 아래 두는 것을 보았다. 그러나 그는 그것을 개신교 범주에 넣었지만 개혁주의 원칙에 비추어 그 교리를 충분히 재구성하지는 못했다. 우리가 그리스도인의 완전을 "대화적 관계"로 보려는 건설적인 재해석은 웨슬리가 시작했지만 충분히 완성하지 못한 개혁을 향한 그 운동을 따르려는 시도로 제시되었다. 이제 해야 할 일은 이러한 재해석의 의미와 현대 신학과의 관련성을 간략하게 고려하려는 것이다.

5.2.1. 신학적 측면

이 연구 전반에 걸쳐 함축된 것은 웨슬리의 교리에 대한 현대의 유효한 재해석의 신학적 의미였다. 우리는 이제 재해석과 관련이 있는 어떤 것을 말하기 위한 구체적인 영역을 제시해야한다. 스타키(Starkey)는 웨슬리의 신학에 대한 최근의 글에서 다음과 같이 말했다.

> 만일 "근원으로의 회귀(back to the sources)"가 오늘날의 신학적 르네상스의 열쇠라면 우리는 종교개혁뿐만 아니라 복음주의의 부흥으로부터 배우기 위해 노력하는 데서 도움을 받을 것이다. … 인간의 타락에 대한 분명한 선입견에서 현대의 개혁주의 정통주의로의 회귀가 신약성서의 완전주의적 사랑의 윤리를 손상시키고 "그리스도 안에서의 하나님의 부르심"에 함축된 의(righteousness)에 대한 갈증과 굶주림을 다시 좌절시킬 것이라고 염려할 만한 이유가 있다. 기독교 윤리에는 패배주의(defeatism)가 설 자리가 없다. "불가능"은 신약성경의 신앙 용어와는 전혀 낯선 단어이다.[29]

---

29) *The Work of the Holy Spirit*, 161-62.

여기에서 웨슬리가 크게 강조하는 것이 있다. 바로 웨슬리는 루터나 칼빈처럼 인간의 타고난 무능을 명백히 인식하고, 모든 사람을 위한 하나님의 은혜의 가능성을 강조하며, 즉 그리스도인의 완전은 가능했다고 주장한 것이다.

그러나 그것이 언제, 어떻게 가능했는가? 현대 메소디즘은 그 이상(ideal)을 떠다니는 막연한 목표로 보는 경향이 있다, 이는 그것의 현재 가능성을 사실상 부정하는 것과 같다. 성결운동은 완전한 사랑의 가능성을 열렬히 선포하면서 그것을 한 번 소유하면 얼어붙어 보존될 수 있는 "It"로 변질시키는 경향이 있다. 웨슬리 사상의 지배적 요소와 가장 확실한 요소에 따르면, 그리스도인의 완전은 "지금(now)" 즉 미래나 과거가 아니라 실존적 현재에서만 가능하다. 그리고 거기에서도 이는 평탄한 연속이 아니다. 개인적인 신뢰인 믿음, 관계적 관계인 사랑으로서, 웨슬리에게 있어서 그리스도인의 완전은 관계라는 주어진 구체적인 상황에서의 가능성이었다. 그의 이웃과 관계있는 사람으로서, 자신의 뜻을 하나님께 맡기고, 궁핍한 세상을 바라볼 때 그는 하나님의 은혜로 이기적인 것이 아닌 희생적인 사랑을 할 수 있었다. 그러나 그는 여전히 인간이었고 유한성의 끌림에 종속되어 있었다. 웨슬리 자신이 올더스게이트 이후에 그처럼 빨리 배웠던 것처럼 I-Thou를 몰아내기 위해 I-It가 돌아온 것이다. 그러나 그는 다시 이웃이나 하나님과 관련된 사람으로서 다시 자신의 "당신(Thou)"을 만나러 나갔을 때 신뢰와 사랑으로 다시 응답할 수 있었다. 그러므로 그리스도인의 완전은 대화, 즉 개인적인 I-Thou의 만남에 지나지 않는다. 완전한 사랑은 사람이 소유(has)한 어떤 것이 아니다. 그것은 그가 행한 어떤 것이다. 인간의 삶의 구체적인 행위와 관계를 떠나서는 존재가 없다.

그리스도인의 완전이 소유가 아니고, 관계의 관점에서 정의될 때, 웨슬리의 교리가 흔히 생각하듯이 루터의 "의인이지만 동시에 죄인이다(simul justus et peccator)"라는 원리에서 멀리 떨어져 있지 않다는 것이 분명해진다. 물론 이 시점에서 웨슬리와 루터는 완전히 함께할 수 없다. 그리고 그것을 시도하는 것은 헛된 일이다. 웨슬리는 단순히 인간에게 전가된 것이 아니라 실제로 은혜가 그에게 부여된 고유의 의(inherent righteousness)를 주장했다. 그는 이 지점에서 개혁자들이 부적당하다고 느꼈다. 그럼에도 불구하고 웨슬리는 이 부여된 의를 그리스도인이 자신의 지속적인 소유로 간주할 수 없다는 것을 알고 있었다. 그것은 그리스도에 대한 믿음의 관계를 통해서만 그의 것이 되는 것이었다. 웨슬리에게 있어서 그리스도인의 완전은 "죄를 배제하는 사랑(love excluding sin)"을 의미했다. 이것은 "의인인 동시에 죄인(simul justus peccator)"과는 거리가 먼 것이다. 오히려 웨슬리는 죄는 "순간마다" 사랑에 의해 배제되고 죄는 "회개와 믿음이 서로 정확히 응답하는 것"으로만 배제된다.

> 회개에 의하여 우리는 죄가 우리 마음에 남아 있고 우리의 말과 행동에 달라붙어 있음을 느낀다. 믿음에 의하여 우리는 그리스도 안에서 하나님의 능력을 받아 마음을 정결하게 하고 손을 깨끗하게 한다.[30]

1772년에 메리 스톡크스(Mary Stokes)에게 한 그의 말에도 같은 생각이 표현되어 있다.

> 당신은 회개와 믿음을 결코 떼어놓지 말아야 한다.
> 당신의 공허함과 그분의 충만함에 대한 인식을 떼어놓지 말아야 한다.
>
> 벌거벗은 자와 눈먼 자와 가난한 자인,
> 당신은 여전히 모든 것을 찾고 있다.

---

30) Sermons, II, 394 (1767).

그러나 동시에 (그리스도인의 경험의 신비) 당신은 다음과 같이 말할 수 있다.

"예수님, 내 모든 것이 당신 안에 있습니다."[31]

루터 교리의 위험이 율법무용론과 도덕적 안일함으로 전락할 수 있는 경우라면, 웨슬리 교리의 위험은 단순한 도덕주의에 빠질 수 있는 경우이다. 프란츠 힐데브란트(Franz Hildebrandt)가 말했듯이, "생각을 성취한 성결에 고정(정착)시키는 것은 죄의 영구성에 고정시키는 것만큼이나 위험하다. … 루터교의 극단주의적 오류는 웨슬리의 반대되는 극단주의에 의해 치유될 수 없다."[32] 이 두 오류 모두는 웨슬리의 그리스도인의 완전을 I-Thou 관계로 해석함으로써 초월될 수 있다. 그러나 웨슬리에게 있어 그러한 관계는 변화시키는 관계였다. 의인인 동시에 죄인(simul justus et peccator)의 원칙에서 개혁주의와 신종교개혁의 경향은 페카토(peccator, 죄인)에 강조를 두는 반면, 웨슬리는 그것을 의로운 자(Justus)에 두는 것을 선호할 것이다. 웨슬리는 "자연의 비관주의" 대신 "은혜의 낙관주의"를 강조한 것이다.[33]

I-Thou 관계로서 그리스도인의 완전의 개념은 성령론의 내용에 대한 현대적 이해에도 도움이 된다. 반 두센(Van Dusen)은 "영"이라는 용어의 두 가지 독특하고 보편적인 의미는 친밀함(intimacy)과 능력(potency)이라고 말한다. "성령"은 가까이 계신 하나님과 전능하신 하나님, 가까이 계신 하나님과 일하시는 하나님을 의미한다.[34] 그리스도인의 완전에서 웨슬리는 같은 것, 곧 하나님의 친밀함과 능력을 의미했다. 비록 웨슬리가 그리

---

31) Letters, V, 317 (1772).
32) *From Luther to Wesley*, 88.
33) Cf. Gorden Rupp, *Principialities and Powers*, 77ff.
34) Henry F. Van Dusen, *Spirit, Son and Father* (New York: Charles Scribner's Sons, 1958), 18-19.

스도인의 완전을 성령과 구체적으로 동일시하지는 않았지만, "성령의 역사"가 그의 신학에서 통합하는 주제가 될 수 있다는 스타키의 발견은 적절하다. 그리고 그리스도인의 완전은 성령 사역의 정점이다. 이것은 우리가 성령을 통하여 하나님과 맺는 관계의 본질이다. 피손(J. E. Fison)은 부버(Buber)의 I-Thou 신학이 기독교의 성령 교리와 유사하다고 본다.[35] 스미스(C. Ryder Smith)는 I-Thou 개념과 웨슬리의 확신 교리 사이의 유사점을 본다. 이 논문에서 우리는 I-Thou 관계가 웨슬리의 그리스도인의 완전에 대한 교리와 유사하다는 견해를 제시했다. 만일 이러한 각각의 평행이 타당하다면, 이 사실은 웨슬리의 독특한 확신과 완전 교리가 기독교의 성령 교리의 내용에 대해 말할 수 있는 가능성을 지적하는 것이다.

두센(Van Dusen)은 급진적 또는 종파적 개신교로 알려진 종교 개혁의 한 분파가 역사적으로 교리와 전통의 속박에서 성령을 해방시키는 데 책임이 있음을 상기시켰다. 그는 "18세기와 19세기의 획기적인 쇄신이 있었지만, 성령에 대한 참된 이해회복의 직접적인 결실이 얼마나 컸는지에 대해서는 여전히 너무 적게 인식되고 있다"[36]라고 말한다. 이것은 의심할 여지 없이 복음주의의 부흥의 비밀이다. 죄를 배제하는 하나님과 사랑에 대한 의식을 의미하는 확신과 그리스도인의 완전의 교리에서 웨슬리는 성령 교리의 핵심 즉 하나님의 친밀함과 하나님의 능력을 경험했던 것이다. 그러므로 웨슬리 신학의 핵심인 I-Thou 관계에 대한 고찰은 성령에 대한 적절한 현대적 이해에 유익한 것으로 판명될 것이다.

그리스도인의 완전에 대한 재해석된 교리의 가장 주목할 만한 신학적 의미는 아마도 성경 해석의 특정 방법에 의존하지 않는다는 것이다. 그러므로 그것은 불트만과 그 추종자들이 제안한 것과 같은 신약의 실존적 해석과 양립할 수 있다. 웨슬리의 세계관은 본질적으로 성경 작가들의 세

---

35) *The Blessing of the Holy Spirit*, 37-38.
36) *Spirit, Son and Father*, 82.

계관, 즉 "삼층 우주"와 크게 다르지 않았다. "영원에 대하여"라는 설교에서 그는 영원을 끝없는 지속의 관점에서 생각했음이 분명하다. 그러나 그의 완전에 대한 교리("종교 자체")는 그러한 견해에 의존하지 않는다. 사실, 인간의 삶에 있는 죄의 악마적인 힘이 이 지상 생활에서 하나님의 사랑에 의해 극복되고 추방될 수 있다고 주장함으로써 이 교리는 어떤 의미에서 복음 메시지의 "비신화화(demythologization)"이다. 그리스도인의 완전은 "실현된 종말론(realized eschatology)"의 교리이다. 부버의 "만남의 순간" 또는 "대화의 순간"과 유사한 것으로 보이는 우리 교리의 환원될 수 없고 핵심으로 분리되는 "완전의 순간"은 본질적으로 "종말론적 순간"이다. 이는 역사와 창조가 완성되고 삶의 의미가 확인되는 순간이다. 이 순간이 죽음의 저편에 있는 것이 아니라 이 지상의 실존에서 얻을 수 있는 가능성이라고 주장함으로써 웨슬리는 교리를 현대인에게 부적절하게 만드는 것이 아니라 현대 신학의 가장 현대적인 발전과 완전히 양립할 수 있도록 만든다. 이것은 불트만(Bultmann)의 입장을 옹호하는 것이 아니다. 오히려 이는 불트만이 있어야 한다면 우리는 웨슬리도 함께할 수 있다는 말이다. "사랑이 죄를 배제하는" 항복과 믿음의 순간에 하나님의 나라가 오고 영원한 생명이 살아나고 인간은 자신의 진정한 존재를 깨닫는다.

루프(Gordon Rupp)는 오늘날에 있어서의 웨슬리 교리의 신학적 타당성에 주의를 기울였다.

16세기에 루터는 믿음의 종말론으로 지평을 열렬히 바라보게 했다. 그리고 18세기에 웨슬리는 그들에게 사랑의 종말론을 주었다. 그리고 그리스도교 사람들은 항상 기독인의 경험, 풍성하게 주시는 분(Giver)께서 당신의 자녀들이 구하는 것보다 항상 더 주시고자 하는 영적 은사에 대한 새로운 지평을 열망하고 기대하며, 항상 구하도록 명하셨다. 그래서 여기에 이 악한 시대에서 구속하시는 은혜의 표적과 기사를 행하시는 하나님

의 뜻과 능력을 확신하는 믿음(confident reliance)이 있다. [37]

그리고 윌리엄스(Colin Williams)는 다음과 같이 관찰했다.

우리의 신학이 죄에 대한 깊은 차원을 되찾고 이러한 자각을 나타내는 진정한 "자연의 비관론(pessimism of nature)"을 다시 배웠을 때, 우리는 죄와 죽음을 이겨내는 승리자(Victor)이신 그리스도와의 믿음의 관계에서 흘러나오는 "은총의 낙관주의(optimism of grace)"의 깊이를 아는 것이 더 절실하다.[38]

5.2.2. 사회적 측면

웨슬리는 "이성과 종교가 있는 사람들에게 드리는 진지한 호소(An Earnest Appeal to Men of Reason of Religion)"라는 글에서, "종교 자체"를 다음과 같이 정의했다.

그것을 주신 하나님께 합당한 종교이다. 그리고 우리는 이것은 다름 아닌 사랑이라고 생각한다. 그것은 곧 하나님과 온 인류에 대한 사랑이다. 우리를 먼저 사랑하셨고, 우리가 받은 모든 선과 우리가 향유하기를 소망하는 모든 것의 원천이신 하나님을 우리 마음과 영혼과 힘을 다하여 사랑하는 것이다. 또한 그것은 하나님이 만드신 모든 영혼, 지상의 모든 사람을 우리 자신의 영혼처럼 사랑하는 것이다.

우리는 이 사랑이 인생의 약이라고 믿는다. 이 무질서한 세상의 모든 악과 인간의 모든 불행과 악덕을 치유하는 불변의 치료제이다.…

---

37) *Principalities and Power*, 83.
38) *John Welsey's Theology Today*, 150.

이것이 우리가 세상에 세우기를 열망하는 종교이다. 곧 사랑과 기쁨과 평화의 종교요, 마음속에 깊은 영혼 속에 자리 잡고 있지만, 그 열매로 항상 자신을 드러내며, 모든 순수함(innocence) 속에서 (사랑을 위해 이웃에게 해를 끼치지 아니하고) 모든 선행을 베풀어 덕과 행복을 사방에 퍼뜨리는 종교이다.[39]

　　종교는 "내적"인 동시에 "사회적"이었다. 기독교는 본질적으로 사회적 종교다. 그리고 … 그것을 고독한 종교로 만드는 것은 참으로 그것을 파괴하는 것이다. … 종교는 사회 없이, 즉 다른 사람과 생활하고 대화하지 않고는 전혀 존재할 수 없다."[40] 온유, 친절, 오래 참음, 화평과 같은 기독교 미덕은 대인 관계를 떠나서는 있을 수 없는 것이다.[41] 카터(Carter)는 말한다. "웨슬리의 가르침은 이웃과 시민 활동을 기독교적 사고와 생활 방식에 추가된 것으로 간주하지 않는다. 그것들은 그것의 불가분의 일부다."[42] "사랑의 사람"은 "세상의 시민"이어야 하며, 마음의 거룩함과 행동의 거룩함의 열매를 맺어야 한다.[43]

　　세계의 시민으로서 그는 세계의 모든 주민의 행복에 참여하여야 한다고 주장한다. 그는 사람이기 때문에 사람의 복지에 무관심할 수가 없다. 그러나 오직 하나님께 영광을 돌리는 것은 무엇이든지 즐긴다. 그리고 사람 사이에 화평과 선의를 도모한다.[44]

　　웨슬리는 때때로 그 시대의 사회적 악에 대해 세심한 주의를 하지 않았

---

39) Works, VIII, 3-4.
40) Sermons, I, 382.
41) Ibid., 382-83.
42) The Methodist Heritage, 183.
43) Sermons, I, 351.
44) Ibid.

다는 비판을 받았다. 그러나 카터(Carter)는 웨슬리의 기독교의 사회적 의무에 대한 폭넓은 견해는 많은 공공 문제에 대해서 자신의 세대보다 훨씬 앞섰던 사회적 관심의 여러 영역을 나열하고 문서화한 후에 다음과 같이 말했다.

> 18세기의 사회적, 정치적, 산업적 생활에 대한 면밀한 연구는 … 존 웨슬리가 국내 및 세계무대를 지배한 타락, 비인간성 및 잔혹성을 공격했던 불굴의 용기를 북돋아준다.[45]

그러나 우리의 관심은 18세기의 사회 개혁에 대한 웨슬리의 아이디어의 적절성을 평가하려는 것이 아니라 오늘날의 사회적 관심에 대한 그의 그리스도인의 완전의 교리의 영향(implication)을 발견하는 데 있다. 자주 인용되는 성명서에서 회중교회의 목사인 데일(R. W. Dale)은 19세기에서 다음과 같이 말했다.

> 존 웨슬리의 한 가지 교리, 즉 완전한 성화의 교리가 있었다. … 이 교리는 위대하고 본래의 윤리적 발전을 가져왔어야 했었다. 그러나 그 교리는 성장하지 않았다. 그것은 존 웨슬리가 남긴 바로 그 자리에 남아 있는 것 같았다. 그 교리가 시사하는 엄청난 실천적 문제의 해결을 시도할 천재성이나 용기가 부족했다. 문제는 제기되지 않았다. … 훨씬 덜 해결되었다. 실제로 그것을 효과적으로 키웠다면 사상과 삶에 훨씬 더 깊은 영향을 미쳤을 윤리적 혁명을 일으켰을 것이다. … 16세기의 종교개혁에서 일으켰을 것보다 더, 첫째로 영국에서, 그리고 다른 기독교 국가에서 일으켰을 것이다.[46]

---

45) *The Methodist Heritage*, 185-186.

46) R. W. Dale, *The Evangelical Rivival and other sermons* (London: Hodder and Stoughton, 1880), 39.

데일(Dale)이 언급한 질문은 아직 효과적으로 제기되지 않았다. 최근의 연구에서 쉴링(S. Paul Shilling)은 메소디스트의 사회적 사고는 웨슬리 자신보다 전체 개신교 유산에서 더 많이 끌어온 것을 발견하였다.[47] 신-종교개혁(Neo-Reformation)의 사상을 좋아하는 가운데 메소디스트의 최근 몇년 동안의 사회적 관심은 "인간의 죄, 그것이 사회에 미치는 파괴적인 영향, 그리고 회개에 대한 인간의 명백한 필요를 인식함으로써 상당히 강한 영향을 받았다."[48] 그러나 웨슬리의 성화와 완전의 교리는 사회적 문제와 관련하여 탐구되지 않았다. "성화 교리는 개인뿐 아니라 사회에도 진지하게 적용할 것을 요구하는 유능한 메소디스트의 지도자들의 사회적 생각과 창의성에 자극했지만 이 해석은 일반적으로 받아들여지지 않았다."[49]

불행하게도 웨슬리는 개인 기독교인을 위한 표준 목표로서의 그리스도인의 완전을 강하게 주장함에도 불구하고, 사회 문제의 치료에 대한 그의 교리의 관계를 명시적으로 설명하지 않았다. "사회적 성화의 이념은 현대의 신학적 탐구와 실천적 실행을 기다리고 있다."[50] 그러나 쉴링(Schilling)의 다음과 같은 주장은 정당하다.

> ... 구속(redemption)의 복음을 중심으로 하는 기독교의 사회적 책임의 개념은 웨슬리의 사상과 뿌리 깊은 접촉점이 있다. 그것은 웨슬리의 가르침에 분명히 있었던 사회적 관심이지만 웨슬리 자신이 완전히 발전시키지 못한 사회적 함의(social implications)를 해결하기 위한 완벽한 매개체를 제공할 수 있을 것이다.[51]

---

47) *Methodism and Society in Theological perspective* (New York: Abingdon Press, 1960), 68.
48) *Methodist and Society*, 82; cf. 139.
49) Ibid.
50) Starkey, 160.
51) *The Methodist Heritage*, 185-86.

이 뿌리 깊은 접촉점은 무엇인가? 그리고 웨슬리의 교리에서 사회적 함의는 어떻게 발전될 수 있을까?

해결책은 그리스도인의 완전을 우리가 제안한 대화나 I-Thou 관계의 관점으로 재해석하는 것에 있다고 믿는다. 웨슬리의 교리를 그의 시대와 우리 시대의 사회 문제에 적용하지 못한 것은 교리가 개인주의나 집단주의와 본질적으로 안 어울리는 데 있다. 웨슬리의 교리는 우리가 방금 보았듯이 본질적으로 사회적이었다. 하나님의 사랑은 이웃에 대한 사랑과 분리될 수 없다. 그러나 교리를 적용할 때 웨슬리는 개인주의적이었다. 그의 목표는 개인의 완전한 사랑의 달성을 촉진하는 것이었다. 이것이 사회의 개선으로 이어질 것이라고 그는 생각했다. 그러므로 교리에 대한 그의 사회적 적용은 그리스도인의 완전을 "개인 소유"로 해석하는데 근거했던 것이다. 18세기의 사고방식은 주로 개인주의적이었지만, 20세기의 경향은 집단주의로 향하고 있다. 근래의 대부분의 사회개혁가들은 먼저 사회를 변화시키는 것이 필요하며, 이 변화가 개인의 변화로 귀결될 것이라고 가정하였다. 이것은 이 장의 앞부분에서 논의된 그리스도인의 완전에 대한 "순응적" 해석가들의 전형이다. 다른 한편으로 이 시점에서 웨슬리를 따르는 "절대주의적" 해석가들은 우리는 개인으로부터 시작해야 하며, 어떤 변화가 일어나든 사회는 그 사회를 구성하고 있는 개인의 변화에서 이루어질 것이라고 주장했다.

그러나 웨슬리의 교리에 대한 우리의 대화식 재해석이 타당하다면, 사회적 문제에 대한 그리스도인의 완전의 개인주의적 적용과 집단주의적 적용 모두 다 올바르지 않다. 부버(Martin Buber)는 개인주의와 집단주의의 "어느 하나(either/or)"를 거부했다.

두 경우에 있어서, 그는 창조적인 제3의 대안 … 즉 인간과 인간 사이의 관계를 통해서 양극 사이의 긴장을 해결했다. 이 관계는 직접적인 만남의

I—Thou뿐만 아니라 또한 공동체의 우리(We)에서도 발생한다. 유사하게, 그것은 개인의 개인적 총체(personal wholeness)뿐만 아니라 또한 사회의 사회적 구조 개혁에 기초해야 한다. 관계는 개인의 통합과 온전함, 그리고 사회의 변혁을 위한 진정한 출발점이다. 그리고 이는 차례로 더 큰 관계를 가능하게 한다.[52]

사회 문제에 대한 접근 방식은 기본적으로 개인, 사회 또는 인간과 인간 사이의 대화를 기본적 현실과 가치로 믿는지 어떤지에 따라 결정된다.

급진적 개인주의자에게 있어 대인관계와 사회는 분리된 개인들의 전체일 뿐이다. 반면 사회를 기본 현실로 만드는 이들에게는 개인은 파생적인 현실이자 가치일 뿐이다. 이런 후자를 위해 개인 간의 관계는 본질적으로 간접적이며 사회와의 공통 관계를 통해 매개된다. 그러나 대화철학자에게 있어서는 개인과 사회는 모두 실재와 가치로서 존재하지만, 그것들은 인간과 인간의 만남이라는 기본적인 실재에서 파생된 것이다.[53]

올바르게 이해되고 해석된 웨슬리의 "이웃을 자신과 같이 사랑하기"는 부버의 "사람과 사람의 만남"과 유사하다. 이 일치성과 유사성에 대한 적절한 이해는 사회 문제에 대한 웨슬리 교리의 적합성과 적응성을 드러낼 것이다. 재해석된 그리스도인의 완전 교리의 사회적 중요성은 현대 신학에서 널리 퍼져있고 받아들여지고 있는 통찰력인 부버의 대화 철학으로 인해 강화된다는 사실에 있다. 그러나 신정통주의에서는 일반적으로 대화 철학을 잘못 적용하고 있다. 즉 부버에게 어울리지 않는 적용을 하고 있다. 고가르텐(Gogarten), 브루너, 바르트와 같은 사람은 차이가 있지만, 전적으로 선(good)하다고 이해된 I-Thou와 전적으로 악(evil)하다고 이해된

52) Friedman, *Martin Buber*, 208.
53) Friedman, *Martin Buber*, 208-9.

I-It 사이의 급진적 이원론의 형태로 그것을 재구성했다. 따라서 I-IT는 인간의 죄악된 본성과 동일시되고 I-Thou는 그리스도 안에 있는 그들의 순결 속에만 존재하는 은총과 하나님의 사랑과 동일시되었다. 이 이원론의 결과는 종종 하나님은 항상 발신인(the addressor) 주체(I)이고 인간은 항상 부름을 받은 자(the addressed) 당신(Thou)이라는 믿음을 강조하며, 나 또는 너(I or Thou) 사이의 윤리적 선택의 견해를 강조한다. 그리고 결과적으로 윤리적 행동의 가능성과 중요성에 대해 강조하지 않는 것이다.[54] 그러나 이것은 부버의 I-Thou 개념에 대한 잘못된 해석과 잘못된 적용이다.[55] 부버에서는 사람은 발신인일 뿐만 아니라 부름을 받은 자(the addressed)일 수도 있다. 그는 자신의 삶을 하나님께 열고 그분이 말씀하시도록 할 수 있을 뿐만 아니라 또한 동료 사람들에게 "Thou"라는 단어를 말할 수 있으며 대화를 시작할 수 있다. 부버에게 있어서 윤리적이고 사회적인 행동의 열쇠가 되는 것은 바로 I-It와 I-Thou의 대화의 침투이다. "사랑은 Thou에 대한 나(I)의 책임이다."[56]

웨슬리의 신학에는 적절한 사회 복음에 대한 자산이 있다. 페로(Nels Ferro)는 완전을 "기독교의 사회 행동의 독특한 일면[57]"이라고 생각했다. 그러나 완전론자의 윤리를 현대 사회 관심사에 적용하는 방법을 찾는 사람들은 그리스도인의 완전 교리가 실제로 "대화의 신학"이라는 인식으로 시작해야 한다. 이것이 웨슬리와 현대 기독교의 사회의 책임 사이의 접촉점(point of contact)이다. 사회적 행동의 원리로서의 그리스도인의 완전은 단지 개인 그 자체나 집단 그 자체가 아니라 "인간과 인간의 만

---

54) Friedman, *Handbook of Christian Theology*, 175-76.
55) Supra, 66ff.
56) Buber, *I and Thou*, 15.
57) Nels F. S. Ferre, *Christianity and Society* (New York: Harper and Brothers, 1950), 133.

남"에 적용되어야 한다.

> 누군가에게 책임이 있는 경우에만 책임이 있다. 인간인 Thou는 끊임없이
> It가 되어야 하므로 It이 되지 않는 영원한 Thou에 대해 궁극적인 책임이
> 있다. 그러나 우리가 영원한 Thou를 만나는 것은 구체적이다. 그리고 이
> 것이 대화가 추상적인 도덕 규범이나 보편적인 아이디어에 책임을 전락
> 하는 것을 막는다. … 부버에 있어 좋은 점은 객관적인 상태나 내적인 감
> 정이 아니라 일종의 관계 … 즉 인간과 인간, 인간과 하나님 사이의 대화
> 이다.58)

5.2.3. 에큐메니칼 운동에서의 영향

그리스도인의 완전 교리에 대한 대화적 재해석의 신학적, 사회적 관계
(implications)는 에큐메니칼 운동의 관계와 분리할 수 없다. 그러나 보다 구
체적인 방식으로 후자에 대해 몇 가지 추가 관찰이 이루어질 수 있다.

웨슬리에게는 명확하고 식별할 수 있는 에큐메니칼적 자세가 있다. 그
러나 오늘의 논의에서 이 부분에 대한 그의 생각은 '신앙과 종교의식(Faith
and Order)'보다는 '삶과 직업(Life and Work)'의 범주에 속한다. 그는 "관용의
정신(Catholic Spirit)"이라는 제목의 설교에서 그리스도인의 교제는 의견,
예배 방식, 교회 통치, 기도 형식 또는 성례전 집행의 차이에 관계 없이 모
든 그리스도인 사이의 형제 사랑에 기초한다고 강조했다. 그것은 의견
의 일치가 아니라 마음의 일치이다. 그러나 이것이 이러한 일들에 있어서
의 무관심을 의미하지는 않는다. 이것은 사변적이든 실제적이든 성공회
의 광교회주의(latitudinarianism)를 의미하지 않는다. 이 참된 관용 정신을 가
진 사람은 기독교 교리의 주요 요점에 대한 자신의 판단에 있어 확고부동

---

58) Friedman, *Martin Buber*, 206-7.

하지만, 그는 항상 자신의 원칙에 어긋나는 말을 듣고 저울질할 준비가 되어 있다. 그는 두 가지 의견 사이에 머물지 않고 그것들을 하나로 혼합하려고 헛되이 노력하지 않는다. 그는 예배 방식에 무관심하지 않다. 그는 자신의 회중과 원칙에 고정되어 있으며, "그는 한 특정 회중과 가장 부드럽고 가장 가까운 유대로 연합되어 있지만 … 그의 마음은 그가 아는 사람들과 모르는 사람들을 포함한 모든 인류에 대해 확장되어 있다. 그는 강하고 따뜻한 애정으로 이웃과 낯선 사람, 친구와 원수들을 껴안는다."[59]

웨슬리의 "관용 정신"의 개념은 완전한 사랑에 대한 그의 교리의 전제와 일치한다. 특히 I-Thou 관계의 관점에서 재해석된 그리스도인의 완전 교리는 교회의 본질에 대해 할 말이 있을 것이다. 스타키(Starkey)는 "웨슬리가 현대 토론에서 지적하고자 하였을 요점은 교회가 가톨릭 및 개신교의 본질적인 측면뿐만 아니라 오순절주의적 측면을 드러내지 않는 한 그 교회는 완전한 교회가 아니라는 것이다"[60]라고 정확히 관찰했다.

> 진정으로 권위 있는 예수 그리스도의 교회가 되기 위해서는 교회가 교회의 메시지(개신교의 성경의 권위)에 충실하고 사도들과의 사귐 안에 거하는 것(가톨릭의 단체의 연속성에 대한 강조)만으로는 충분하지 않다. 교회가 되기 위해서는 교회가 성령으로 충만하고 능력을 받아, 교회의 메시지와 교제가 하나님에서 온 것이라야 하며, 현 시대에 구원론적으로 적합하여야 한다.

아마도 세계 교회 운동(ecumenical)에서의 토론은 외적인 일치 문제에서 일시적으로 사람들이 성령 안에서 갖는 일치의 본질에 집중함으로써 유익

---

59) Sermons, II, 129-45.
60) *The Work of the Holy Spirit*, 146.

할 수 있다. 오늘의 위대한 에큐메니칼 지도자 중 한 사람이 우리에게 상기시킨 바와 같이, "우리는 … 한 몸이 교회의 모든 외적 형태를 갖고 있고, 교회의 참된 교리를 설교하면서도 여전히 죽어있다는 사실을 직시해야 한다. 그리고 다른 한편, 살아 계신 성령은 교회의 참된 질서와 가르침의 충만함을 어떤 방식으로 측정하지 못하는 몸들에 당신 자신의 생명을 줄 수 있고 또 주신다는 것을 직시해야 한다."[61]

여기에서 웨슬리의 그리스도인의 완전 교리가 우리에게 말할 수 있다. 만약에 웨슬리가 말했듯이 그리스도인의 완전이 종교의 본질이라면, 그리고 또한 사회적 성결 외에는 성결이 없다면; 그리고 만일 그리스도인의 완전이 우리가 해석했듯이 I-Thou 관계를 의미한다면, 진정한 공동체는 독립적인 사람들이 본질적인 관계와 직접성을 가질 때만 존재할 수 있다. "서로에게 참으로 Thou를 말할 수 있는 사람만이 서로에게 참으로 우리 (We)라고 말할 수 있다."[62] 그러나 집단 내에서 한 사람과 다른 사람 사이에 존재하는 개인적인 관계는 없이, 많은 개인이 공통의 경험과 반응을 가지고 공통의 그룹으로 묶일 수 있다, 한 사람과 그룹 내 다른 사람, 특히 소규모 그룹의 삶에서 종종 개인적인 관계를 선호하는 접촉이 있다. 그러나 어떤 경우에도 그룹의 구성원은 이미 한 구성원과 다른 구성원 간의 본질적인 관계를 포함하지 않게 된다. 분명히 진정한 대화는 진정한 일치의 본질이다. 그러나 현대 사회에서 대화는 어렵다. 일반적으로 집단의 방향은 그의 역사 후기에서, 순수한 집단성의 요소를 선호하기 위해 개인 관계의 요소를 억압하는 방향으로 나아갔다.[63]

교회도 이러한 위험에 노출되어 있다. 그러나 부버의 철학에 의해 강화된 웨슬리의 교리에 따르면 대화가 가능하다. 하나님의 은총의 주도권에

---

61) Lesslie Newbigin, *The Household of God* (New York: Friendship Press, 1957), 105.
62) Buber, *Between man and man*, 176,
63) Friedman, *Martin Buber*, 209-10.

응답하는 순간, 사람은 마음을 다해 하나님을 사랑하고 이웃을 자신과 같이 사랑할 수 있다. 그리고 그러한 대화는, 사람이 계속해서 당신(Thou)의 인사에 자신을 열면서, 인간의 삶에서 점점 더 구체화될 수 있다.

웨슬리의 그리스도인의 완전의 교리가 에큐메니칼 신학에 상당한 기여를 하려면 그 교리의 순응적 표현과 절대주의적 표현 모두의 부적절함을 초월하는 방식으로 재해석되어야 한다. 그러나 그런 재해석에 통합될 수 있는 두 유형 모두에 유효한 요소가 있다. 우리가 보았듯이 절대주의자들은 교리를 견고하고 딱딱한 형태로 동결시키는 경향이 있다. 그럼에도 그들은 성화의 순간성을 주장함으로써 교리의 "환원할 수 없는 핵심"을 보존했다. 따라서 절대주의자들이 그리스도인의 완전을 표현하는 교리적 경직성에도 불구하고, 두센(Van Dusen)과 다른 사람들이 지적한 것처럼 그 지지자들 가운데는 종종 풍부하고 활기찬 "성령의 삶"이 있다. 이것의 비밀은 생각과 경험에서 웨슬리의 교리의 필수 조건인 "대화의 순간"의 가능성에 대한 생각과 경험의 보존이다. 그러나 절대주의자의 오류는 교리의 환원할 수 없는 핵심을 "개인 소유"의 개념과 그것을 완전한 "상태"에 도달했다고 말할 수 있는 구원의 엄격한 "계단" 개념으로 해석하는 데 있다. I-Thou 관계가 It으로 변하는 것이다.

반면에 순응적 해석가들은 교리를 현대의 관심사와 관련되게 만들려는 끊임없는 노력에서는 옳았다. 그러나 그들은 종종 그것과 관련이 없다고 보고 무시했다. 이러한 부주의의 일부는 절대주의자들이 때때로 보여줬던 교리를 매력 없는 것으로 만드는 것에 대한 반응 때문이었다. 순응적 해석가들의 주된 오류는 웨슬리 교리의 "환원할 수 없는 핵심"까지도 무시하면서 그리스도인의 완전을 떠다니는 목표와 도달할 수 없는 이상으로 증발시키는 경향이다. 그러나 그 교리가 순응적 해석가들에 의해 강등된(relegated) 신학적 벽장(closet)에서 회복될 수 있고, 동시에 절대주의자들이 그것을 질식시켜 버린 누적들과 껍질들로부터 자유로워질 수 있다면,

마침내 그 교리는 현대 신학과 관련이 있게 될 수 있다.

그러나 왜 교회는 역사가 그토록 논쟁의 여지가 있는 교리에 다시 관심을 가져야 하는가? 베드로의 말이 그러한 질문에 대한 적절한 대답처럼 보인다.

> 사실은 … 그 논쟁 자체는 교리에는 교회를 방해하지 않는 어떤 것이 있다는 하나의 증거라는 것이다. 영적 안일함이 끊임없이 분해되는 가르침에서 구체화된 하나의 이상이 있다. 이것에 의하여 교회는 의로움의 특성, 곧 정체성의 상징인 갈망이 상기된다.[64]

또한 베드로가 다음과 같이 말했을 때, 우리도 그 말에 동의할 수 있을 것이다.

> 또한 완전을 추구하는 과정에서 다른 신앙에 대한 깊은 경건한 사람들과 공통된 열망이 있다는 것을 발견할 수 있다.

> 아마도 이 어렵지만 피할 수 없는 성령의 교리에는 자주 제안되는 것보다 더 중요한 일치에 대한 접근 방식이 있다. … 결국 우리는 사람들이 진정으로 하나님께 가까이 가는 것처럼 저들도 서로 가까이 하고 있다는 사실을 알게 될 것이다.[65]

우리는 신학적으로, 사회적으로, 그리고 에큐메니칼적으로 그리스도인의 완전 교리가 오늘날에 완전히 적절하다는 것을 확언함으로 이 연구를 마무리한다. 이 연구의 기간을 연장할 필요가 없을 수도 있다. 왜냐하면 웨슬리 자신도 그 한계를 인식했기 때문이다. 그러나 너무 오랫동안 그

---

64) *Christian perfection and American Methodism*, 197.

65) Ibid., 200.

교리는 신학적 편협주의와 무관한 도덕주의로 치부되어 왔다. 면밀히 검토해 보면, 그 교리의 내용은 현대 신학이 인간의 진정한 존재에 대해 말하고자 하는 것과 거의 정확하게 일치하는 것으로 보인다.